Schriftenreihe
der Juristischen Schulung

Band 38

Bereicherungsrecht

von

Professor Dr. Ulrich Loewenheim
Johann Wolfgang Goethe-Universität
Frankfurt am Main
Richter am Oberlandesgericht a. D.

3., überarbeitete Auflage

Verlag C. H. Beck München 2007

Verlag C. H. Beck im Internet
beck.de

ISBN 10: 3406519105
ISBN 13: 9783406519109

Wilhelmstraße 9, 80801 München
Druck und Bindung: Nomos Verlagsgesellschaft
In den Lissen 12, 76547 Sinzheim

Satz: Druckerei C. H. Beck Nördlingen

Gedruckt auf säurefreiem, alterungsbeständigem Papier
(hergestellt aus chlorfrei gebleichtem Zellstoff)

Vorwort zur dritten Auflage

„Das Bereicherungsrecht zählt heute zu den am meisten gefürchteten Rechtsgebieten des BGB“ (Kellmann JR 1988, S. 97). Daran hat sich auch seit 1988 nichts geändert. Das Bereicherungsrecht ist nach wie vor eine komplizierte und schwer überschaubare Materie, die in Studium und Examen eine große Rolle spielt, zu der die Studierenden aber erfahrungsgemäß nur schwer einen Zugang finden. In den neun Jahren, die seit dem Erscheinen der zweiten Auflage verstrichen sind, hat sich im Bereicherungsrecht wiederum manches geändert, es haben sich eine ganze Reihe neuer Entwicklungen ergeben, auf anderen Gebieten ist die bisherige Rechtsprechung ausgebaut und verfeinert worden. Das machte eine umfangreiche Neubearbeitung erforderlich. An der Zielsetzung des Buches hat sich nichts geändert, es soll den Studierenden die Einarbeitung in das Bereicherungsrecht erleichtern und eine Hilfe bei der Examensvorbereitung sein.

Herrn *Dr. Wolfgang Nippe* schulde ich Dank für die hilfreiche Begleitung der dritten Auflage und für zahlreiche Anregungen.

Frankfurt, im August 2006 *Ulrich Loewenheim*

Aus dem Vorwort zur ersten Auflage

Das Bereicherungsrecht wird mit Recht zu den schwierigsten Gebieten des Bürgerlichen Rechts gezählt, erfahrungsgemäß bereitet es in Studium und Examen immer wieder erhebliche Schwierigkeiten. Das liegt nicht nur an der komplizierten Materie und der Vielzahl der mit ihr verbundenen Streitfragen und Theorien, sondern auch an der wenig geglückten und gerade dem Studierenden schwer zugänglichen Fassung der gesetzlichen Vorschriften.

Die Darstellung, die aus einer Aufsatzreihe in der JuS „Grundfälle zum Bereicherungsrecht“ hervorgegangen ist, versucht anhand von Beispielsfällen das Bereicherungsrecht zu erläutern und einprägsam zu machen. Das Durcharbeiten systematischer Darstellungen soll damit nicht ersetzt, sondern ergänzt werden. Zugleich soll ein Repertoire der gängigen bereicherungsrechtlichen Beispiele vermittelt werden; die Fälle beruhen daher teils auf wichtigen höchstrichterlichen Entscheidungen, teils entsprechen sie den Standardbeispielen der bereicherungsrechtlichen Literatur. Das Buch wendet sich nicht nur an den, der den Einstieg in das Bereicherungsrecht sucht, sondern will auch bei der Examensvorbereitung nützlich sein.

Frankfurt, im November 1988 *Ulrich Loewenheim*

Inhaltsverzeichnis

3. Teil. Nichtleistungskondiktionen

4. Teil. Der Umfang des Bereicherungsanspruchs

Verzeichnis der abgekürzt zitierten Literatur

Bamberger/Roth, Bürgerliches Gesetzbuch, Kommentar, Band 2, 2003
Brox/Walker, Besonderes Schuldrecht, 31. Aufl. 2006
Caemmerer, v., Bereicherung und unerlaubte Handlung, in: Festschrift für E. Rabel, 1954, S. 333ff.
Emmerich, BGB – Schuldrecht Besonderer Teil, 10. Aufl. 2003
Erman/Bearbeiter, Handkommentar zum Bürgerlichen Gesetzbuch, 11. Aufl. Bd. II 2000
Esser/Weyers, Schuldrecht Besonderer Teil, Teilband 2, 8. Aufl. 2000
Fikentscher, Schuldrecht, 9. Aufl. 1997
Jauernig/Bearbeiter, Bürgerliches Gesetzbuch mit Erläuterungen, 11. Aufl. 2004
Koppensteiner/Kramer, Ungerechtfertigte Bereicherung, 2. Aufl. 1988
Larenz/Canaris, Lehrbuch des Schuldrechts, Band II, Halbband 2, 13. Aufl. 1994
Medicus, Bürgerliches Recht, 20. Aufl. 2004
Medicus, Schuldrecht Besonderer Teil, 13. Aufl. 2006
MünchKomm/*Bearbeiter,* Münchener Kommentar zum Bürgerlichen Gesetzbuch, Band 5, 4. Aufl. 2004
Palandt/Bearbeiter, Bürgerliches Gesetzbuch, Kommentar, 65. Aufl. 2006
Reeb, Grundprobleme des Bereicherungsrechts, 1975
Reuter/Martinek, Ungerechtfertigte Bereicherung, 1983
RGRK/Bearbeiter, Das Bürgerliche Gesetzbuch, Kommentar, herausgegeben von Mitgliedern des BGH, (§§ 812–831), 12. Aufl. 1989
Schlechtriem, Schuldrecht Besonderer Teil, 6. Aufl. 2003
Soergel/Bearbeiter, Bürgerliches Gesetzbuch, Kommentar, Band 4, 11. Aufl. 1985
Staudinger/Lorenz, Bürgerliches Gesetzbuch, Kommentar, (§§ 812–822), 13. Aufl. 1999
Wieling, Bereicherungsrecht, 3. Aufl. 2004

§§ ohne Gesetzesangabe sind solche des BGB.

1. Teil. Entwicklung der Bereicherungslehre

I. Einleitung

Fall 1 (in Anlehnung an *Ulpian*[1]): Ein flüchtiger römischer Sklave gibt ein Darlehen, der Darlehensnehmer verbraucht das Geld. Der Eigentümer des Sklaven kann das Geld vom Darlehensnehmer nicht vindizieren, da es verbraucht ist, er verlangt aber den Wert ersetzt.

Fall 2 (nach BGHZ 20, 345 – *Paul Dahlke-Fall*): Ein Pressefotograf macht für eine redaktionelle Veröffentlichung Aufnahmen von dem bekannten Schauspieler *Paul Dahlke,* die diesen auf seinem Motorroller zeigen. Später überläßt der Fotograf dem Hersteller des Motorrollers gegen Vergütung diese Bilder mit der (nicht zutreffenden) Erklärung, *Paul Dahlke* sei mit ihrer Verwendung zu Werbezwecken einverstanden. Der Hersteller wirbt mit den Fotos in großangelegten Inseraten unter der Überschrift „Berühmter Mann auf berühmten Fahrzeug". Der *BGH* sprach *Paul Dahlke* auf dessen Klage gegen den Hersteller eine Vergütung aus ungerechtfertigter Bereicherung zu.

Fall 3 (nach *BGH* NJW 1992, 2084): *F,* ein bekannter Schauspieler und Fernsehmoderator, wird zusammen mit anderen prominenten Personen zur Einweihungsfeier eines Modehauses eingeladen. Dort ließ er sich von dem mit ihm befreundeten Inhaber der Firma *B* eine Brille aus deren neuer Kollektion aufsetzen und sich damit von einem Pressefotografen ablichten. Ein Optiker, der in einer norddeutschen Kleinstadt ein Optikergeschäft betreibt, erhielt das Foto neben zwei Ablichtungen anderer Persönlichkeiten von seinem Einkaufsverband mit einem Begleitschreiben. In diesem an alle Gesellschafter des Verbandes gerichteten Schreiben berichtete der Geschäftsführer, der an der Einweihungsfeier teilgenommen hatte, über diese Veranstaltung und verwies auf die „für Ihre Pressearbeit und für die Dekoration in Ihrem Geschäft" beigelegten Fotos, mit denen die Adressaten „die Präsentation und Pressearbeit der *B*-Kollektion" weiter verbessern könnten. Auf der Rückseite des den Schauspieler zeigenden Fotos stand „*F* probiert die neue *B*-Brille.... Abdruck honorarfrei ..." In der Zeit von November 1987 bis Februar 1988 erschien auf Veranlassung des Optikers insgesamt sechsmal eine in seinem Auftrag von einer Werbeagentur entworfene Anzeige in der örtlichen Tageszeitung. Die etwa 8 × 13 cm großen Anzeigen bestanden zu gut 1/3 aus der Porträtaufnahme des lachenden Fernsehmoderators mit der Brille, daneben stand der fettgedruckte und unterstrichene Zweizeiler „Was tragen Sie Heut' Abend?", darunter der kleiner gedruckte Text „Man muß kein Talkmaster sein, um zu wissen, wie man sich in Szene setzt. Kollektion *B* ..."; ganz unten schließlich befand sich das Firmenlabel des Optikers mit dessen Anschrift. Der Fernsehmoderator hat geltend gemacht, ihm sei durch jede Werbeanzeige ein Entgelt als übliche Lizenzgebühr und ferner das Honorar aus einem infolge der Veröffentlichungen gescheiterten anderweitigen Werbevertrag entgangen. Der *BGH* bejahte entgegen der Vorinstanz einen Bereicherungsanspruch gegen den Optiker.

Schon das römische Recht kannte das Problem des Ausgleichs ungerechtfertigter Vermögensverschiebungen, wie der Eingangsfall zeigt. *Fall 2* und *3* beweisen die Aktualität des Problems und machen deutlich,

---

[1] *Ulpian* D. 12, 1, 11, 2; s. zu diesem Fall auch *v. Lübtow,* Beiträge zur Lehre von der condictio nach römischem und geltendem Recht, 1952, S. 37.

daß auch nach über 40 Jahren BGH-Rechtsprechung immer wieder die gleichen Fragen auftreten. Vermögensverschiebungen erfolgen ständig und überall, das Wirtschaftsleben ist ohne sie nicht denkbar. Sie können beabsichtigt sein (Übereignung der verkauften Sache, Bezahlung einer Forderung), sie können aber auch unabsichtlich erfolgen wie der versehentliche Eingriff in fremde Rechte *(Fälle 2* und *3)*.[2]

Werden solche Vorgänge von der Rechtsordnung nicht gebilligt oder entsprechen sie nicht den Vorstellungen der Beteiligten, so wirft dies die Frage auf, ob es bei der Vermögensverschiebung bleiben soll oder ob sie rückgängig zu machen ist. Verschiedentlich wird diese Entscheidung schon durch die Normen des Rechtsgebiets getroffen, dem der Vorgang der Vermögensverschiebung zuzuordnen ist. So ordnet beispielsweise § 951 an, daß in den Fällen der §§ 946ff. ein Wertausgleich zu erfolgen hat; wegen der Details dieses Wertausgleichs wird dann aber auf das Bereicherungsrecht verwiesen. In zahlreichen Fällen ordnen diese Normen zwar nicht eine Rückgängigmachung der Vermögensverschiebung oder einen Wertausgleich an, enthalten aber Grundentscheidungen und Bewertungsmaßstäbe, aus denen sich die Notwendigkeit eines Ausgleichs ergibt. Ist eine Übereignung aufgrund nichtigen Kaufvertrags erfolgt, so ergibt sich aus den Grundsätzen der Rechtsgeschäftslehre und des Kaufrechts, daß diese Übereignung keinen Bestand haben soll. Für die Durchführung der Rückabwicklung enthalten sie freilich keine Regelungen; hier sind Vorschriften erforderlich, die den Vorgang der Rückabwicklung der Vermögensverschiebung regeln, die eine schuldrechtliche Anspruchsgrundlage zur Verfügung stellen und dabei auftretende Probleme lösen, beispielsweise bei Beteiligung von mehr als zwei Personen die Frage beantworten, wer was an wen zu leisten hat, oder die bestimmen, was geschieht, wenn die herauszugebende Sache untergegangen oder verbraucht ist. Dies ist die eigentliche Aufgabe des Bereicherungsrechts, das an die im Kaufrecht getroffene Grundwertung des Nichtbehaltensollens der übereigneten Sache dadurch anknüpft, daß es die Frage nach dem rechtlichen Grund der Vermögensverschiebung stellt. Auch in den *Fällen 2* und *3* fällt die Entscheidung, ob der Motorrollerhersteller bzw. der Optiker eine Kompensation zu leisten haben, nicht im Bereicherungsrecht, dieses nimmt vielmehr mit seiner Fragestellung, ob durch die Werbeanzeigen in dem Verletzten zustehende Rechtspositionen eingegriffen worden ist (dazu näher unten S. 90f.), auf Wertungen des Persönlichkeitsrechts Bezug. Gelegentlich fällt allerdings die Entscheidung erst im Bereicherungsrecht. So ergibt sich z.B. die „Kondiktionsfestigkeit" des gutgläubigen Eigentumserwerbs an beweglichen Sachen erst aus § 816 I (dazu näher unten S. 100f.).

Schon hieran zeigt sich die Vielgestaltigkeit und Komplexität des Bereicherungsrechts. Immer wieder hat man versucht, es auf ein einheitliches

---

[2] Vgl. auch die Beispiele bei *Esser/Weyers,* S. 27f.

Grundprinzip zurückzuführen – als gelungen können diese Versuche nicht angesehen werden. Mit Recht hat man das Bereicherungsrecht als eine „Gemengelage sehr allgemeiner Prinzipien und technischer Regeln einerseits, wie sie in den §§ 812ff. festgehalten sind, und den Vorgaben der jeweils betroffenen konkreten Materie andererseits, die in zahlreichen Einzelregeln, Bewertungen, Risikozuweisungen, Anspruchssperren, Schutzgrundsätzen usw. liegen", bezeichnet.[3] Darin liegt ein wesentlicher Grund für die Schwierigkeit und Unübersichtlichkeit dieses Rechtsgebiets, zu dem auch die schwer verständliche und rudimentäre gesetzliche Regelung beigetragen hat. Die praktische Bedeutung des Bereicherungsrechts und die zahllosen Bemühungen, dieses Gebiet zu systematisieren und dogmatisch zu erfassen, haben es jedenfalls mit sich gebracht, daß es zu den wichtigen und bevorzugten Lehr- und Prüfungsthemen in der Juristenausbildung zählt.[4]

II. Entwicklung bis zum BGB

Die Regelung des Bereicherungsrechts im BGB ist ohne seine historischen Wurzeln kaum verständlich. Die Ursprünge liegen im römischen Recht, in dem heute noch tragende Grundsätze entwickelt wurden. Über die Rezeption fand das römische Bereicherungsrecht seinen Weg in die Pandektistik, wo es eine neue Blüte erlebte und von daher entscheidenden Einfluß auf das BGB gewann.

1. Römisches Recht

Der Gedanke, für den Ausgleich ungerechtfertigter Vermögensverschiebungen besondere Ansprüche zu gewähren, war eine originelle und bedeutende Schöpfung des römischen Rechts. War ein Vermögenswert ohne rechtlichen Grund in ein fremdes Vermögen gelangt und demzufolge eine Rückübertragung erforderlich, so konnte nach römischem Recht die rei vindicatio, der Herausgabeanspruch des Eigentümers, geltend gemacht werden, solange der Empfänger noch nicht Eigentümer des Vermögenswertes geworden war. Hatte er aber Eigentum erlangt, versagte die rei vindicatio, und die Rückübertragung konnte nur erfolgen, wenn eine besondere Rückforderungsklage zur Verfügung stand. Diese Lücke füllten die condictiones aus.

Im altrömischen Legisaktionsprozeß war die condictio eine besondere Verfahrensart. Die klassische römische condictio setzte eine Eigentumsübertragung (datio) voraus und weiter, daß das durch eine datio Erlangte vom Anspruchsgegner sine causa vorenthalten wurde. Die Vorausset-

---

[3] *Esser/Weyers,* S. 32.
[4] Empfohlene Vertiefungslektüre zu diesem Abschnitt: *Esser/Weyers,* § 47 (S. 28–34); *Reuter/Martinek,* S. 52–56.

zungen der datio schränkten den Umfang des Bereicherungsanspruchs insoweit ein, als nur das verlangt werden konnte, was auch tatsächlich hingegeben worden war. Dieser ursprünglich reine Rückforderungsanspruch wurde in späterer Zeit dahingehend modifiziert, daß Kondiktionen auch für Vermögensverschiebungen ohne Eigentumsübertragung gewährt wurden – Vorläufer der heutigen Nichtleistungskondiktion. So konnte zum Beispiel auch Wertersatz für die Überlassung von Räumen oder Dienstleistungen gefordert werden.

Die Voraussetzung des Vorenthaltens sine causa beruhte auf der Überlegung, daß vermögenswerte Zuwendungen nicht rechtsgrundlos zu erfolgen pflegen, daß sie vielmehr zur Erfüllung eines Kaufvertrages, eines Schenkungsversprechens, eines Darlehensvertrages usw. vorgenommen werden. Dieser Rechtsgrund rechtfertigt es, daß der Empfänger das Empfangene behalten darf. Fehlte dieser Rechtsgrund aber, etwa weil der Kaufvertrag unwirksam war, erfolgte also die Leistung sine causa, so war die Rückgabe geboten, und das sine causa Vorenthaltene konnte mit der condictio zurückgefordert werden.

Schon im klassischen römischen Recht wurden bestimmte Sachverhalte als typisch für das Vorenthalten sine causa herausgearbeitet. Dazu gehörte die irrtümliche Erbringung einer nicht geschuldeten Leistung (indebitum solutum), der Nichteintritt eines als Leistungszweck vereinbarten Erfolges (datio ob rem) und die sittenwidrige Zweckvereinbarung, bei der der Empfänger das nicht behalten durfte, was er ob turpem causam erhalten hatte. Trotz dieser Herausarbeitung typischer Fallgruppen wurde aber die condictio im klassischen römischen Recht noch als einheitliche Klage angesehen.[5] Erst die nachklassische römische Doktrin löste in Anknüpfung an diese typischen Fallgruppen die condictio in mehrere selbständige Klagen mit selbständigen Bezeichnungen auf, vor allem in die condictio indebiti, die condictio ob turpem vel iniustam causam, die condictio ob rem (condictio causa data causa non secuta, Rückforderung des in Erwartung eines nicht eingetretenen Erfolges Geleisteten) und die condictio sine causa für die restlichen Tatbestände. An diese nachklassischen Tatbestände knüpft noch das heutige Bereicherungsrecht an.[6]

2. Savigny

Das heutige System des Bereicherungsrechts beruht weitgehend auf der von *Savigny* entwickelten Konzeption.[7] *Savigny* ging von den im nach-

[5] *Kaser*, Römisches Privatrecht, 18. Aufl. 2005, S. 241.

[6] Empfohlene Vertiefungslektüre zu diesem Abschnitt: *Kaser*, Römisches Privatrecht (o. Fußn. 5), S. 240ff.; *Honsell*, Römisches Recht, 5. Aufl. 2002, S. 161ff.; *Kupisch*, Ungerechtfertigte Bereicherung – Geschichtliche Entwicklungen, 1987; *Wacke*, Das Rechtswort – condictio, Jura 1991, 52; *Reuter/Martinek*, S. 4–10.

[7] Zum Einfluß *Savignys* auf das Zivilrechtssystem s. a. *Rückert* JuS 1991, 624ff.

klassischen römischen Recht als selbständige Fallgruppen entwickelten condictiones aus, leitete aber aus diesen „auf den ersten Blick höchst mannichfaltig(en)“[8] Erscheinungsformen einen einheitlichen Tatbestand der „grundlosen Bereicherung des Anderen aus unserem Vermögen“[9] ab. Das „sehr einfache Princip“,[10] auf das *Savigny* die unterschiedlichen Bereicherungsfälle zurückführte, wurde von ihm beschrieben als „die Erweiterung eines Vermögens durch Verminderung eines anderen Vermögens, die entweder stets ohne Grund war, oder ihren ursprünglichen Grund verloren hat“.[11] *Savigny* erfaßte also die ungerechtfertigte Bereicherung als einheitlichen Grundtatbestand, aus dem sich alle einzelnen Bereicherungsansprüche ableiten ließen. Diese Entwicklung muß vor dem Hintergrund der *Savigny*'schen Privatrechtstheorie gesehen werden.[12] Die Herrschaftsmacht des einzelnen als zentrales Prinzip des Privatrechts, die im Eigentum als Herrschaft des Willens über Sachen, in der Obligation als Herrschaft über einzelne Handlungen eines anderen ihren Ausdruck findet,[13] bildet auch den Anknüpfungspunkt für seine Bereicherungslehre. Erfolgt die Bereicherung einer Person aus dem Vermögen einer anderen mit deren Willen, so bildet diese Willensentscheidung gleichzeitig die causa der Vermögensverschiebung. Das Fehlen der Legitimation durch den Willen dagegen führt zur Rechtsgrundlosigkeit der Vermögensverschiebung und stellt damit den Ansatzpunkt für die condictio dar.[14] [15]

III. Entstehung des BGB

Über die Pandektenwissenschaft und die gemeinrechtliche Praxis des 19. Jahrhunderts fand das Konzept *Savignys* seinen Weg in das BGB. Wie in den Motiven betont wird, beruhten die Bereicherungsvorschriften im *ersten Entwurf zum BGB* (1887) „nicht auf dem in der früheren gemein-

---

8 *Savigny,* System des heutigen römischen Rechts, Bd. V, 1841, S. 511.

9 *Savigny* (o. Fußn. 8), S. 526.

10 *Savigny* (o. Fußn. 8), S. 511.

11 *Savigny* (o. Fußn. 8), S. 525.

12 Zu den seinerzeitigen wirtschaftlichen und sozialen Gegebenheiten als Hintergrund von *Savignys* Bereicherungslehre vgl. auch *Joerges,* Bereicherungsrecht als Wirtschaftsrecht, 1977, S. 21f.

13 *Savigny,* System des heutigen römischen Rechts, Bd. I, 1840, S. 331ff., insb. S. 338f.

14 *Savigny* (o. Fußn. 8), S. 526: „Es kommt nämlich darauf an, daß dem Übergang eines Rechtes aus einem Vermögen in ein anderes die causa entzogen sey, oder stets gefehlt habe; so ist es bey dem Darlehen nach der Kündigung, oder bey dem irrig bezahlten indebitum. Anders bey einem wohlfeilen Kauf, wobey zwar auch der Käufer auf Kosten des Verkäufers bereichert wird, jedoch ohne daß irgend ein Mangel in der causa wahrzunehmen ist, indem der hier obwaltende Irrtum gar nicht die causa, d.h. den Rechtsgrund der Veränderung betrifft, sondern nur die materielle Werthschätzung, die ganz außer dem Rechtsgebiet liegt.“

15 Empfohlene Vertiefungslektüre zu diesem Abschnitt: *Reuter/Martinek,* S. 11–14.

rechtlichen Theorie und Praxis mißverständlich aufgestellten und gehandhabten Billigkeitssatze, Niemand dürfe sich mit dem Schaden eines anderen bereichern".[16] Vielmehr stellte der Entwurf „die Grundsätze über die Kondiktionen wesentlich im Anschlusse an die heutzutage herrschende und als richtig anzuerkennende Anschauung auf, wonach die Kondiktionen persönliche Ansprüche auf Rückgängigmachung desjenigen an sich nach den maßgebenden Vorschriften eingetretenen Rechts- und Vermögenserwerbes sind, welcher eines Rechtsgrundes entbehrt."[17] Ebenso wie bei *Savigny* war also die ungerechtfertigte Bereicherung erstens durch eine Vermögensverschiebung zwischen den Parteien und zweitens durch den Mangel des rechtlichen Grundes für die Vermögensverschiebung gekennzeichnet. Bei der Umsetzung dieses Konzepts war allerdings zu entscheiden, ob man es in einer bereicherungsrechtlichen Generalklausel verankern oder einer Reihe von Einzeltatbeständen den Vorzug geben sollte – eine ähnliche Problematik, wie sie sich im Deliktsrecht stellte. Man entschied sich für eine Lösung, die ziemlich genau dem nachklassischen römischen System einzelner Kondiktionstypen entsprach. Danach wurden Bereicherungsansprüche anerkannt bei Leistung auf eine Nichtschuld (condictio indebiti), bei Nichteintritt des bei einer Leistung vorausgesetzten künftigen Ereignisses oder rechtlichen Erfolges (condictio ob rem oder condictio causa data causa non secuta), bei Wegfall des Rechtsgrundes einer Leistung (condictio ob causam finitam[18]) und bei verwerflichem Empfang (condictio ob turpem vel iniustam causam). Entsprechend der nachklassischen Doktrin wurde dann in § 748 des Entwurfs mit der condictio sine causa ein Auffangtatbestand bereitgestellt, der die nicht geregelten Fälle der rechtsgrundlosen Vermögensverschiebung erfassen sollte.[19]

Im *zweiten Entwurf zum BGB* (1895) ging die zweite Kommission von einem Gegenentwurf aus, den *Otto v. Gierke* vorgelegt hatte[20] und der aus Gründen der „Übersichtlichkeit und Klarheit"[21] die im ersten Entwurf als Auffangtatbestand vorgesehene condictio sine causa als „das allgemeine, die ganze Lehre beherrschende Prinzip"[22] an die Spitze stell-

[16] Mot. Bd. II, 1888, S. 829.

[17] Mot. II (o. Fußn. 16), S. 829.

[18] Diese war im nachklassischen römischen Recht in der condictio sine causa enthalten, vgl. *Kaser* (o. Fußn. 5), S. 246.

[19] In den Mot. II (o. Fußn. 16), S. 829, heißt es dazu: „Der Mangel des rechtfertigenden Grundes ist aber auf verschiedene rechtlich relevante Umstände zurückzuführen, welche die Wirksamkeit der eingetretenen Rechts- und Vermögensänderung derart affizieren, daß deren Wiederaufhebung verlangt werden kann. Auf der Verschiedenheit jener Umstände beruht die im Entwurfe enthaltene Klassifizierung der Kondiktionen".

[20] *O. v. Gierke,* Entwurf eines BGB, 1889, S. 272 ff.

[21] Prot. z. BGB, in: *Mugdan,* Die gesammelten Mat. z. BGB f. das Dt. Reich, Bd. II, 1899, S. 1170.

[22] Prot. II (o. Fußn. 21), S. 1170.

te. Die Normierung einzelner Kondiktionentatbestände war damit an sich entbehrlich geworden. Jedoch hielt man es „zur größeren Verständlichkeit des Gesetzes“[23] für geboten, die condictio ob causam finitam (§ 812 I 2 Halbsatz 1) und die condictio causa data causa non secuta (§ 812 I 2 Halbsatz 2) in das Gesetz besonders aufzunehmen. Die condictio indebiti ging im allgemeinen Bereicherungstatbestand auf und wurde nur noch beim Rückforderungsausschluß des § 814 erwähnt. Die condictio ob turpem causam fand in § 817 Eingang.[24]

IV. Das System des BGB

Das BGB war damit zu einer eigentümlichen Mischung von Grundtatbestand und Einzeltatbeständen gelangt. Es dominiert der in § 812 I 1 geregelte Grundtatbestand, der für den Herausgabeanspruch voraussetzt, daß (erstens) der Bereicherungsschuldner etwas erlangt hat, daß (zweitens) dies entweder durch die Leistung eines anderen oder aber in sonstiger Weise auf dessen Kosten geschehen ist und daß (drittens) die Bereicherung ohne rechtlichen Grund erfolgt ist. Die in § 812 I 2 – § 817 geregelten Einzeltatbestände knüpfen teilweise an das Fehlen des rechtlichen Grundes an und stellen spezifische Ausformungen dieses Tatbestandsmerkmals dar (zum Beispiel § 814 und § 815). Eine Sonderstellung nimmt § 816 ein, der einen Sonderfall der Bereicherung in sonstiger Weise darstellt. Abgesehen von § 816 treten diese Einzeltatbestände in ihrer Bedeutung hinter dem Grundtatbestand zurück. Die Heraushebung dieser Einzeltatbestände folgt keiner einheitlichen Konzeption und macht das System der §§ 812ff. unklar und gerade für den Anfänger schwer verständlich. Zu erklären ist dies nur durch die verschiedenen historischen Einflüsse und die Kompromisse und Zufälligkeiten bei den Beratungen der zweiten Kommission.

Regeln die §§ 812–817 die Frage, ob ein Bereicherungsanspruch entsteht, so betreffen die §§ 818–820 den Umfang des Bereicherungsanspruchs, unter anderem die Frage, was geschieht, wenn die Sache nicht mehr herausgegeben werden kann, weil sie untergegangen oder verbraucht ist. § 821 enthält die sog. Bereicherungseinrede. Sie kann in Fällen geltend gemacht werden, in denen jemand ohne Rechtsgrund eine Verbindlichkeit eingegangen ist, sie aber noch nicht erfüllt hat, und zwar auch dann, wenn der Bereicherungsanspruch im Gegensatz zum Erfüllungsanspruch bereits verjährt ist. § 822 enthält eine Sonderregelung für den Fall der unentgeltlichen Weitergabe des Bereicherungsgegenstandes durch den unberechtigten Empfänger an einen Dritten.

---

[23] Prot. II (o. Fußn. 21), S. 1174.

[24] Empfohlene Vertiefungslektüre zu diesem Abschnitt: *Reuter/Martinek,* S. 15–21.

V. Entwicklung nach Inkrafttreten des BGB

In der Folgezeit erwies es sich in zunehmendem Maße als notwendig, mit dem Bereicherungsrecht des BGB auch neue, aus wirtschaftlichen und sozialen Wandlungen resultierende Problemlagen zu erfassen. Die immer komplexer werdenden Wirtschaftsbeziehungen, aber auch daraus resultierende Änderungen der sozialen Strukturen brachten Fragestellungen mit sich, für die ein am Dogma privatrechtlicher Willensmacht orientiertes Rückabwicklungssystem nicht von vornherein konzipiert war. Folgender Fall beleuchtet die Problematik:

Fall 4 (Ariston-Fall):[25] Die Beklagte stellt unter der Bezeichnung ‚Ariston' mechanische Musikorgeln her, die sie mit den dazu passenden Notenscheiben versieht. Dabei verwendet sie auch Musikstücke des Komponisten *K*, ohne dessen Einwilligung zu besitzen. *K* erhebt Klage auf Ersatz der ihm entstandenen Nachteile.

Versucht man diesen Fall bereicherungsrechtlich zu lösen,[26] so zeigt sich sofort die Schwierigkeit, die bei Anwendung der bereicherungsrechtlichen Vorschriften des BGB auf Sachverhalte besteht, in denen kein Vermögensgegenstand von einer auf die andere Seite übergegangen ist, sondern in denen fremde Vermögensrechte unberechtigt genutzt werden. Das Bereicherungsrecht des BGB basiert[27] auf der Vermögensverschiebungsdoktrin *Savignys*, für den das „sehr einfache Princip" der Bereicherung in der (rechtsgrundlosen) „Erweiterung eines Vermögens durch Verminderung eines anderen Vermögens" bestand.[28] Es muß nämlich nach § 812 eine Vermögensverschiebung „auf Kosten"[29] eines anderen eintreten, was nach damaligem Verständnis eine Entreicherung auf der einen Seite bedeutete, der eine Bereicherung auf der anderen Seite zu entsprechen hatte.[30] Eine solche gegenständliche Entreicherung ließ sich nun beim Komponisten nicht feststellen, da seine Urheberrechte ihm nach wie vor ungeschmälert zustanden. Ganz im Gegenteil stellte das RG

---

[25] Der Entscheidung in RGZ 35, 63 nachgebildet. Diese Entscheidung ist grundlegend für die gesamte weitere Entwicklung der Ausgleichsansprüche bei Eingriff in fremde Immaterialgüterrechte.

[26] Das *RG* konnte 1895 allerdings noch nicht § 812 anwenden, sondern stützte sich auf § 18 VI des Urheberrechtsgesetzes von 1870, der bei unverschuldeter Rechtsverletzung einen Bereicherungsanspruch gewährte Das *RG* zieht aber bereits die Grundsätze des in Entstehung begriffenen BGB heran (RGZ 35, 63/71 ff.).

[27] Vgl. dazu Mot. II (o. Fußn. 16), S. 830; Prot. II (o. Fußn. 21), S. 1170 f.

[28] Vgl. oben S. 5.

[29] Der erste Entwurf zum BGB hatte sogar noch die Formulierung „aus dem Vermögen" gewählt, Prot. II (o. Fußn. 21), S. 1170.

[30] Mot. II (o. Fußn. 16), S. 830; vgl. dazu auch *Lenel*, AcP 74 (1889), 237, der „das allgemeine und heutzutage unbestrittene Prinzip" der Bereicherungsklage folgendermaßen bestimmt: „Derjenige, aus dessen Vermögen ein Anderer ohne rechtlichen Grund bereichert worden ist, kann von dem Anderen die Herausgabe der Bereicherung fordern."

fest, „die Melodien des Klägers seien vielen Kreisen des Publikums erst durch die mechanischen Musikwerke bekannt geworden, und ein erheblicher Teil der Abnehmer würde nicht zum Ankaufe von Drucknoten vorgeschritten sein, wenn ihn nicht die mechanischen Musikwerke auf die Schöpfungen des Klägers aufmerksam gemacht hätten."[31] Gleichwohl gewährte das *RG* dem Komponisten einen Ausgleichsanspruch, da die Gewinnziehung „aus dem fremden geistigen Eigentume" auf Kosten des Urhebers erfolgt sei.[32] Die Doktrin der gegenständlichen Vermögensverschiebung war damit freilich bereits verlassen. Allerdings sah auch das *RG,* daß für den Urheber „seine eigene Verwertung jenes Produktes" nicht eingeschränkt war, und „dies", wie es hinzufügte, „verwirrt leicht das Urteil".[33]

Der Fall ist symptomatisch für die mit zunehmender Industrialisierung immer häufiger auftretende Konstellation, daß unter Inanspruchnahme fremder Rechtspositionen neue Vermögenswerte produziert werden, deren bereicherungsrechtlicher Ausgleich mit der Doktrin der gegenständlichen Vermögensverschiebung nicht zu schaffen ist. Die Bemühungen, solche und andere Phänomene zu erfassen und gleichzeitig die in vielen Punkten unzulängliche Konzeption des BGB zu einem geschlossenen und dogmatisch wie praktisch befriedigenden System auszubauen, haben die bereicherungsrechtliche Diskussion in den nun mehr als hundert Jahren nach Inkrafttreten des BGB nicht abreißen lassen; sie haben heute zu einem oft nur noch schwer überschaubaren Geflecht von Theorien und Meinungen geführt, deren praktischer Nutzen, wie zu Recht bemerkt worden ist, nicht immer in einem angemessenen Verhältnis zu dem dafür betriebenen gedanklichen Aufwand steht.[34] Vereinfachend lassen sich jedoch zwei große Schulen unterscheiden, die die Auseinandersetzung beherrschen: Die von der herrschenden Meinung vertretene Trennungslehre, die sich auf *Walter Wilburg* und *Ernst v. Caemmerer* gründet, und die auf *Fritz Schulz* zurückgehenden Einheitslehren.

1. Die bereicherungsrechtliche Konzeption Wilburgs und v. Caemmerers

Wilburg ging in seiner 1934 erschienenen Monographie[35] davon aus, man habe zu Unrecht „alle anderen Fälle ungerechter Bereicherung in die Vorstellungswelt der Leistungskondiktionen gezwängt"[36] und verzichtete deshalb auf den Anspruch, alle Bereicherungsfälle auf ein ein-

[31] RGZ 35, 63/69.
[32] RGZ 35, 63/74.
[33] RGZ 35, 63/74.
[34] *Reuter/Martinek,* S. 22.
[35] *Walter Wilburg,* Die Lehre von der ungerechtfertigten Bereicherung nach österreichischem und deutschem Recht, Graz 1934.
[36] *Wilburg* (o. Fußn. 35), S. 17.

heitliches Prinzip zurückzuführen. Er unterschied statt dessen zwei Gruppen von Bereicherungsfällen, nämlich die Bereicherung „durch Leistung" und die Bereicherung „in sonstiger Weise". Diese Unterscheidung war zwar im Wortlaut des § 812 bereits angelegt, jedoch hatte der Gesetzgeber bei den Fällen der Bereicherung „in sonstiger Weise" nicht die Fälle im Auge, in denen es an einer gegenständlichen Vermögensverschiebung fehlte, sondern – ebenso wie *Savigny* – die Fälle, in denen die Vermögensverschiebung nicht durch einen Willensakt des Entreicherten zustandekam.[37] Für *Wilburg* hingegen bestand zwischen der Bereicherung durch Leistung und der Bereicherung in sonstiger Weise eine „vollkommene Verschiedenheit der Grundlagen, die zu verwischen das Ende jeder Klarheit bedeuten würde."[38]

v. Caemmerer definierte diese Verschiedenheit 1954 in seinem epochemachenden Beitrag in der Festschrift für Rabel[39] dahin, daß die Leistungskondiktion dem Recht der Güterbewegung zugehöre, die Ansprüche wegen Bereicherung in sonstiger Weise dagegen dem Recht des Güterschutzes.[40] Bei der *Leistungskondiktion* handele es sich um die „Rückabwicklung fehlgeschlagener Leistungen oder um die Rückabwicklung von Leistungen nach Erledigung des Kausalverhältnisses", der Rückabwicklungsanspruch gehöre als Ergänzung und Störungskorrektiv zum Recht der Güterbewegung.[41] Mit diesem Anspruch wird der Tatsache Rechnung getragen, daß das Bürgerliche Recht zwischen schuldrechtlichem Verpflichtungsgeschäft und abstraktem Erfüllungsgeschäft unterscheidet: Ist das Verpflichtungsgeschäft (beispielsweise der Kauf) unwirksam, so berührt diese Unwirksamkeit nicht das Erfüllungsgeschäft (Übereignung), und es bedarf des Rückabwicklungsanspruches der Leistungskondiktion, um die (angesichts der Unwirksamkeit rechtsgrundlose) Folge des Verpflichtungsgeschäftes zu beseitigen. Damit ist zugleich gesagt, daß die Gründe, derentwegen die Rückabwicklung erfolgt, außerhalb des Bereicherungsrechts liegen, welches nur das technische Instrumentarium für die Rückabwicklung darstellt.[42]

---

[37] *Savigny* (o. Fußn. 8), hatte formuliert: „auch Dasjenige aber kann kondiziert werden, was aus meinem Vermögen anders als durch meinen Willen in fremdes Eigenthum übergeht, sey es daß der Andere durch seine Handlung, oder durch zufällige Umstände auf meine Kosten bereichert werde", vgl. S. 523. Bereicherung durch Leistung war also, um in der Savignyschen Begriffswelt zu bleiben, die durch einen Willensakt zustandegekommene Vermögensverschiebung (*Savigny,* o. Fußn. 8, S. 525) und stets war es „nöthig, daß Dasjenige, welches dem Anderen zur Bereicherung diente, vorher schon wirklich einmal zum Vermögen Dessen gehört habe, welcher darauf eine Condiction gründen will" (*Savigny,* o. Fußn. 8, S. 526f.).

[38] *Wilburg* (o. Fußn. 35), S. 113.

[39] *Ernst v. Caemmerer,* Bereicherung und unerlaubte Handlung, in: Festschr. f. Rabel, Bd. I, 1954, S. 333ff.

[40] *v. Caemmerer,* S. 353.

[41] *v. Caemmerer,* S. 342.

[42] *v. Caemmerer,* S. 343.

Bei den Ansprüchen aus *Bereicherung in sonstiger Weise* sind am wichtigsten die Fälle des Eingriffserwerbs, auf die wir uns zunächst beschränken. Sie sind dadurch charakterisiert, daß, wie *v. Caemmerer* formuliert, „fremdes Gut gebraucht oder genutzt, verbraucht oder verwertet wird";[43] ein Beispiel bildet *Fall 4* mit der Nutzung fremder Urheberrechte. *Wilburg* und *v. Caemmerer* gehen im Anschluß an *Heck*[44] davon aus, daß es Zweck eines jeden absoluten Rechts sei, bestimmte Güter und deren Nutzungen dem Berechtigten zuzuweisen (sog. Zuweisungsgehalt der absoluten Rechte).[45] So weist beispielsweise das Eigentum dem Eigentümer die Nutzung der Sache zu. Hat nun jemand eine im fremden Eigentum stehende Sache gebraucht oder genutzt, verbraucht oder verwertet, so ist er damit um etwas bereichert, was nach dem Zuweisungsgehalt des Eigentums dem Eigentümer gebührt, und er hat, wenn für die Bereicherung kein rechtlicher Grund besteht, das Erlangte bzw. dessen Wert herauszugeben.[46] Im Bereicherungsanspruch wirkt das Eigentum fort. Nach diesen Grundsätzen liegt eine Bereicherung auch dann vor, wenn eine gegenständliche Vermögensverschiebung nicht stattgefunden hat, wenn also nicht ein Vermögensgegenstand sich im Vermögen des Bereicherungsgläubigers als Minus und im Vermögen des Bereicherungsschuldners als Plus niederschlägt. Ist nämlich beispielsweise eine im Eigentum des Bereicherungsgläubigers stehende Sache genutzt worden, ohne daß der Eigentümer sie in dieser Zeit selbst genutzt hätte oder – noch deutlicher – ist ein Immaterialgüterrecht genutzt worden, ohne daß damit die Rechtsposition des Inhabers vermindert worden wäre *(Fall 4)*, so hat der Bereicherungsschuldner trotz der fehlenden gegenständlichen Vermögensminderung etwas erlangt, was nach dem Zuweisungsgehalt des Rechtes nur dem Rechtsinhaber zustehen sollte.

2. Einheitslehren

Gleichwohl wurden immer wieder Versuche unternommen, die Bereicherungsansprüche auf ein einheitliches Prinzip zurückzuführen. Einen ersten Versuch unternahm bereits im Jahre 1909 *Fritz Schulz* in seinem „System der Rechte auf den Eingriffserwerb".[47] *Schulz* sah das einheitliche Prinzip, das dem gesamten Bereicherungsrecht zugrundeliegen sollte, im widerrechtlichen Handeln des Bereicherungsschuldners: „Grundsätzlich darf niemand aus einem widerrechtlichen Eingriff in ein fremdes Recht einen Gewinn machen".[48] Mit diesem Ansatz ließen sich allerdings nur die Fälle des Eingriffserwerbs, also der Nutzung fremder

[43] *v. Caemmerer,* S. 352.
[44] *Heck,* Grundriß des SchuldR, 1929, S. 421.
[45] *Wilburg* (o. Fußn. 35), S. 27 ff.; *v. Caemmerer,* S. 353 f.
[46] *v. Caemmerer,* S. 353.
[47] *Fritz Schulz,* AcP 105 (1909), 1 ff.
[48] *Schulz,* AcP 105 (1909), 1/443.

Rechtspositionen, erklären, der Eingriff in die fremde Rechtsposition wurde als das die Bereicherungshaftung auslösende widerrechtliche Handeln angesehen. Der darüber hinausgehende Versuch von *Schulz*, auch die Leistungskondiktion auf rechtswidriges Verhalten zurückzuführen, war dagegen zum Scheitern verurteilt: *Schulz* versuchte, die Bereicherung durch Leistung als rechtswidrige Annahme oder Vorenthaltung der geleisteten Sache[49] und die durch Naturgewalt eingetretene Bereicherung als einen dem rechtswidrigen Handeln gleichzustellenden „Elementareingriff" zu erklären.[50] *Jakobs*, der sich im Grundsatz der Rechtswidrigkeitslehre von *Schulz* angeschlossen hat, hat diese denn auch auf die Fälle der Eingriffskondiktion beschränkt und die Erweiterung auf die Leistungskondiktion als „unnötige Übersteigerung" angesehen, die mehr geschadet als genutzt habe.[51]

Die Versuche, das Bereicherungsrecht auf eine einheitliche Grundlage zu stellen, sind auch in der neueren Literatur nicht verstummt und haben zu einer Gegenbewegung[52] gegen die herrschende Meinung geführt. Zu nennen sind vor allem *Batsch, Kaehler, Kellmann, Kupisch, Pinger* und *Wilhelm;* ansatzweise auch *Lieb.*[53] Diese einheitliche Grundlage wird dadurch gewonnen, daß man die Fragestellung auf ein höheres Abstraktionsniveau verschiebt. Der Blick richtet sich nicht auf die Modalitäten des Bereicherungsvorgangs, also auf die Frage, ob die Bereicherung durch Leistung oder Eingriff erlangt wurde, sondern auf den übergeordneten Zweck des Bereicherungsrechts als „Korrektur ungerechtfertigten Vermögenserwerbs".[54] Es gebe nur einen Grundtatbestand, näm-

---

[49] *Schulz,* AcP 105 (1909), 1/435, 310, 447, 480 Fußn. 1191.

[50] *Schulz,* AcP 105 (1909), 1/440.

[51] *Jakobs,* Eingriffserwerb und Vermögensverschiebung in der Lehre von der ungerechtfertigten Bereicherung, 1964, S. 155.

[52] MünchKomm/*Lieb,* § 812 Rn. 3.

[53] *Batsch,* Vermögensverschiebung und Bereicherungsherausgabe in den Fällen unbefugten Gebrauchens bzw. Nutzens von Gegenständen, 1968; *Kaehler,* Bereicherungsrecht und Vindikation, 1972; *Kellmann,* Grundsätze der Gewinnhaftung – Rechtsvergleichender Beitrag zum Recht der ungerechtfertigten Bereicherung, 1969; *ders.,* Bereicherungsausgleich bei Nutzung fremder Rechtsgüter, NJW 1971, 862 ff.; *ders.,* Erfüllungsgehilfen kondizieren nicht, JR 88, 97; *Kupisch,* Gesetzespositivismus im Bereicherungsrecht – Zur Leistungskondiktion im Dreipersonenverhältnis, 1978; *ders.,* Einheitliche Voraussetzungen des Bereicherungsanspruchs – ein Mißgriff des Gesetzgebers?, in: Festg. f. v. Lübtow, 1980, S. 501 ff.; *ders.,* JZ 1997, 213 ff.; *Pinger,* Was leistet der Leistungsbegriff im Bereicherungsrecht?, AcP 179 (1979), 301 ff.; *Wilhelm,* Rechtsverletzung und Vermögensentscheidung als Grundlagen und Grenzen des Anspruchs aus ungerechtfertigter Bereicherung, 1973; *ders.,* Das Merkmal „auf Kosten" als notwendiges Kriterium der Leistungskondiktion, JuS 1973, 1 ff.; zurückhaltender MünchKomm/*Lieb,* § 812 Rn. 1 ff.

[54] So treffend MünchKomm/*Lieb,* § 812 Rn. 3. Auch *Lieb* geht davon aus, daß es nur einen Grundtatbestand gebe, nämlich den des rechtsgrundlosen Erlangens auf Kosten eines anderen (aaO., Rn. 7). Ähnlich spricht *Wilhelm* (Rechtsverletzung und Vermögensentscheidung, o. Fußn. 53, S. 173), der von dem „Prinzip", „daß die Vermögensmehrung, die der Schuldner aus dem Vermögen des Gläubigers hat, d. h.

lich den des rechtsgrundlosen Erlangens auf Kosten eines anderen. Die Eigenarten von Leistungskondiktion und Eingriffskondiktion werden zwar nicht geleugnet, ihre Bedeutung wird aber auf die Prüfung der Tatbestandsmerkmale „auf Kosten" und „ohne rechtlichen Grund" reduziert. Die neueren Einheitskonzeptionen knüpfen vielfach an gemeinrechtliche Traditionen an, teils auch die Rechtswidrigkeitslehre von *Fritz Schulz*. So legt *Kellmann*[55] einen handlungsorientierten Widerrechtlichkeitsbegriff zugrunde, *Wilhelm*[56] setzt an die Stelle des handlungsorientierten Widerrechtlichkeitsbegriffs den Begriff des „widerrechtlichen Habens". Das widerrechtliche Haben, die Widerrechtlichkeit der „Vermögensherrschaft" des Bereicherungsschuldners begründet für ihn den Kondiktionsanspruch und ist zugleich die einheitliche Klammer für alle Bereicherungsfälle. Die Ergebnisse der herrschenden Meinung, vor allem ihr Leistungsbegriff[57] und der Grundsatz des Vorrangs der Leistungs- vor der Eingriffskondiktion, werden von den neueren Einheitslehren scharf abgelehnt.[58]

Eine nähere Auseinandersetzung mit den neueren Einheitstheorien würde hier zu weit führen. Mit Recht hat man darauf hingewiesen, daß der Erkenntniswert der Bemühungen um ein einheitliches Konzept des Bereicherungsrechts begrenzt und ihr praktischer Nutzen nicht erkennbar ist, weil die Unterscheidung zwischen Leistungs- und Eingriffskondiktion notwendig bleibt und bei der Behandlung von Einzelproblemen in veränderter Gestalt wiederkehrt.[59] Das beruht auch auf der engen Verbindung des Bereicherungsrechts mit seinen Anwendungsgebieten. Die maßgeblichen Wertentscheidungen werden in aller Regel nicht aus irgendwelchen abstrakten und verallgemeinerungsfähigen bereicherungsrechtlichen Grundsätzen gewonnen, sondern aus den Wertungen und Regelungssystemen derjenigen Rechtsgebiete, denen das Bereicherungsrecht als Rückabwicklungsinstrumentarium dient. Diese sind naturgemäß sehr unterschiedlich mit der Folge, daß sich auch für das Bereicherungsrecht in seinen einzelnen Anwendungsfeldern beträchtliche Unterschiede ergeben. Ein einheitliches Verständnis der bereicherungsrechtlichen Ansprüche würde damit die notwendige Rückkopplung des Bereicherungsrechts an seine Anwendungsfelder beeinträchtigen.[60] Zu-

---

die nach den Rechten oder Rechtspositionen des Gläubigers in dessen Vermögen gehört, herauszugeben ist, wenn das Haben des Schuldners nicht durch ein Rechtsgeschäft oder unmittelbar durch eine Norm des objektiven Rechts gerechtfertigt ist".

[55] *Kellmann,* Grundsätze der Gewinnhaftung (o. Fußn. 53), S. 90ff., 110ff.

[56] *Wilhelm,* Rechtsverletzung und Vermögensentscheidung (o. Fußn. 53), S. 78f., 98f.

[57] Dazu unten S. 23f.

[58] Vgl. etwa *Wilhelm,* Rechtsverletzung und Vermögensentscheidung (o. Fußn. 53), S. 108, 143; *Kellmann,* Grundsätze der Gewinnhaftung (o. Fußn. 53), S. 97ff., 107; *Kupisch,* Gesetzespositivismus im Bereicherungsrecht (o. Fußn. 53), S. 12.

[59] Staudinger/*Lorenz,* § 812 Rn. 1.

[60] Dazu *Reuter/Martinek,* S. 39ff.

dem gehen heute sowohl die Rechtsprechung als auch die herrschende Meinung von der durch *Wilburg* und *v. Caemmerer* begründeten Dichotomie der Bereicherungsansprüche aus[61] und es hat nicht den Anschein, als ob sich die eine Einheitskonzeption befürwortende Mindermeinung in absehbarer Zeit durchsetzen könnte.[62]

Zusammengefaßt läßt sich sagen, daß man den Einheitslehren zwar zugestehen kann, daß es eine sowohl die Leistungskondiktionen als auch die Nichtleistungskondiktionen umfassende Grundfunktion des Bereicherungsrecht gibt, wenn man sie in einer „vor allem am unrechtmäßigen Haben anknüpfenden, besonderen, korrigierenden Ausgleichsordnung"[63] sieht. Insoweit kann man durchaus von einem „Grundtatbestand des rechtsgrundlosen Erlangens auf Kosten eines anderen"[64] sprechen. Für die praktische Rechtsanwendung ist damit aber wenig gewonnen. Selbst wenn man Leistungskondiktionen und Nichtleistungskondiktionen nur als „Spielarten des bereichernden Vorgangs betrachtet, die an der Gemeinsamkeit der Ausgleichsfunktion nichts ändern",[65] muß man bei der Entscheidung, ob ein bereicherungsrechtlicher Anspruch besteht, doch sofort die Frage stellen, um welche Art von Kondiktion es sich handelt, ob eine Leistungskondiktion oder eine der Nichtleistungskondiktionen zu prüfen ist. Das wird auch von den Vertretern der Einheitstheorien ganz überwiegend nicht bestritten.

Die Geschichte des Bereicherungsrechts reflektiert jedenfalls sein grundlegendes dogmatisches Problem: die Frage nämlich, ob sich die Bereicherungsansprüche auf ein einheitliches Prinzip zurückführen lassen oder ob mehrere voneinander unabhängige Tatbestände gebildet werden müssen. Die Ausgestaltung der Vorschriften des BGB, ihre wechselnden Interpretationen und viele der heutigen Streitfragen sind ohne ihren historischen Hintergrund nicht verständlich.

Reformbestrebungen zu einer Neugestaltung des Bereicherungsrechts haben sich bisher nicht durchsetzen können. Im Rahmen der Arbeiten zu einer Neugestaltung des Schuldrechts in den siebziger und achtziger Jahren des vorigen Jahrhunderts hatte das Bundesjustizministerium

---

[61] *Medicus* (BürgR, Rn. 665) weist mit Recht darauf hin, daß die Dogmatik des Bereicherungsrechts derzeit dringend einer gewissen Beständigkeit bedürfe. Seit einiger Zeit sei zu sehen, daß Studenten sich selbst bei einfachen Bereicherungsfällen in eine Fülle von Theorien verstrickten und dann zu keiner vernünftigen und konsequenten Lösung mehr gelangten. Auch bestehe die Gefahr, daß die Rechtsprechung eine Lehre einfach unbeachtet lasse, die ihre Erkenntnisse von gestern schon heute widerrufe.

[62] Empfohlene Vertiefungslektüre zu diesem Abschnitt: *Reuter/Martinek,* S. 22–38; *v. Caemmerer,* S. 333ff.; MünchKomm/*Lieb,* § 812 Rn. 1–9; *Kamionka,* JuS 1992, 845 ff.

[63] *Wilhelm* S. 98ff., 173ff.; MünchKomm/*Lieb,* § 812 Rn. 1.

[64] MünchKomm/*Lieb,* § 812 Rn. 7.

[65] MünchKomm/*Lieb,* § 812 Rn. 6.

zwar eine Reihe von Gutachten aus Kreisen der Wissenschaft und Praxis erstellen lassen.[66]

Darunter befand sich ein Gutachten zum Bereicherungsrecht von Detlev König, einem Schüler Ernst v. Caemmerers, der sich bereits in seiner Habilitationsschrift dem Bereicherungsrecht gewidmet hatte.[67] König baute auf der von Wilburg und v. Caemmerer entwickelten Konzeption des Bereicherungsrechts[68] auf, vor allem auf der Unterscheidung von Leistungskondiktion und Eingriffskondiktion. Sein Gesetzesentwurf sah dementsprechend einen Tatbestand der Leistungskondiktion (§ 1 des Entwurfs) vor, der die Rückabwicklung gescheiterter Leistungsbeziehungen als Ergänzung des Vertragsrechts zum Gegenstand hatte, und einen Tatbestand der Eingriffskondiktion (§ 2 des Entwurfs), in dem es um die unbefugte Verwertung fremden Gutes als Ergänzung des Deliktsrechts ging. Diesen beiden Tatbeständen wurde ein dritter Tatbestand der Aufwendungskondiktion (§ 3 des Entwurfs) zur Seite gestellt, der die Fälle der Verwendungskondiktion (Ersatz von Aufwendungen auf fremde Vermögensgegenstände)[69] und der Rückgriffskondiktion (Rückgriff bei Bezahlung fremder Schulden)[70] umfaßt. In einem § 4 sind die Fälle der Drittbeziehungen (Beteiligung von mehr als zwei Personen am Bereicherungsverhältnis) zusammengefaßt – wie wir sehen werden, eines der schwierigsten Kapitel des Bereicherungsrechts. § 5 enthält dann eine Generalklausel als Auffangtatbestand für unvorhergesehene künftige Entwicklungen.[71]

Dabei blieb es aber auch. Zu einer Neugestaltung der so schwierigen und unübersichtlichen Materie des Bereicherungsrechts konnte man sich nicht entschließen. Der Auftrag der vom Bundesjustizminister eingesetzten Kommission zur Überarbeitung des Schuldrechts beschränkte sich auf das allgemeine Leistungsstörungsrecht, das Gewährleistungsrecht bei Kauf- und Werkverträgen und das Verjährungsrecht als Schwerpunkte und umfaßte nicht mehr das Bereicherungsrecht. Dementsprechend wird das Bereicherungsrecht in dem 1992 vorgelegten Abschlußbericht[72] nicht erwähnt. Auch das am 1. 1. 2002 in Kraft getretene Schuldrechtsmodernisierungsgesetz hat das Bereicherungsrecht als solches unberührt gelassen. Auswirkungen auf das Bereicherungsrecht ergeben sich lediglich aus der Änderung von Vorschriften, auf die das Bereicherungsrecht Bezug nimmt, namentlich aus der Änderung der §§ 346ff., die bei der bereicherungsrechtlichen Rückabwicklung gegenseitiger Verträge im Rahmen der Saldotheorie heranzuziehen sind.[73]

---

66 Bundesminister der Justiz (Hrsg.), Gutachten und Vorschläge zur Überarbeitung des Schuldrechts, Bd. I und II 1981, Bd. III 1983.

67 *König,* Ungerechtfertigte Bereicherung, in: Bundesminister der Justiz (Hrsg.), Gutachten und Vorschläge zur Überarbeitung des Schuldrechts, Bd. II, 1981, S. 1515–1590.

68 Dazu oben S. 9 ff.

69 Zur Verwendungskondiktion unten S. 116.

70 Zur Rückgriffskondiktion unten S. 122.

71 Lies zum Entwurf *König: Lieb,* NJW 1982, 2034 ff.; *Reuter/Martinek,* S. 62–70.

72 Bundesminister der Justiz (Hrsg.), Abschlußbericht der Kommission zur Überarbeitung des Schuldrechts, 1992.

73 An der Rechtsvergleichung Interessierten sei vor allem *Schlechtriem,* Restitution und Bereicherungsausgleich in Europa, Bd. I 2000, Bd. II 2001, empfohlen.

2. Teil. Die Leistungskondiktion

Fall 5: V verkauft und übereignet seinem Freund *K* einen Ring, den beide für vergoldet halten, der aber tatsächlich ein echt goldener Ring ist. Einige Tage später zeigt *K* den Ring in Gegenwart von *V* einem Kenner, dieser stellt die Echtheit fest. *V* möchte nun seinen Ring zurückhaben und ficht den Kaufvertrag wegen Irrtums über eine verkehrswesentliche Eigenschaft an.

Welche Ansprüche kann *V* geltend machen? Kaufvertragliche Ansprüche scheiden schon deswegen aus, weil der Vertrag nach § 142 I als von Anfang an nichtig anzusehen ist. Auch für deliktsrechtliche Herausgabeansprüche gibt es keine Grundlage. Der Eigentumsherausgabeanspruch des § 985 versagt, weil nicht *V*, sondern *K* Eigentümer des Ringes ist: Angesichts des Grundsatzes der Abstraktheit von Verpflichtungsgeschäft und Erfüllungsgeschäft ergreift die Nichtigkeit des Kaufs nicht die Übereignung.

Dagegen ist der Anspruch aus § 812 I, und zwar die Leistungskondiktion, begründet. Hier zeigt sich die *Funktion der Leistungskondiktion:* eine rechtsgeschäftliche Leistung (die Übereignung) hat ihren Zweck (Erfüllung des Kaufvertrages) verfehlt und ist deshalb rückgängig zu machen. Hierfür stellt die Leistungskondiktion das rechtstechnische Instrumentarium zur Verfügung. Als „funktionales Gegenstück zum Abstraktionsgrundsatz"[1] schützt sie den veräußernden Eigentümer.

I. Die Tatbestandsmerkmale der Leistungskondiktion

Die Leistungskondiktion weist drei Tatbestandsmerkmale auf: das „erlangte Etwas", die Leistung des Gläubigers und den Mangel des rechtlichen Grundes.

In *Fall 5* ist „erlangtes Etwas" das Eigentum am Ring, Leistung des Gläubigers die Übereignung seitens *V* und Mangel des rechtlichen Grundes das Fehlen eines wirksamen (Anfechtung!) Kausalgeschäfts für die Übereignung. Mit diesen drei Voraussetzungen ist die Leistungskondiktion gegeben.

Dies scheint nun allerdings in einem gewissen Widerspruch zum Wortlaut des § 812 zu stehen, der noch die Worte *„auf dessen Kosten"* enthält und ist auch heute nicht ganz unbestritten. In der Tat sah man in dem Merkmal „auf dessen Kosten"(nicht nur wie heute noch für die Ein-

---

[1] *Esser/Weyers*, 6. Aufl. (1984), S. 369; s.a. Schuldrecht BT Bd. 2, 8. Aufl. (2000) S. 38.

griffskondiktion,[2] sondern auch) für die Rückabwicklung von Leistungen (also für die Leistungskondiktion) ein selbständiges Tatbestandsmerkmal, das man für notwendig hielt, um die Parteien des Bereicherungsverhältnisses zu bestimmen, wenn am Bereicherungsvorgang mehr als zwei Personen beteiligt waren: Bereicherungsgläubiger war derjenige, auf dessen Kosten der Bereicherungsschuldner etwas erlangt hatte. Dem gleichen Zweck diente das Merkmal der sog. *Unmittelbarkeit der Vermögensverschiebung,* das man aus dem Merkmal „auf dessen Kosten" entwickelt hatte, das aber keine eigenständige Funktion besaß. Man verlangte, daß zwischen Bereicherungsschuldner und -gläubiger eine „unmittelbare Vermögensverschiebung" stattgefunden haben müsse[3] und wollte damit Bereicherungsansprüche von Personen ausschließen, die an einer Vermögensverschiebung nicht unmittelbar beteiligt waren. Als Beispiel kann folgender Fall dienen:

Fall 6: V ist von *E* ermächtigt worden, eine dem *E* gehörende Sache in eigenem Namen zu veräußern. *V* verkauft und übereignet die Sache an *K.* Der Kaufvertrag ist nichtig, die Übereignung dagegen wirksam.[4]

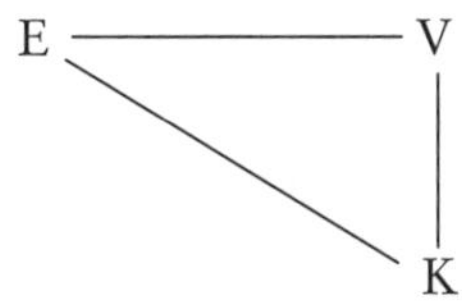

Die Sache ist hier wirksam, aber rechtsgrundlos übereignet worden. Bei der Rückabwicklung erscheint es vom Ergebnis her nur sinnvoll, dem *E* das Eigentum zurückzugeben und nicht dem *V.* Das ließ sich nach früheren Maßstäben durch die Merkmale „auf dessen Kosten" bzw. der Unmittelbarkeit der Vermögensverschiebung erreichen, die dann vorliegen sollte, wenn Verlust des Bereicherungsgläubigers und Erwerb des Bereicherungsschuldners auf ein und demselben Vorgang beruhten. Durch die von *V* und *K* vorgenommene Übereignung der Sache (§ 929) verlor *E* sein Eigentum und *K* erlangte das Eigentum. *K* erlangte also etwas „auf Kosten" des *E;* zudem beruhten der Eigentumsverlust des *E* und der Eigentumserwerb des *K* auf ein und demselben Vorgang, nämlich der Übereignung *V – K,* es handelte sich also um eine Vermögensverschiebung, bei der das Eigentum unmittelbar von E auf K überging. Damit wurde begründet, daß *E* und nicht *V* Bereicherungsgläubiger war.

Der heutige Leistungsbegriff hat diese Konstruktion, die gerade in schwierigen Fällen oft versagte,[5] entbehrlich gemacht. Durch den Begriff der Leistung werden, wie noch näher darzustellen sein wird (vgl. unten

---

[2] Dazu unten S. 97.

[3] So beispielsweise *Enneccerus/Lehmann,* Recht der Schuldverhältnisse, 15. Aufl. (1958), S. 879ff.

[4] Wir gehen davon aus, daß K weiß, daß er eine dem E gehörende Sache erwirbt.

[5] Vgl. dazu das Beispiel bei *Medicus,* BürgR, Rn. 663.

S. 24, 32), auch in Mehrpersonenbeziehungen die Parteien des Bereicherungsverhältnisses bestimmt, und zwar dadurch, daß der Zweck der Leistung einbezogen wird und das Bereicherungsverhältnis zwischen Leistendem und Leistungsempfänger besteht. In *Fall 6* sollte es sich um eine Leistung des *E* (und nicht des *V*) an *K* handeln; Bereicherungsgläubiger ist folglich *E* und nicht *V*. Aus diesem Grund ist das in § 812 genannte Tatbestandsmerkmal „auf dessen Kosten" bei der Leistungskondiktion funktionslos und braucht hier nicht geprüft zu werden, das gleiche gilt für den Begriff der Unmittelbarkeit der Vermögensverschiebung. Auch soweit man der Lehre von der Einheitskondiktion nahesteht, wird eingeräumt, daß bei einem normativ verstandenen Leistungsbegriff ein Verzicht auf das Merkmal „auf dessen Kosten" möglich ist[6] und der Begriff der Unmittelbarkeit der Vermögensverschiebung im heutigen Bereicherungsrecht funktionslos ist.[7] Für die Nichtleistungskondiktionen behält das Tatbestandsmerkmal „auf dessen Kosten" dagegen seine Bedeutung (vgl. unten S. 97). § 812 ist damit so zu lesen, daß sich „auf dessen Kosten" ausschließlich auf die Bereicherung in sonstiger Weise bezieht.[8] [9]

1. Das „erlangte Etwas"

Die Leistungskondiktion setzt zunächst voraus, daß derjenige, gegen den sich der Bereicherungsanspruch richtet, „etwas erlangt" hat. Mit diesem Tatbestandsmerkmal wird der Bereicherungsanspruch auf einen bestimmten Gegenstand fixiert, es wird festgelegt, was Inhalt der rückgängig zu machenden Leistung war. Es besteht also ein innerer Zusammenhang zwischen erlangtem Etwas und der Leistung, was bedeutet, daß sich oft eine Aussage über das erlangte Etwas gar nicht treffen läßt, ohne bereits Überlegungen bezüglich der Leistung angestellt zu haben. Besonders für den Bereicherungsausgleich in Dreiecksverhältnissen trifft das zu.

Auf der anderen Seite darf das „erlangte Etwas" nicht mit der „Bereicherung" verwechselt werden. Während es sich beim „erlangten Etwas" um das handelt, was der Bereicherungsschuldner mit der Leistung erhalten hat, ist die Bereicherung dasjenige, was er letztlich herauszugeben hat. Das kann das gleiche wie das erlangte Etwas sein, aber auch mehr oder weniger sowie etwas gänzlich anderes. Ist nämlich das „erlangte Etwas" noch vorhanden, so ist dieses vom Bereicherungsschuldner heraus-

---

6 Vgl. etwa MünchKomm/*Lieb*, § 812 Rn. 13.

7 Vgl. etwa MünchKomm/*Lieb*, § 812 Rn. 18.

8 Es ist also zu lesen: „Wer (1. Fall = Leistungskondiktion:) *durch die Leistung eines anderen* oder (2. Fall = Nichtleistungskondiktionen:) *auf dessen Kosten in sonstiger Weise* etwas ohne rechtlichen Grund erlangt ... ; vgl. BGHZ 40, 272/276; 48, 70/73; im Schrifttum beispielsweise *Esser/Weyers*, S. 44f.; *Larenz/Canaris*, S. 131.

9 Empfohlene Vertiefungslektüre zu diesem Abschnitt: *Larenz/Canaris*, S. 131–136; s.a. *Flume*, in 50 Jahre Bundesgerichtshof – Festgabe aus der Wissenschaft, 2000, Band I, S. 525ff.

zugeben, gegebenenfalls zuzüglich gezogener Nutzungen (§ 818 I). Ist es nicht mehr vorhanden, so kommt die Herausgabe des Surrogats in Betracht (§ 818 I), Wertersatz (§ 818 II) oder aber es kann unter den Voraussetzungen des § 818 III die Herausgabe ganz oder teilweise entfallen. Mit dem Tatbestandsmerkmal des „erlangten Etwas" wird also noch keine Aussage darüber getroffen, was der Schuldner letztlich herauszugeben hat und umgekehrt können die Vorschriften über den Umfang der Bereicherung (§§ 818ff.) nicht zur Bestimmung dessen herangezogen werden, was der Schuldner mit der Leistung erlangt hat. Darauf wird sogleich im Rahmen des Flugreisefalles (S. 21) zurückzukommen sein.

„Erlangtes Etwas" kann, wie meist definiert wird, jede Verbesserung der Vermögenslage bzw. jeder Vermögensvorteil sein.[10] Präziser sollte man allerdings mit *v. Caemmerer*[11] davon ausgehen, daß hierher alles gehört, was nach den Parteivereinbarungen Leistungsgegenstand sein kann; denn das „erlangte Etwas" braucht keinen Vermögenswert zu haben – auch wenn es sich meist um Vermögenswerte handelt.[12] Die Bezeichnung des Erlangten sollte stets genau erfolgen, im *Fall 5* beispielsweise sollte nicht gesagt werden, daß *X* den Ring erhalten hat, sondern Eigentum und Besitz am Ring.

Das „erlangte Etwas" kann vor allen Dingen im *Erwerb von Rechten* liegen, namentlich dem Eigentum und anderer dinglicher Rechte, auch von Anwartschaften (einschließlich der aus der Auflassung eines Grundstücks entstehenden Anwartschaft), aber ebenso im Erwerb von schuldrechtlichen Ansprüchen, beispielsweise einer Forderung aus einem Bürgschaftsvertrag, oder – was § 812 II besonders regelt – aus einem abstrakten Schuldanerkenntnis.[13] Auch *rechtlich geschützte Positionen* können „erlangtes Etwas" sein;[14] sieht man den Besitz nicht bereits als Recht an (was bekanntlich umstritten ist), so gehört er jedenfalls als Rechtsposition hierher. Ebenso können Positionen in öffentlichen Registern kondizierbar sein, so wird beispielsweise der neben § 894 bestehende sogenannte schuldrechtliche Grundbuchberichtigungsanspruch auf § 812 gestützt.[15] Weiter kann die *Befreiung von Verbindlichkeiten,*

---

[10] Vgl. etwa *BGH* NJW 1995, 53/54; *BGH* NJW 2005, 60; *OLG Düsseldorf* NJW-RR 1996, 1329/1330; Palandt/*Sprau,* § 812 Rn. 16; Jauernig/*Stadler,* § 812 RdNr 8ff.; Erman/*Westermann,* § 812 Rn. 4; RGRK/*Heimann-Trosien,* § 812 Rn. 1ff.; *Fikentscher,* Rn. 1087.

[11] *v. Caemmerer,* S. 348.

[12] Ebenso Staudinger/*Lorenz,* § 812 Rn. 65; Jauernig/*Stadler,* § 812 Rn. 8ff.; *Wieling,* Bereicherungsrecht, S. 7; Bamberger/Roth/*Wendehorst,* § 812 Rn. 12.

[13] Siehe z.B. *BGH* NJW 1991, 2140/2141; *BGH* NJW 1998, 2439/2440 – Altunterwerfung III.

[14] Vgl. etwa *BGH* NJW-RR 1991, 1002/1004 – Kunden- bzw. Abonnentenstamm einer Zeitung; *OLG Karlsruhe* WM 1989, 1229 – Goodwill einer Arztpraxis.

[15] Ständige Rechtsprechung, vgl. etwa *BGH* NJW 1973, 613/614; *BGH* NJW 2002, 1872; Palandt/*Sprau,* § 812 Rn. 20. Erlangtes Etwas kann auch eine öffentlichrechtliche Baulast sein, *BGH* NJW 1995, 53/54.

insbesondere von Schulden,[16] aber auch von sonstigen Verpflichtungen[17] oder von Beschränkungen kondizierbares „Etwas“ sein; beispielsweise der Erlaß einer Schuld oder der Verzicht auf ein Pfandrecht. Dazu zählt auch der Fall, daß der Gläubiger eines Anspruchs aus § 862 oder § 1004 die Störung selbst beseitigt oder die Beseitigung durch einen Dritten vornehmen läßt.[18] Der Störer hat dann Befreiung von der Beseitigungspflicht und damit „etwas“ erlangt (Beispiel: *A* parkt sein Auto unzulässig auf dem Parkplatz des *B*. *B* läßt das Auto abschleppen. *A* ist um das Abschleppen bereichert).[19]

Lassen sich die bisher genannten Beispiele dadurch kennzeichnen, daß dem Vermögensvorteil des Bereicherungsschuldners ein entsprechendes Minus beim Bereicherungsgläubiger gegenübersteht, so wird dies in einer anderen Gruppe von Fällen nicht so deutlich, und zwar bei den Sachverhalten, in denen der Bereicherungsschuldner lediglich Gebrauchs- oder Nutzungsvorteile oder aber Dienst- und Werkleistungen des Bereicherungsgläubigers in Anspruch genommen hat. Meist wird es sich dabei um Fälle der Eingriffskondiktion handeln, z.B. wenn der Bereicherungsschuldner sich den Eintritt in eine Kino- oder Theatervorstellung erschleicht oder unbefugt ein fremdes Patent benutzt. Es kann aber auch eine Leistungskondiktion vorliegen, beispielsweise bei der Zurverfügungstellung von Mietwagen auf Grund nichtigen Mietvertrages oder einer Arbeitsleistung auf Grund fehlenden bzw. unwirksamen Arbeitsvertrages. Wohl am bekanntesten und umstrittensten ist in diesem Zusammenhang der sog. Flugreisefall geworden.

Fall 7 (BGHZ 55, 128 – Flugreisefall): Der Minderjährige *M* flog wenige Tage vor Vollendung seines 18. Lebensjahres nach Erwerb eines entsprechenden Flugscheins mit der Linienmaschine der Lufthansa von München nach Hamburg. Dort gelang es ihm, mit den Transitpassagieren das Flugzeug wieder zu besteigen und an dem Weiterflug nach New York teilzunehmen, ohne daß er im Besitz eines Flugscheines für diese Strecke gewesen wäre. In New York wurde ihm die Einreise in die USA verweigert, weil er kein Visum hatte. Die Lufthansa beförderte ihn daraufhin noch am selben Tag zurück nach München. Sie verlangt von ihm unter anderem die Zahlung des tariflichen Flugpreises für die Strecke Hamburg – New York.

Der Fall wirft bezüglich der Kostenerstattung für den Hinflug auch Fragen vertraglicher und deliktischer Ansprüche auf, bezüglich des Rückfluges stellt sich die Frage der Geschäftsführung ohne Auftrag.[20]

---

[16] Siehe z.B. *BGH* NJW 1996, 926; BGHZ 110, 319/322; s.a. Palandt/*Sprau*, § 812 Rn. 24.

[17] Vgl. beispielsweise BGHZ 100, 95/100 – Befreiung von Barzahlungspflicht.

[18] *BGH* NJW 1964, 1365; *BGH* NJW 1986, 2640; *BGH* NJW 1995, 395; *BGH* NJW 2004, 603; Palandt/*Sprau*, § 812 Rn. 24.

[19] Vgl. auch die Aufzählung bei Palandt/*Sprau*, § 812 Rn. 16–30; Staudinger/*Lorenz*, § 812 Rn. 66–75; *Wieling*, Bereicherungsrecht, S. 7–12.

[20] Besonders empfohlene Lektüre zum *Flugreisefall*: *Teichmann*, JuS 1972, 247/249; *Haertlein*, JA 1996, 930ff. Zur Problematik minderjähriger Schwarzfahrer siehe auch *Harder*, JuS 1990, 857.

Uns interessiert hier aber nur die ungerechtfertigte Bereicherung, und dabei an dieser Stelle, was der Minderjährige durch den Hinflug in bereicherungsrechtlichem Sinne erlangt hat. Der *BGH* ging davon aus, daß es sich bei der Zurverfügungstellung des Platzes durch die Lufthansa um eine Leistung handelte – was zweifelhaft erscheint, an dieser Stelle aber nicht näher untersucht werden soll.[21] Probleme hatte der *BGH* dagegen bei der Bestimmung des erlangten Etwas. Er differenzierte nicht zwischen „erlangtem Etwas“ und „Bereicherung“[22] und glaubte bereits bei der Feststellung dessen, was M erlangt hat, die Vorschriften über den Umfang der Bereicherung (§§ 818ff.) berücksichtigen zu müssen.[23] Damit stand er angesichts des § 818 III vor der Frage, ob im Vermögen des *M* überhaupt ein greifbares „Etwas“ vorhanden war. In ähnlichen Fällen, beispielsweise bei den Arbeitsleistungen oder der Zurverfügungstellung von Mietwagen aufgrund nichtigen Vertrages, pflegt man sich mit der Frage zu behelfen, ob der Bereicherungsschuldner Aufwendungen erspart habe und ob sein Vermögen demzufolge um die ersparte Summe bereichert sei. Auch der *BGH* ging hier diesen Weg: Von einer Bereicherung i.S. der §§ 812ff. könne in der Regel nur dann gesprochen werden, wenn und soweit der Bereicherte eine echte Vermögensmehrung, und sei es allein durch die Ersparnis von Aufwendungen, erfahren habe.[24] Da *M* andernfalls den Flug nie unternommen hätte, von einer Ersparnis von Aufwendungen bei ihm also nicht die Rede sein konnte, kam der *BGH* zu dem Ergebnis, daß *M* in keinem Moment des Fluges „etwas erlangt“ (= etwas erspart) habe. Dieses Ergebnis mußte der *BGH* dann durch die Annahme korrigieren, daß *M* bösgläubig im Sinne des § 819 gewesen und daß in entsprechender Anwendung dieser Vorschrift *M* sich nicht darauf berufen könne, er habe eine Leistung nicht erhalten.[25]

Richtigerweise müssen das Tatbestandsmerkmal des „erlangten Etwas“ und die „Bereicherung“ im Sinne des Umfanges des Herauszugebenden voneinander getrennt werden.[26] Erlangt hat *M* die Dienstleistungen der Lufthansa, d.h. den Transport von Hamburg nach New York. Die Tatsache, daß er andernfalls den Flug nicht unternommen hätte, ändert nichts daran, daß er diese Transportleistung erhalten hat. Ob und in

---

21 Vgl. dazu unten S. 24.

22 Zum Unterschied oben S. 18.

23 Der *BGH* betont, es erscheine durchaus als angebracht, ja sogar als geboten, Grundsätze, die für die Frage des eventuellen späteren Wegfalls einer Bereicherung aufgestellt worden sind, bei gleicher Interessenlage auf die Beurteilung zu übertragen, ob eine Bereicherung überhaupt eingetreten sei, vgl. BGHZ 55, 128/134.

24 BGHZ 55, 128/131.

25 BGHZ 55, 128/134f.; *Lieb* (MünchKomm, § 812 Rn. 358) hat dies als „verwegene Konstruktion“ bezeichnet.

26 So schon *v. Caemmerer,* S. 368; ihm folgend *Teichmann,* JuS 1972, 247/249; ebenso z.B. MünchKomm/*Lieb,* § 812 Rn. 340; *Larenz/Canaris,* S. 254; *Haertlein,* JA 1996, 930/935.

welchem Umfang bei ihm durch den Transport eine Bereicherung eingetreten ist, und ob bzw. wieweit er dafür Ersatz zu leisten hat, ist eine an späterer Stelle, nämlich beim Umfang des Herausgabeanspruchs zu prüfende Frage.[27]

Fassen wir zusammen: Mit dem Tatbestandsmerkmal des „erlangten Etwas" wird der Gegenstand der rückgängig zu machenden Leistung fixiert. Dagegen ist an dieser Stelle noch nicht zu prüfen, ob das „erlangte Etwas" beim Bereicherungsschuldner noch vorhanden ist bzw. ob und in welchem Umfang eine Bereicherung noch besteht. „Erlangtes Etwas" kann alles sein, was nach den Parteivereinbarungen Leistungsgegenstand sein kann, insbesondere Rechte, rechtlich geschützte Positionen (z.B. Besitz), Befreiung von Verbindlichkeiten sowie die Inanspruchnahme von Gebrauchs- oder Nutzungsvorteilen. Unberücksichtigt bleibt im Rahmen der Leistungskondiktion das Tatbestandsmerkmal des § 812 I „auf dessen Kosten". Es wird also bei der Leistungskondiktion weder geprüft, ob der Bereicherungsgläubiger „entreichert" ist, noch ob eine sog. unmittelbare Vermögensverschiebung zwischen den Parteien stattgefunden hat.

2. Die Leistung

a) Grundtatbestand

Fall 8: Bauer *B* vereinbart mit seinem Nachbarn, dem Bauern *N*, daß dieser während des Urlaubs von *B* dessen Hühner mitfüttert. *N* sperrt die Hühner des *B* vereinbarungsgemäß mit in seinen Hühnerstall, wo sie auch gefüttert werden. Nach der Rückkehr des *B* kehren die Hühner jedoch immer wieder zum Hühnerhof des *N* zurück, und holen sich dort ihr Futter. Als *N* einige Zeit später diesen Vorgang bemerkt, verlangt er von *B* Ersatz für das von den Hühnern nach Ablauf der Urlaubszeit gefressene Futter.

Fall 9: S schuldet dem *G* 1.000 Euro aus Kaufvertrag. Er weist seine Bank *D* an, dem *G* die geschuldete Summe auszuzahlen.

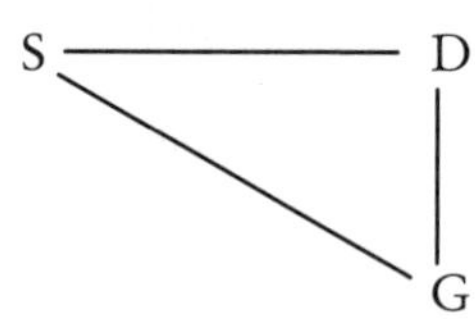

Das zentrale Problem der Leistungskondiktion liegt im Begriff der Leistung. Die Schwierigkeiten deuten sich bereits in den *Fällen 8 und 9* an: Hat im *Fall 8 N* eine Leistung auch dann noch erbracht, als *B* aus dem Urlaub zurückgekehrt war? Und wer hat im *Fall 9* an *G* geleistet? Die Bank *D*? Der Schuldner *S*? Oder beide? Die gleiche Frage stellt sich in *Fall 6*.

[27] Vgl. dazu unten S. 149.

Bei der Bestimmung des Leistungsbegriffs ist, wie auch sonst, vom Zweck der gesetzlichen Norm auszugehen. Die Leistungskondiktion verfolgt den Zweck, Leistungen rückgängig zu machen, die deswegen fehlgeschlagen sind, weil der mit ihnen verfolgte Zweck nicht eingetreten ist. Im Standardbeispiel der Übereignung einer Sache aufgrund nichtigen Kaufvertrages soll also der Übergang des Eigentums rückgängig gemacht werden, weil der mit der Übereignung verfolgte Zweck, nämlich die Erfüllung des Kaufvertrages, angesichts dessen Nichtigkeit nicht erreicht werden konnte.

Die *ältere Lehre*[28] ließ zur Leistung eine bewußt herbeigeführte Vermehrung fremden Vermögens ausreichen. Der Zweck der Leistung wurde nicht schon beim Leistungsbegriff, sondern erst beim Fehlen oder Wegfall des rechtlichen Grundes berücksichtigt. Damit konnte die ältere Lehre in Dreiecksverhältnissen vom Leistungsbegriff her noch nicht erklären, zwischen welchen Personen die rechtlich relevante, d.h. rückgängig zu machende Leistung erfolgt war. In *Fall 9* haben sowohl *S* als auch *D* bewußt das Vermögen des *G* vermehrt; allein daraus läßt sich also nicht festellen, wer im Fall der Rechtsgrundlosigkeit der Leistung Bereicherungsgläubiger ist. Man mußte sich vielmehr mit dem Tatbestandsmerkmal „auf dessen Kosten" bzw. dem Erfordernis der Unmittelbarkeit der Vermögensverschiebung behelfen: *G* hatte auf Kosten des *S* die Leistung erlangt; die Vermögensverschiebung war unmittelbar zwischen *S* und *G* erfolgt.

Demgegenüber geht der sog. *moderne Leistungsbegriff* davon aus, daß Leistung i.S. des § 812 I eine *bewußte und zweckgerichtete Mehrung fremden Vermögens* voraussetzt.[29] Die Mehrung fremden Vermögens wird also zur bereicherungsrechtlichen Leistung erst durch eine „doppelte Finalität".[30] Erstens muß die Vermögensmehrung *bewußt* erfolgen. Weiß der Bereicherungsgläubiger nicht, daß er fremdes Vermögen

---

[28] Vgl. z.B. RGZ 68, 97/103; Erman/*Seiler,* 3. Aufl. (1962), § 812 Anm. 2; Staudinger/*Seufert,* 10./11.Aufl. (1975), § 812 Rn. 2a; vgl. dazu auch RGRK/*Heimann-Trosien,* § 812 Rn. 15; *Baur/Wolf,* JuS 1966, 393/394.

[29] Erstmals BGHZ 40, 272/277; vgl. weiter BGHZ 50, 231/232; NJW 1974, 1132; BGHZ 72, 246/248; WM 1978, 1053/1054; BGHZ 105, 365/369; 111, 382/386; NJW 1995, 53/54; bereits in BGHZ 58, 184/188 wird dies als gefestigte Rechtsprechung bezeichnet; aus neuerer Zeit vgl. insb. *BGH* NJW 2002, 2871; NJW-RR 2002, 1176/1177; NJW 2004, 1169; NJW 2005, 60; NJW 2005, 1356. Dieser Leistungsbegriff wird auch von der h.M. im Schrifttum vertreten; vgl. etwa Palandt/*Sprau,* § 812 Rn. 3; Staudinger/*Lorenz,* § 812 Rn. 5; Jauernig/*Stadler,* § 812 Anm. I 1 Rn. 3; Erman/*Westermann,* § 812 Rn. 11; *Esser/Weyers,* S. 42ff.; *Fikentscher,* Rn. 1073; *Larenz/Canaris,* S. 132f.; *Medicus,* SchR II, Rn. 634ff.; *Reuter/Martinek,* S. 80ff.; *Koppensteiner/Kramer,* S. 11, jeweils mit weiteren Nachweisen; eingehend zur Rechtsprechungsentwicklung *Schnauder* JuS 1994, 537; kritisch Bamberger/Roth/*Wendehorst,* § 812 Rn. 16. Empfohlene Lektüre zur Einführung *Kamionka,* JuS 1992, 845/846ff.

[30] *Esser,* SchuldR II, 4. Aufl. (1971), S. 339.

mehrt, so kommt keine Leistungskondiktion, sondern nur eine Nichtleistungskondiktion in Betracht. Diese Situation ist im *Fall 8* gegeben: Vom Zeitpunkt der Rückkehr des *B* an hat *N* nicht mehr bewußt die Hühner des *B* gefüttert, er hat also mangels bewußter Mehrung fremden Vermögens keine Leistung erbracht. *N* kann deshalb von diesem Zeitpunkt an Ansprüche nicht mehr im Wege der Leistungskondiktion, sondern nur im Wege einer Nichtleistungskondiktion geltend machen. Zweitens ist die *Zweckrichtung* der Leistung zu berücksichtigen. Sie bestimmt sich nach dem Parteiwillen[31] und wird vom Leistenden mit der Leistung festgelegt. Im *Fall 9* handelt es sich bei der Auszahlung der 1.000 Euro an *G* um eine Vermögensmehrung, die nicht nur von *S*, sondern auch von der Bank *D* bewußt veranlaßt wurde. Aber ihrem Zweck nach war diese Vermögensmehrung darauf gerichtet, die Schuld des *S* gegenüber *G* zum Erlöschen zu bringen. Bereicherungsrechtlich handelt es sich also um eine Leistung im Verhältnis zwischen *S* und *G*. Damit wird zugleich die Funktion deutlich, die der moderne Leistungsbegriff erfüllt: Er grenzt einmal die Leistungskondiktion gegenüber der Nichtleistungskondiktion ab *(Fall 8)* und legt zum anderen die Parteien des Bereicherungsverhältnisses fest *(Fall 9)*. Wenn diese Festlegung im Zweipersonenverhältnis auch unproblematisch ist, so wirft sie doch im Dreipersonenverhältnis erhebliche Zweifelsfragen auf.[32]

Fall 7 (Flugreisefall) zeigt, daß die Frage, ob ein *Leistungsbewußtsein* vorliegt, schwierig zu beantworten sein kann. Will man mit dem *BGH* von einer Leistungskondiktion ausgehen, so müßte die Lufthansa gewußt haben, daß sie dem *M* den Transport nach New York vermittelt. Das war gewiß nicht der Fall. Man kann auch nicht ein generelles Leistungsbewußtsein bezüglich aller im Flugzeug befindlichen Personen einschließlich blinder und sonstwie unkontrolliert mitreisender Passagiere annehmen;[33] dagegen spricht schon, daß es der Fluglinie im Hinblick auf Fluggewicht, Treibstoffvorrat und anderer technischer und organisatorischer Erfordernisse auf die genaue Anzahl der Passagiere ankommt. Vielmehr wird man davon auszugehen haben, daß die Lufthansa die Beförderungsleistung bewußt nur gegenüber denjenigen Personen erbringen will, mit denen sie einen Beförderungsvertrag geschlossen hat. Man wird daher nicht von einer Leistungs-, sondern von einer Nichtleistungskondiktion (Eingriffskondiktion) auszugehen haben.

---

[31] BGHZ 105, 365/369; s.a. *BGH* NJW 2004, 1169; NJW 1993, 1578/1579.

[32] Vgl. etwa unten S. 32ff.

[33] So auch *Teichmann*, JuS 1972, 247/249; Staudinger/*Lorenz*, § 812 Rn. 3; *Kellmann*, NJW 1971, 862/863; *Reuter/Martinek*, S. 83; für erdgebundene Verkehrsmittel *Harder*, JuS 1990, 857/862f.; a.A. *Reeb*, S. 15. Die Frage, ob man ein generelles Leistungsbewußtsein annehmen kann, stellt sich nicht nur beim Erschleichen von Beförderungs-, sondern auch von anderen Leistungen (Theatervorstellung oder Sportveranstaltung ohne Eintrittskarte, Benutzung eines Parkplatzes ohne Entgelt). Die Annahme eines generellen Leistungsbewußtseins würde in solchen Fällen wohl regelmäßig auf eine Fiktion hinauslaufen.

Der *Leistungszweck* bezieht sich grundsätzlich auf das Kausalverhältnis.[34] Der Verkäufer übereignet die verkaufte Sache, um seine Verpflichtung aus dem Kaufvertrag zu erfüllen; Nachbar *N* füttert die Hühner des verreisten *B*, weil er sich dazu verpflichtet hat *(Fall 8)*, und im Fall der Anweisung *(Fall 9)* beauftragt *S* seine Bank mit der Überweisung an *G*, um dessen Forderung zu begleichen. In Anlehnung an die gemeinrechtliche Terminologie spricht man in solchen Fällen auch von einer solvendi causa. Damit wird bei der Leistungskondiktion, die ja der Rückabwicklung fehlgeschlagener Güterbewegungen dient, die Verbindung des Leistungsbegriffs zur Güterbewegung hergestellt. Der Leistungszweck ist aber nicht auf die Erfüllung einer Verpflichtung aus dem Kausalverhältnis beschränkt. Der Zweck kann beispielsweise auch in einer Schenkung bestehen (Leistung donandi causa)[35] oder darin, einen Anspruch zu erwerben (z.B. bei der Geschäftsführung ohne Auftrag);[36] schließlich darin, den Empfänger zu einem bestimmten Verhalten zu veranlassen, auf das der Leistende keinen Anspruch hat (Leistung causa data causa non secuta, ob rem),[37] z.B. Zahlung des Kaufpreises bei formnichtigem Grundstückskaufvertrag, um den Empfänger zur Auflassung und Bewilligung der Eintragung zu veranlassen. Mit diesen Typen werden die meisten Zwecke erfaßt sein; man muß sich aber darüber im klaren sein, daß es sich anders als im römischen Recht nicht um einen numerus clausus von Bereicherungsklagen handelt, sondern daß grundsätzlich jeder von der Rechtsordnung erlaubte Zweck Leistungszweck sein kann.[38]

Die richtige Bestimmung des Leistungszwecks hat wichtige bereicherungsrechtliche Konsequenzen. Von ihr sind nicht nur die Weichenstellung Leistungskondiktion – Nichtleistungskondiktion und die Festlegung der Parteien des Bereicherungsverhältnisses abhängig, sondern auch die Anwendung bestimmter bereicherungsrechtlicher Vorschriften (§ 812 Abs. 1 S. 2, 2. Fall, § 815, § 817, § 820). Bestehen zwischen den Parteien mehrere Schuldverhältnisse (Beispiel: in *Fall 9* hat *G* gegen *S* Forderungen aus Kaufvertrag, Darlehen und Werkvertrag), so entscheidet die Zweckbestimmung darüber, welches dieser Schuldverhältnisse die causa für die Leistung bildet. Mit der Bestimmung des Leistungszwecks wird schließlich eine Vorentscheidung über die Rechtsgrundlosigkeit getroffen: nur wenn das durch den Leistungszweck als causa festgelegte Kausalgeschäft unwirksam ist, fehlt es am rechtlichen Grund für die Leistung. Ein vom *BGH* entschiedener Fall[39] mag das noch verdeutlichen:

---

[34] *Larenz/Canaris*, S. 132.

[35] Bei der Handschenkung; wird dagegen die Leistung in Erfüllung eines Schenkungsvertrages erbracht, so erfolgt sie solvendi causa.

[36] Siehe *Reuter/Martinek*, S. 91.

[37] Zu dieser Fallgestaltung näher unten S. 59f.

[38] *Weitnauer*, in: Festschr. f. v. Caemmerer, 1978, S. 255/260.

[39] *BGH* NJW 1993, 1914.

Fall 10: Schuldner *S* hat an Gläubiger *G* eine Geldsumme unter ausdrücklichem Hinweis auf eine Forderung des *G* gegen ihn überwiesen. Der Betrag wird einem gemeinsamen Konto des *G* und seines Ehegatten *E* gutgeschrieben. Nachdem sich herausstellt, daß die Forderung nicht bestanden hatte, verlangt *S* nicht nur von *G*, sondern auch von *E* Rückzahlung.

Ein Bereicherungsanspruch gegen *E* setzt voraus, daß nicht nur *G*, sondern auch *E* Leistungsempfänger war. Ob dies der Fall war, bestimmt sich, wie der *BGH* ausdrücklich betont hat, „nach dem Zweck der mit der Leistung beabsichtigten Vermögenszuwendung".[40] *S* hatte bei der Zahlung klargestellt, daß er die Forderung des *G* begleichen wollte. Leistungsempfänger sollte also nur *G*, nicht dagegen *E* sein. Gegen *E* bestand damit kein Bereicherungsanspruch.

Umstritten ist die Rechtsnatur der Zweckbestimmung der Leistung, die nicht losgelöst von den Erfüllungstheorien beurteilt werden kann. Überwiegend geht man davon aus, daß es sich um eine einseitige empfangsbedürftige Willenserklärung handelt.[41] Das Problem soll hier nicht weiter vertieft werden; es hat vor allem Bedeutung für die Frage, wie die Leistungen Geschäftsunfähiger und beschränkt Geschäftsfähiger rechtlich einzuordnen sind.[42]

Die eigentlichen Schwierigkeiten bei der Bestimmung des Leistungszwecks treten in Mehrpersonenverhältnissen auf. Zu den wichtigsten Problemen gehört die Frage, was zu geschehen hat, wenn Leistender und Leistungsempfänger von einem unterschiedlichen Leistungszweck ausgehen, wenn also beispielsweise unterschiedliche Auffassungen darüber bestehen, welche Schuld getilgt werden oder an wen die Leistung erfolgen soll. Darauf wird an späterer Stelle ausführlich eingegangen werden.[43]

Der Leistungsbegriff war immer wieder heftiger Kritik ausgesetzt, die in der Forderung nach einem „Abschied vom Leistungsbegriff"[44] gipfelte. Die Vorwürfe gehen vor allem dahin, daß er im Zweipersonenverhältnis nicht erforderlich sei, in Dreiecksverhältnissen aber, also in Problemlagen, die zu lösen er gerade für sich in Anspruch genommen habe, die dort auftretenden Fragen auch nicht abschließend beantworten könne.[45] Von *Canaris* wurde die Gefahr gesehen, daß aus dem Leistungsbegriff

---

[40] *BGH* NJW 1993, 1914/1915.

[41] BGHZ 106, 163/166; 111, 382/386; *BGH* NJW 1990, 3194/3195; *Larenz/Canaris,* S. 133; *Reuter/Martinek,* S. 99ff. mit weiteren Nachweisen.

[42] Siehe dazu den Überblick bei *Larenz/Canaris,* S. 133f.; eingehend *Reuter/Martinek,* S. 99ff.

[43] Vgl. unten S. 42ff.

[44] *Canaris,* in: Festschr. f. Larenz, 1973, S. 799/857; vgl. auch *Harder,* JuS 1979, 76ff.: „Das Ende des bereicherungsrechtlichen Leistungsbegriffs".

[45] Vgl. insb. MünchKomm/*Lieb,* § 812 Rn. 26ff., 31 mit eingehender Darstellung der Meinungen; *Canaris,* in: Festschr. f. Larenz, 1973, S. 799/857ff.; *Kupisch,* Gesetzespositivismus im Bereicherungsrecht, in: Festg. f. v. Lübtow, 1980, S. 14ff., 29ff.; *Pinger,* AcP 179 (1979), 301ff. mit weiteren Nachweisen in Fußn. 3; *Harder,* JuS 1979, 76ff.

die Ergebnisse als rein begriffliche Deduktionen abgeleitet würden, ohne daß eine teleologische Kontrolle stattfände.[46] Die Diskussion wurde teilweise mit außergewöhnlicher Heftigkeit geführt.[47] In ihrem Ansatz kann der Kritik eine gewisse Berechtigung nicht abgesprochen werden: Der Leistungsbegriff kann nicht alle Probleme in Dreiecksverhältnissen lösen und er bedarf auch einer Kontrolle durch materielle Wertungen. Das nötigt aber nicht dazu, von ihm „Abschied“ zu nehmen.[48] Man muß sich darüber im klaren sein, daß kaum ein juristischer Begriff alle auftretenden Probleme zu lösen vermag. Der Leistungsbegriff kann eine Vielzahl von Fragen beantworten. Mit ihm ist uns, wie *Weyers* plastisch formuliert hat,[49] „eine verhältnismäßig einfache (‚griffige‘) dogmatische Figur an die Hand gegeben, die es ermöglicht, in der täglichen Rechtsanwendung eine relativ hohe Zahl von Fällen durch mechanische Subsumtion von Sachverhalten unter diesen Begriff abschließend und angemessen zu entscheiden, ohne jedesmal alle entstehenden Zurechnungsprobleme ab ovo zu durchdenken“. Man muß sich nur über die Grenzen des Leistungsbegriffs im klaren sein. Dort, wo er zu eindeutigen und befriedigenden Ergebnissen nicht mehr führt, muß er durch materielle Wertungsgesichtspunkte ergänzt werden.[50] Diese können teils genereller Art sein, teils auf spezifischen Wertungen beruhen, die sich aus den Rechtsgebieten ergeben, denen die Leistungskondiktion als Rückabwicklungsinstrumentarium dient. Es ist vor allem das Verdienst von *Canaris,* in seiner kritischen Auseinandersetzung mit dem Leistungsbegriff solche materiellen Wertungsgesichtspunkte herausgearbeitet zu haben. Drei maßgebliche Kriterien hat er genannt:[51]

Erstens sollen jeder Partei des fehlerhaften Kausalverhältnisses ihre *Einwendungen gegen die andere Partei erhalten bleiben.* Ist in *Fall 9* das Kausalverhältnis zwischen *S* und *G* fehlerhaft, so führt die Kondiktion

---

[46] *Canaris,* in: Festschr. f. Larenz, 1973, S. 799/857.

[47] Vgl. etwa MünchKomm/*Lieb,* § 812 Rn. 31 („Irrweg“); *Harder,* JuS 1979, 76/77 („hypertropher und unwahrer Leistungsbegriff“).

[48] Auch *Canaris* geht in *Larenz/Canaris,* S. 132 f., von dem von der h. M. vertretenen Leistungsbegriff aus und begrenzt nur die Ableitbarkeit von Rechtsfolgen aus diesem Begriff.

[49] *Esser/Weyers,* S. 44; vgl. auch *Reuter/Martinek,* S. 115 f., die vom Leistungsbegriff als „dogmatisches Kürzel“ sprechen.

[50] Das wird auch von den Vertretern des Leistungsbegriffs allgemein betont; vgl. etwa Staudinger/*Lorenz,* § 812 Rn. 5; *Reuter/Martinek,* S. 115 f.; *Medicus,* BürgR, Rn. 686; *Brox/Walker,* S. 455 Rn. 9; *Schlechtriem,* Rn. 770; *Koppensteiner/Kramer,* S. 13 ff.; *S. Lorenz,* Bereicherungsrechtliche Drittbeziehungen, JuS 2003, 839/840. Auch der *BGH* geht davon aus, daß der Leistungsbegriff der Ergänzung durch materielle Wertungskriterien bedürfe. So wird etwa in BGHZ 122, 46/51 ausgeführt, daß Gesichtspunkte des Vertrauensschutzes und der Risikoverteilung mitberücksichtigt werden müßten, da die Ableitung aus dem Leistungsbegriff nicht immer überzeugend erscheine.

[51] *Canaris,* in: Festschr. f. Larenz, 1973, S. 799/802 f.; s. a. die in der Darstellung bei *Larenz/Canaris,* S. 199, herangezogenen „Gerechtigkeitskriterien“.

unmittelbar zwischen *S* und *G* dazu, daß *G* aus dem Kausalverhältnis resultierende Einwendungen (beispielsweise ein Zurückbehaltungsrecht) gegen *S* geltend machen kann und umgekehrt *S* gegenüber *G*. Könnte dagegen die Bank *D* den von ihr gezahlten Betrag von *G* zurückfordern, so könnte *G* ihr gegenüber die gegen *S* bestehenden Einwendungen nicht geltend machen, weil die Bank damit nichts zu tun hat,[52] und auch *S* hätte keine Möglichkeit, seine Einwendungen gegenüber *G* zu erheben.

Zweitens sollen die Parteien des fehlerhaften Kausalverhältnisses *vor Einwendungen geschützt werden, die ihr Vertragspartner aus seinem Rechtsverhältnis zu Dritten herleitet*. So soll sich beispielsweise in *Fall 9* *G* gegenüber *S* nicht darauf berufen können, er habe gegenüber der Bank eine Forderung, mit der er aufrechne. Ein derartiger Einwand wird dadurch verhindert, daß nicht die Bank, sondern *S* den an *G* gezahlten Betrag kondiziert. Oder: ist nicht das Kausalgeschäft zwischen *S* und *G*, sondern die von *S* der Bank erteilte Anweisung nichtig, so darf *G* nicht einem Bereicherungsanspruch der Bank ausgesetzt sein mit der Begründung, sie habe an ihn ohne wirksame Anweisung gezahlt. Das muß schon deswegen ausgeschlossen sein, weil *G* an dem Anweisungsverhältnis nicht beteiligt ist, er dessen Wirksamkeit nicht beurteilen und darauf keinen Einfluß nehmen kann.[53] Das Unwirksamkeitsrisiko muß vielmehr bei den am Anweisungsverhältnis Beteiligten liegen, also bei *S* und *D*, d.h. ein Bereicherungsausgleich muß zwischen ihnen abgewickelt werden und nicht im Verhältnis zu dem außerhalb dieser Sphäre stehenden *G*.

Drittens soll ein materielles Wertungskriterium in der *angemessenen Verteilung des Insolvenzrisikos* liegen. Dieses Risiko muß von dem getragen werden, der im fehlerhaften Kausalverhältnis Vertragspartner des Zahlungsunfähigen war. Denn er ist derjenige, der sich die zahlungsunfähige Partei als Vertragspartner ausgesucht und auf ihre Kreditwürdigkeit vertraut hat, nicht dagegen der Dritte, der die Leistung nur vermittelt hat. Ist also in *Fall 9* *G* (bei Nichtigkeit des Kausalgeschäfts zwischen ihm und *S*) zur Rückzahlung des an ihn überwiesenen Betrages nicht in der Lage, so ist es *S*, den dieses Risiko treffen muß und nicht die Bank *D*.[54]

Diese materiellen Wertungsgesichtspunkte sind in der Tat bei der Anwendung des Leistungsbegriffs zu berücksichtigen. Das gewinnt vor allem bei den Dreiecksverhältnissen Bedeutung.[55] Auch der BGH betont, daß sich bei der bereicherungsrechtlichen Behandlung von Vorgän-

---

52 § 404 wäre nicht anwendbar, weil es sich nicht um eine Abtretung handelt.

53 Vgl. *Canaris,* in: Festschr. f. Larenz, S. 799/802.

54 Dazu *Canaris,* in: Festschr. f. Larenz, S. 799/803.

55 Empfohlene Vertiefungslektüre: einerseits *Esser/Weyers,* S. 42–46; *Reuter/Martinek,* S. 111–116; Staudinger/*Lorenz,* § 812 Rn. 4ff.; *S. Lorenz,* Bereicherungsrechtliche Drittbeziehungen, JuS 2003, 729ff. und 839ff., andererseits MünchKomm/*Lieb,* § 812 Rn. 26–31.

gen, an denen mehr als zwei Personen beteiligt sind, jede schematische Lösung verbietet. Vielmehr seien in erster Linie die Besonderheiten des einzelnen Falls für die sachgerechte bereicherungsrechtliche Abwicklung zu beachten.[56]

Wir fassen zusammen: Die zweite Tatbestandsvoraussetzung bei der Leistungskondiktion (nach dem erlangten Etwas) ist die Leistung. Leistung ist die bewußte und zweckgerichtete Mehrung fremden Vermögens. Das in § 812 enthaltene Tatbestandsmerkmal „auf dessen Kosten" wird damit für die Leistungskondiktion entbehrlich. Der Leistungsbegriff war immer wieder heftiger Kritik ausgesetzt, ist aber gleichwohl beizubehalten, weil er für die tägliche Rechtsanwendung ein relativ einfach anwendbares Instrumentarium liefert, mit dem sich die große Mehrzahl der Bereicherungsfälle lösen läßt. Das gilt auch für die Bereicherungsfälle im Dreiecksverhältnis. Dort stößt der Leistungsbegriff allerdings auch auf seine Grenzen, und hier bedarf er der Überprüfung und Ergänzung durch materielle Wertungsgesichtspunkte.

b) Die Leistung im Dreiecksverhältnis

aa) Grundlagen. Sind die mit dem Leistungsbegriff zusammenhängenden Fragen bei Zweipersonenverhältnissen noch relativ gut überschaubar und lösbar, so beginnen die eigentlichen Schwierigkeiten, wenn drei oder mehr Personen beteiligt sind. Nicht zu Unrecht hat man die Mehrpersonenverhältnisse als „Albtraum des Bereicherungsrechts"[57] bezeichnet; sie sind ein „unerschöpflicher Quell von Prozessen und Problemen".[58] Für Studium und Examen sind sie von großer Bedeutung, spielen aber auch in der Praxis eine erhebliche Rolle, wie schon die Vielzahl einschlägiger Entscheidungen zeigt.

Zunächst müssen wir die uns interessierenden Mehrpersonenverhältnisse von ähnlichen Fallgestaltungen abgrenzen. Dazu sollen die folgenden Fälle dienen.

Fall 11: V verkauft und übereignet eine Sache durch seinen Vertreter *X* an *D*.

Fall 12: V verkauft und übereignet eine Sache an *K*, der sie wiederum an *D* weiterverkauft und übereignet.

Fall 13: V verkauft eine Sache an *K*, der sie wiederum an *D* weiterverkauft. Der Einfachheit halber wird vereinbart, daß *V* die Sache unmittelbar an *D* liefert.

Zusätzlich kommen wir auf *Fall 9* zurück:

Fall 9: S schuldet dem *G* 1.000 Euro aus Kaufvertrag. Er weist seine Bank *D* an, dem *G* die geschuldete Summe auszuzahlen.

---

[56] *BGH* NJW 1989, 900; *BGH* NJW 1999, 1393/1394; *BGH* NJW 2004, 1169.

[57] *Schlechtriem*, 4. Aufl. (1995) Rn. 685.

[58] *K. Schmidt*, JuS 1991, 75. Für *Canaris* zählen die Mehrpersonenverhältnisse zu den umstrittensten und schwierigsten Problemfeldern des Privatrechts überhaupt (*Larenz/Canaris*, S. 199).

Die Skizzen verdeutlichen die Situation:

Fälle 11–13:

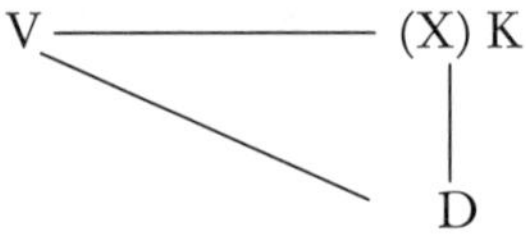

Fall 9:

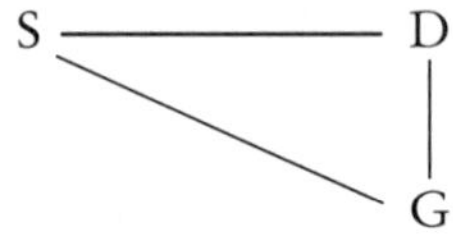

In *Fall 11* handelt es sich nur scheinbar um eine Dreierbeziehung. Da *X* Vertreter des *V* ist, kommen nach § 164 BGB die Rechtsbeziehungen unmittelbar zwischen *V* und *D* zustande.[59] In Wahrheit liegt also eine Zweierbeziehung vor. Das gilt für alle Fälle unselbständiger Mittelspersonen, namentlich für Stellvertreter, Empfangsgehilfen und Überbringer einer Leistung.

In *Fall 12* haben wir es mit einer *Leistungskette* zu tun. *V* erbringt aufgrund eines Vertrages mit *K* an diesen eine Leistung, *K* gibt diese Leistung aufgrund eines zwischen ihm und *D* bestehenden Vertrages an diesen weiter. Auch hierbei handelt es sich noch nicht um ein bereicherungsrechtliches Dreipersonenverhältnis, sondern um zwei Zweipersonenverhältnisse, die „hintereinandergeschaltet"[60] sind. Es sind zwar drei Personen beteiligt, aber es fehlt an der Rechtsbeziehung zwischen *V* und *D*. Es liegt eine Kette vor, die sich mangels einer Beziehung zwischen *V* und *D* nicht zum Dreieck schließt. Ist einer der Kaufverträge nichtig, so findet ein Bereicherungsausgleich nur zwischen den Parteien des nichtigen Rechtsverhältnisses statt, also zwischen *V* und *K* bzw. zwischen *K* und *D*. Eine unmittelbare Kondiktion zwischen *V* und *D* kommt grundsätzlich nicht in Betracht.[61]

Fall 13 bildet ein Beispiel für die sog. *Durchlieferung*. Hier überträgt *V* dem *D* den Besitz, die Kette scheint sich insofern zum Dreieck zu schließen. Gleichwohl handelt es sich hier noch nicht um eine bereicherungsrechtliche Dreiecksbeziehung. Denn in solchen Fällen ist in der Regel nicht davon auszugehen, daß zwischen *V* und *D* außer der Besitzübertragung auch eine unmittelbare Eigentumsübertragung erfolgt. *V* wird von *K* im allgemeinen nicht angewiesen, das Eigentum an *G* zu übertragen, sondern lediglich den Besitz. Mit der tatsächlichen Zuwendung an *D* verfolgt V dann diesem gegenüber keinen Leistungszweck.[62]

---

59 Die nach § 929 erforderliche Besitzübertragung kann sich in den Formen der Besitzdienerschaft, des mittelbaren Besitzes oder des Geheißerwerbs vollziehen, vgl. dazu *M. Wolf,* SachenR, 22. Aufl. (2006), Rn. 535 ff.

60 *Larenz/Canaris,* S. 200.

61 Eine Ausnahme bildet § 822. Dazu näher unten S. 165.

62 Die Besitzübertragung dient anderen Zwecken, und zwar in zweierlei Richtung. Auf der einen Seite will *K* mit dieser Zuwendung seine Verpflichtung aus dem Kaufvertrag mit *D* erfüllen und die Forderung des *D* damit zum Erlöschen bringen. Dogmatisch läßt sich dieses Ergebnis auf eine analoge Anwendung der §§ 267, 366 stützen, wonach *K* eine entsprechende Tilgungsbestimmung gegenüber *D* vornimmt, die von dem angewiesenen *V* an den *D* übermittelt wird. Auf der anderen

Die nach § 929 für den Eigentumsübergang erforderliche Einigung erfolgt nicht unmittelbar zwischen *V* und *D*, sondern jeweils zwischen *V* und *K* sowie *K* und *D*, und zwar regelmäßig bereits mit Abschluß des Kaufvertrages, eventuell auch stillschweigend. Die nach § 929 erforderliche Übertragung des Besitzes erfolgt durch doppelten Geheißerwerb: dem Erfordernis einer Übergabe *V* an *K* wird dadurch genügt, daß *V* auf Geheiß des *K* die Sache an *D* liefert, und *K* genügt dem Erfordernis einer Übergabe an *D*, indem *V* als seine Geheißperson die Sache dem *D* übergibt.[63] Bereicherungsrechtlich ist dieser Fall ebenso wie die Leistungskette zu behandeln. Zwischen *V* und *D* findet zwar eine Besitzübertragung statt, eine Leistungsbeziehung entsteht aber nur zwischen *V* und *K* sowie zwischen *K* und *D*, nicht dagegen zwischen *V* und *D*.[64]

Eine Leistungsbeziehung im Dreieck liegt erst bei *Fall 9* vor. Hier handelt es sich um einen Anweisungsfall. Bei der Anweisung bezeichnet man das Verhältnis zwischen dem Anweisenden *(S)* und dem Empfänger der Anweisungsleistung *(G)* als *Valutaverhältnis*, das Verhältnis zwischen dem Anweisenden *(S)* und dem Angewiesenen *(D)* als *Deckungsverhältnis*. Zwischen *D* und *G* besteht dagegen grundsätzlich[65] kein Kausalverhältnis, sondern es erfolgt dort nur die tatsächliche Zuwendung. Die nachstehende Zeichnung verdeutlicht die Terminologie:

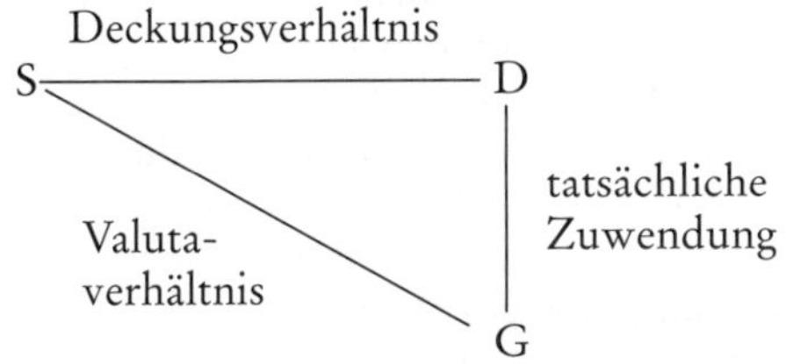

Wir hatten bereits[66] gesehen, daß hier eine Leistungsbeziehung zwischen *S* und *G* besteht, so daß, wenn in der Beziehung zwischen *S* und *G* der Leistungszweck nicht erreicht werden kann (etwa weil das Kausalge-

Seite will *V* mit dieser Zuwendung gleichzeitig seiner Verpflichtung zur Übereignung aus dem mit *K* geschlossenen Kaufvertrag nachkommen und trifft eine entsprechende Tilgungs- bzw. Zweckbestimmung. Mit der Zuwendung an *D* erlischt das Schuldverhältnis zwischen *V* und *K* nach §§ 362 Abs. 2, 185, da *K* mit seiner Anweisung den *D* zum Empfang ermächtigt hat.

63 Vgl. dazu *BGH* NJW 1986, 1166; *Medicus,* BürgR, Rn. 671.

64 Vgl. auch *Medicus,* BürgR, Rn. 672.

65 Anders ist es bei der angenommenen Anweisung: hier ist nach § 784 der Angewiesene dem Anweisungsempfänger zur Leistung verpflichtet. Der Zweck der Zuwendung des *D* liegt dann auch darin, seine aus § 784 resultierende Verpflichtung gegenüber *G* zu erfüllen. Damit ist die Rechtslage ähnlich wie beim echten Vertrag zugunsten Dritter, vgl. unten S. 51.

66 Vgl. oben S. 24. Eine Leistungsbeziehung zwischen S und G besteht auch dann, wenn S den Kaufpreis auf ein Notaranderkonto zahlt und der Notar im Einvernehmen mit G den Betrag an einen Dritten weiterleitet, vgl. *BGH* NJW 1999, 2890/2891.

schäft *S–G* nichtig ist), *S* direkt gegenüber *G* einen Bereicherungsanspruch hat und nicht auf eine Kondiktion gegenüber D angewiesen ist, der dann seinerseits von *G* zu kondizieren hätte. Die praktische Bedeutung dieses Unterschieds wird sofort deutlich, wenn man an das Insolvenzrisiko denkt. Wird *G* zahlungsunfähig, so geht dies bei einem Bereicherungsausgleich unmittelbar zwischen *S* und *G* nicht zu Lasten des hier nur als Leistungsmittler auftretenden *D*, sondern zu Lasten des *S*, äußert sich also in derjenigen Beziehung, in der der Leistungszweck nicht erreicht wurde.

Bei näherem Hinsehen zeigt sich aber, daß es noch einen *weiteren Zweck* gibt: *D* will nämlich auch seinerseits eine Leistung gegenüber *S* erbringen, und zwar dadurch, daß er dessen Anweisung ausführt. Das zeigt sich deutlich im Bankverkehr, der in der Praxis den Hauptanwendungsbereich für Anweisungsfälle bildet. Die Bank ist aufgrund des Girovertrages dem Bankkunden gegenüber verpflichtet, dessen Überweisungen auszuführen, dieser Verpflichtung kommt sie durch die Ausführung der Anweisung nach. Der *BGH* hat das so formuliert, daß sich in solchen Fällen eine bereicherungsrechtliche Leistungsbeziehung grundsätzlich in zwei Richtungen vollzieht: Im Deckungsverhältnis erbringt die Bank durch Ausführung des Überweisungsauftrages eine Leistung an den anweisenden Kontoinhaber, der seinerseits den Gutschriftsbetrag im Valutaverhältnis an den Überweisungsempfänger leistet. Zwischen Bank und Gutschriftempfänger besteht dagegen keine bereicherungsrechtliche Leistungsbeziehung, da die durch die Bank getroffene Zweckbestimmung dahin geht, an den anweisenden Kontoinhaber aus dem Girovertrag zu leisten, nicht aber eine Leistung an den Empfänger des Überweisungsbetrages zu erbringen.[67]

Was ist nun daraus für den Bereicherungsausgleich zu folgern? Als Grundsatz gilt, daß der Bereicherungsausgleich in der Personenbeziehung stattfindet, in der der Leistungszweck nicht erreicht wurde, d.h. das Kausalverhältnis fehlerhaft ist. War in *Fall 9 S* dem *G* in Wirklichkeit zur Leistung nicht verpflichtet, so kann er die durch *D* an *G* gezahlte Summe von diesem, also von *G*, kondizieren. Andererseits kann die Bank *D* von *S* kondizieren, wenn ihre tatsächliche Zuwendung aufgrund eines fehlerhaften Deckungsverhältnisses erfolgt ist. Soweit besteht heute in Rechtsprechung und Schrifttum Einigkeit.[68] Wie ist es aber, wenn

---

[67] *BGH* NJW 1994, 2357f.; NJW 1995, 3315/3316; NJW 2001, 2880/2881, jeweils mit eingehenden Nachweisen; NJW 2006, 503/504.

[68] Ständige Rechtsprechung, vgl. etwa *BGH* NJW 2005, 3213/3214; NJW 2004, 1315/1316; NJW 2003, 582/583; NJW 2001, 2880/2881; NJW 1999, 2890/2891; NJW 1995, 3315/3316; BGHZ 111, 382/385; *BGH* NJW 1987, 185/186; BGHZ 89, 376/378; 66, 362/363; *OLG Hamburg* ZIP 1990, 920; im Schrifttum etwa Palandt/*Sprau*, § 812 Rn. 52ff.; MünchKomm/*Lieb*, § 812 Rn. 39; Staudinger/*Lorenz*, § 812 Rn. 49f.; Jauernig/*Stadler*, § 812 Rn. 34f.; *Reuter/Martinek*, S. 412f.; *Esser/Weyers*, S. 48; *Fikentscher*, Rn. 1082; *Medicus*, SchR II, Rn. 724; *Brox/Walker*, S. 457 Rn. 14; Bamberger/Roth/*Wendehorst*, § 812 Rn. 123.

die Kausalbeziehungen sowohl im Valutaverhältnis als auch im Dekkungsverhältnis fehlerhaft sind (sog. *Doppelmangel*)? Nach dem bisher Gesagten bietet es sich an, die Kondiktion in beiden fehlerhaften Rechtsverhältnissen durchzuführen *(Doppelkondiktion): D* hätte also von *S* und *S* von *G* zu kondizieren. Man hat aber auch vorgeschlagen, der Einfachheit halber eine unmittelbare Kondiktion *D–G* (Durchgriffskondiktion) zuzulassen und damit den Aufwand eines doppelten Bereicherungsausgleiches zu vermeiden.[69] Nicht zuletzt die Anwendung der materiellen Wertungskriterien, von denen wir oben[70] gesprochen hatten, hat jedoch dazu geführt, der Doppelkondiktion trotz des mit ihr verbundenen Aufwands den Vorzug zu geben. Sonst würde nämlich die Bank *D,* obwohl sie nur zu *S* in Rechtsbeziehung stand, dem Insolvenzrisiko des *G* ausgesetzt sein. Außerdem würde *G* die Möglichkeit genommen, eventuell gegen *S* bestehende Einwendungen geltend zu machen, während die Bank *D* den Einwendungen des *G* ausgesetzt wäre.[71]

Schwierigkeiten bereitet in den Fällen des Doppelmangels die Frage, worin das erlangte Etwas und das infolgedessen von *S* an *D* Herauszugebende besteht. Näher wird darauf beim Umfang des Bereicherungsanspruchs einzugehen sein,[72] wegen des sachlichen Zusammenhangs sei aber die Problematik bereits hier angesprochen. Zum Teil geht man davon aus, daß „erlangtes Etwas“ der Kondiktionsanspruch *S–G* sei, und daß dieser im Rahmen der Kondiktion *D–S* an *D* abzutreten sei. Diese an sich naheliegende Betrachtungsweise sieht sich aber dem Einwand ausgesetzt, daß *D* sich nicht nur Einwendungen des *S* ihm gegenüber, sondern zusätzlich auch Einwendungen des *G* gegenüber *S* entgegenhalten lassen muß (vgl. § 404) und das Risiko der Insolvenz nicht nur des *S,* sondern auch des *G* trägt. Deshalb ist von anderer Seite vorgeschlagen worden, als erlangtes Etwas nicht den Bereicherungsanspruch *S–G* anzusehen, sondern die geleistete Sache selbst. Dann nämlich hätte *S* dem *D* diese Sache bzw. deren Wert (§ 818 II) herauszugeben und hätte selbst das Risiko von Einwendungen des *G* und von dessen Insolvenz zu tragen. Folgt man der zweiten Meinung, liegt eine weitere Frage darin, ob S sich gegenüber *D* auf den Wegfall der Bereicherung (§ 818 III) berufen

---

69 So früher die h.M. vgl. etwa BGHZ 36, 30/32; *BGH* JZ 1962, 404/405; s.a. BGHZ 48, 70/75; im Schrifttum etwa RGRK/Heimann-Trosien, § 812 Rn. 38; *Enneccerus/Lehmann,* SchuldR, 15. Aufl. (1958), S. 880ff.

70 Vgl. S. 27f.

71 *BGH* NJW 2003, 582/583; NJW 2001, 2880/2881; NJW 1991, 2890/2891; NJW 1977, 38/41, jeweils mit eingehenden weiteren Rechtsprechungsnachweisen; Staudinger/*Lorenz,* § 812 Rn. 54; Palandt/*Sprau,* § 812 Rn. 63ff.; *Fikentscher,* Rn. 1082; *Reuter/Martinek,* S. 412f.; *Esser/Weyers,* S. 55; *Medicus,* SchR II, Rn. 726; *Brox/Walker,* S. 457, Rn. 14; Bamberger/Roth/*Wendehorst,* § 812 Rn. 123; *Koppensteiner/Kramer,* S. 27f.; *Köndgen,* Festschr. f. Esser, 1975, S. 65ff.; *Canaris,* Festschr. f. Larenz, 1973, S. 845ff.

72 Vgl. unten S. 131.

kann, wenn sein Kondiktionsanspruch gegen *G* nicht zu realisieren ist (etwa wegen dessen Insolvenz).[73]

Diese Grundlagen der Leistungskondiktion im Dreiecksverhältnis sollen nun anhand einzelner Fallgruppen verdeutlicht werden.

bb) Anweisungsfälle. Wir beginnen mit den Anweisungsfällen. Als Ausgangsfall sei noch einmal *Fall 9* in Erinnerung gerufen: *S* schuldet dem *G* 1.000 Euro aus Kaufvertrag, er weist seine Bank *D* an, dem *G* die geschuldete Summe auszuzahlen.

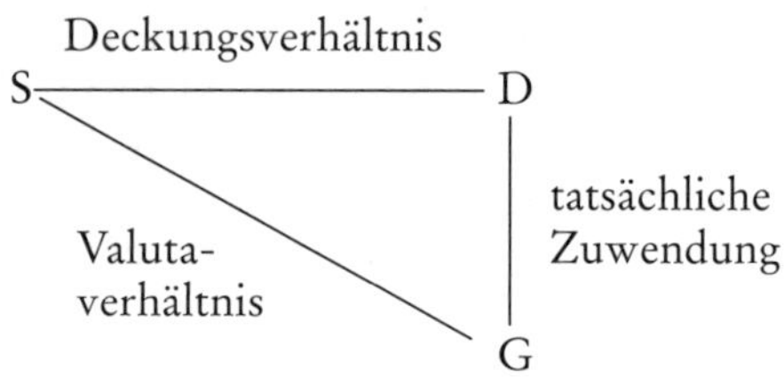

Wir hatten gesehen: Der Bereicherungsausgleich findet in der Personenbeziehung statt, in der das Kausalverhältnis fehlerhaft ist; bei einem Fehler in der Valutabeziehung also zwischen *S* und *G*, bei einem Fehler in der Deckungsbeziehung zwischen *S* und *D* und bei einem Fehler sowohl in der Valutabeziehung als auch in der Deckungsbeziehung (Doppelmangel) erfolgt der Bereicherungsausgleich sowohl im Verhältnis *S–G* als auch im Verhältnis *S–D*.

Die eigentlichen Schwierigkeiten beginnen aber, wenn es sich nicht um fehlerhafte Kausalverhältnisse handelt, sondern der Fehler im Anweisungsverhältnis selbst liegt. Dabei lassen sich verschiedene Fallgruppen unterscheiden.

(1) Fehlen einer wirksamen Anweisung. Eine erste Gruppe bilden die Sachverhalte, in denen eine wirksame Anweisung von vornherein fehlt. Dazu folgende Fälle:

Fall 14 (nach BGHZ 66, 362): *S* übergab seinem Gläubiger *G* einen auf seine Hausbank *D* gezogenen Scheck über 18.000 Euro. Dieser Scheck trug an der für die Unterschrift des Ausstellers vorgesehenen Stelle lediglich den Firmenstempel des *S*, nicht aber dessen Unterschrift. *G* legte den Scheck gleichwohl der *D*-Bank vor, die ihn versehentlich einlöste und 18 000 Euro an *G* ausbezahlte. Die Bank verlangt von *G* Rückzahlung.

Fall 15 (nach *BGH* NJW 1994, 2357): *S* hat von *G* ein Filialgeschäft zum Preis von 150.000 Euro gekauft, zu dessen Übernahme durch *S* es dann aber nicht mehr gekommen ist. Aufgrund eines Überweisungsauftrags werden durch die *D*-Bank

---

[73] Vgl. zu diesen Fragen MünchKomm/*Lieb,* § 812 Rn. 48ff.; *Esser/Weyers,* S. 55; *Reuter/Martinek,* S. 409; *Köndgen,* Festschrift für Esser (1975), S. 73ff. *Larenz/Canaris,* S. 205f.; *Medicus,* BürgR, Rn. 670; *ders.,* SchR II, Rn. 726; Bamberger/Roth/*Wendehorst,* § 812 Rn. 128f.

100.000 Euro von dem bei dieser Bank bestehenden Konto des *S* abgebucht und dem gleichfalls bei der *D*-Bank bestehenden Konto des *G* gutgeschrieben. Wie sich später herausstellt, hatte *S* keinen Überweisungsauftrag erteilt, vielmehr war das Überweisungsformular von *G* in Zusammenwirken mit einem Angestellten der *D*-Bank ausgefüllt und die Unterschrift des *S* gefälscht worden. *S* verlangt von *G* Zahlung von 100.000 Euro.[74]

Fall 16 (nach *BGH* NJW 1995, 3315): *S* übergab *A* zum Ankauf von Bausparverträgen drei auf sein Konto bei der *D*-Bank gezogene Blankoschecks, in die *A* beim Erwerb der Bausparverträge die dafür erforderlichen Beträge einsetzen sollte. *A* verschaffte dem *S* keine Bausparverträge, setzte jedoch in die Blankoschecks Beträge von insgesamt 40.000 Euro ein und veräußerte sie unter ungewöhnlichen und verdachterregenden Umständen gegen bar an *G*. *G* löste die Schecks bei der *D*-Bank ein. Nachdem *A* sich nach Aufdeckung seiner Betrügereien das Leben genommen hat, verlangt *S* von *G* Zahlung von 40.000 Euro.

Fall 17 (nach *BGH* NJW 2004, 1315): *S* eröffnete bei der *D*-Bank ein Konto und stellte für einen Grundstückskauf einen Scheck über 130.000 Euro zugunsten des G aus. Die *D*-Bank löst den Scheck ein und zahlt den Betrag an G aus. Nachdem sich herausstellt, daß *S* unerkennbar geisteskrank war, verlangt die *D*-Bank die 130.000 Euro von G zurück.[75]

Zunächst zu *Fall 14:*[76] Der Scheck stellt einen Sonderfall der Anweisung dar: Der Aussteller *(S)* beauftragt die bezogene Bank *(D)*, den Scheckbetrag an den Schecknehmer *(G)* auszubezahlen. Schecks unterliegen ebenso wie Wechsel einer gesteigerten Formstrenge; ein Scheck, der keine Unterschrift aufweist, ist nach Art. 1 Nr. 6, Art. 2 I ScheckG als Scheck ungültig.[77] Das bedeutet, daß die Bank aufgrund einer nicht wirksamen Anweisung an *G* gezahlt hat. Damit unterscheidet sich dieser Fall von der oben besprochenen Situation: Während wir dort davon ausgegangen waren, daß die Fehlerhaftigkeit im Kausalverhältnis (der Valutabeziehung, der Deckungsbeziehung oder beider) lag, die Anweisung als solche aber in Ordnung war, haben wir es hier mit der Fehlerhaftigkeit der Anweisung selbst zu tun. So liegen die Dinge auch in den *Fällen 15, 16* und *17.*[78] Ein gefälschter Überweisungsauftrag stellt keine wirksame Anweisung dar, ebenso ist es, wenn ein Blankoscheck abredewidrig aus-

---

74 Ähnlich der Sachverhalt in *BGH* NJW-RR 1990, 1200. Zum Fall, daß eine Überweisungsbank einen Überweisungsauftrag verfälscht, indem sie das vom Auftraggeber angegebene Empfängerkonto durch ein anderes ersetzt, vgl. *BGH* NJW 2005, 3213.

75 S. auch den ähnlich gelagerten Fall BGHZ 111, 382. Zur Ausstellung eines Schecks durch einen vollmachtlosen Vertreter des Kontoinhabers vgl. *BGH* NJW 2001, 1855/1856.

76 Vgl. zu diesem Fall die Besprechung von *K. Schmidt,* JuS 1976, 748 Nr. 5.

77 Zur Umdeutung eines mangels Angabe des Tages der Ausstellung formnichtigen Scheck in eine Ermächtigung des Scheckausstellers an die bezogene Bank, für ihn und auf seine Rechnung an den Scheckbegünstigten zu zahlen, vgl. *BGH* NJW 2001, 1855.

78 Ähnlich die Entscheidung des *OLG Düsseldorf* WM 1993, 1327: Ein Scheck wird nur von einem von zwei gesamtvertretungsberechtigten Geschäftführern einer GmbH unterschrieben.

gefüllt wird,[79] und eine Anweisung setzt zu ihrer Wirksamkeit die Geschäftsfähigkeit des Anweisenden voraus.[80] In allen diesen Fällen stellt sich wieder die Frage, ob der Bereicherungsausgleich im Wege der Durchgriffskondiktion (*D* gegen *G*) stattfinden kann oder ob über das Dreieck (*D* gegen *S*, *S* gegen *G*) zu kondizieren ist. Die Formel, mit der wir bisher gearbeitet hatten, daß nämlich in derjenigen Leistungsbeziehung zu kondizieren ist, in der ein Fehler aufgetreten ist, versagt hier schon deshalb, weil die Leistungsbeziehungen durch den Leistungszweck bestimmt werden,[81] eine wirksame Bestimmung des Leistungszwecks aber angesichts der Unwirksamkeit der Anweisung nicht erfolgt ist.

Die Rechtsprechung des *BGH* hat sich nur zögernd entwickelt. In der *Fall 14* zugrundliegenden Entscheidung[82] stehen Gesichtspunkte des Vertrauensschutzes und der Interessenabwägung ganz im Vordergrund. Der Anweisungsempfänger (in *Fall 14: G*) sei nicht schutzwürdig. Wer bewußt einen vom Aussteller nicht unterzeichneten Scheck zur Einlösung gebe, wisse auch, daß die Bank den nichtigen Scheck nicht einlösen dürfe. Aus einem Irrtum der Bank dürfe er keinen Vorteil ziehen, er verdiene keinen Vertrauensschutz. Ein Bankkunde (in *Fall 14: S*) dürfe dagegen darauf vertrauen, daß von ihm nicht unterschriebene Schecks von seiner Bank nicht eingelöst würden. Zahle die Bank trotzdem, dann sei ihre Zuwendung an den Scheckinhaber dem Kunden der Bank nicht als *seine* Leistung an den Empfänger des Geldes zurechenbar. Der Bankkunde habe – für den Empfänger wie für die Bank erkennbar – die fehlgehende Zahlung nicht veranlaßt. Da der Anweisungsempfänger den Mangel der Anweisung kenne, sei es gerechtfertigt, die Leistung der Bank dem vermeintlich Anweisenden nicht als Leistung zuzurechnen.[83] Die Bank (D) mußte also beim Anweisungsempfänger (G) kondizieren.

Erst in den späteren Entscheidungen hat der *BGH* zu seiner heutigen Linie gefunden. In der *Fall 15* zugrundeliegenden Entscheidung[84] heißt es, der Regelfall, daß im Deckungsverhältnis die Bank durch Ausführung des Überweisungsauftrages eine Leistung an den anweisenden Kontoinhaber erbringe und dieser seinerseits den Gutschriftsbetrag im Valutaverhältnis an den Überweisungsempfänger leiste, liege nicht vor, wenn der Überweisung kein wirksamer Auftrag des belasteten Konto-

---

[79] Bei einem Blankoscheck entsteht eine scheckrechtliche Verpflichtung des Ausstellers mit der Ausfüllung nur, soweit diese abredegemäß erfolgt ist, vgl. *BGH* NJW 1995, 3315/3316 mit weiteren Nachweisen.

[80] Zu weiteren Fragen bei Minderjährigkeit des Anweisenden vgl. *Larenz/Canaris*, S. 227f.

[81] Vgl. die Ausführungen oben S. 24 zu *Fall 9:* eine Leistungsbeziehung zwischen *S* und *G* entsteht dadurch, daß *S* mit der Zahlung die Forderung des *G* begleichen will; entsprechendes gilt für das Deckungsverhältnis.

[82] BGHZ 66, 362.

[83] BGHZ 66, 362/365.

[84] *BGH* NJW 1994, 2357.

inhabers (in *Fall 15: S*) zugrunde gelegen habe und der Gutschriftempfänger (in *Fall 15: G*) dies gewußt habe. In einem solchen Fall fehle es an einer bereicherungsrechtlichen Leistung des belasteten Kontoinhabers; ebenso habe die überweisende Bank erfolglos versucht, eine Leistung an den belasteten Kontoinhaber zu erbringen. Eine bereicherungsrechtliche Leistungsbeziehung bestehe weder zwischen Kontoinhaber (in *Fall 15: S*) und Gutschriftsempfänger (in *Fall 15: G*) noch zwischen Kontoinhaber und Bank; eine Leistungskondiktion komme daher weder im Dekkungs- noch im Valutaverhältnis in Betracht. Vielmehr könne die Bank einen Bereicherungsausgleich ausnahmsweise unmittelbar gegenüber dem Überweisungsempfänger geltend machen. Dabei handele es sich nicht um eine Leistungs-, sondern um eine Nichtleistungskondiktion.[85] In der *Fall 16* zugrundeliegenden Entscheidung[86] werden diese Grundsätze bestätigt. Die Entscheidung, die Fall *17* zugrundeliegt,[87] faßt diese inzwischen zur ständigen Rechtsprechung gewordenen Grundsätze[88] noch einmal besonders deutlich zusammen: Der Bereicherungsausgleich vollziehe sich zwar in Fällen der Leistung kraft Anweisung grundsätzlich innerhalb des jeweiligen Leistungsverhältnisses, also zum einen zwischen dem Anweisenden und dem Angewiesenen und zum anderen zwischen dem Anweisenden und dem Anweisungsempfänger. Dies gelte aber nicht ausnahmslos. Der Angewiesene habe einen unmittelbaren Bereicherungsanspruch gegen den Anweisungsempfänger, wenn eine wirksame Anweisung fehle. Dies gelte nicht nur, wenn der Anweisungsempfänger das Fehlen einer wirksamen Anweisung im Zeitpunkt der Zuwendung gekannt habe, sondern auch ohne diese Kenntnis. Ohne gültige Anweisung könne die Zahlung dem vermeintlich Anweisenden nicht als seine Leistung zugerechnet werden. Da der gutgläubige Vertragsgegner nur geschützt werden könne, wenn der andere Vertragsteil in zurechenbarer Weise einen Rechtsschein hervorgerufen habe, könne der sogenannte Empfängerhorizont[89] des Zahlungsempfängers die fehlende Tilgungs- und Zweckbestimmung des vermeintlich Anweisenden selbst dann nicht ersetzen, wenn dieser den gezahlten Betrag dem Zahlungsempfänger tatsächlich geschuldet habe.[90]

Dieser Analyse ist zuzustimmen. Das Fehlen einer wirksamen Anweisung bedeutet, daß *S* eine wirksame Leistungsbestimmung nicht vorgenommen hat. Damit ist weder im Valuta- noch im Deckungsverhältnis eine Leistungsbeziehung entstanden, die Grundlage eines Leistungskondiktionsanspruches sein könnte. Ein Bereicherungsausgleich kommt nur

---

[85] *BGH* NJW 1994, 2357/2358.

[86] *BGH* NJW 1995, 3315.

[87] *BGH* NJW 2004, 1315.

[88] Vgl. insb. *BGH* NJW 2001, 1855/1856; *BGH* NJW 2003, 582/583; *BGH* NJW 2001, 2880/2881; *BGH* NJW 2005, 3213/3214.

[89] Vgl. dazu bereits *BGH* NJW 2001, 1855/1856; allgemein zur Lehre vom Empfängerhorizont vgl. unten S. 44f.

[90] *BGH* NJW 2004, 1315/1316.

zwischen der Bank *D* und dem Anweisungsempfänger *G* in Betracht. In diesem Verhältnis besteht aber keine Leistungsbeziehung, es erfolgt nur eine tatsächliche Zuwendung.[91] Daher kommt nur eine Nichtleistungskondiktion in Betracht. Auch im Schrifttum ist diese Rechtsprechung weitgehend auf Zustimmung gestoßen.[92]

Weitere Beispiele für das Fehlen einer wirksamen Anweisung bilden folgende Fälle:

Fall 18 (nach *LG Stuttgart* NJW 1994, 2626): Die Bank *D* überwies dem *G* versehentlich 5.000 Euro. *G* trägt vor, er sei davon ausgegangen, bei den überwiesenen 5.000 Euro handele es sich um eine Restzahlung seines Schuldners *S*. Dieser hatte der Bank keinen Auftrag erteilt, 5.000 Euro an *G* zu zahlen.

Fall 19 (nach *KG* NJW-RR 1992, 816): *S* wies die Bank *D* an, 14.000 Euro auf ein Konto des *G* zu überweisen. *D* führte die Überweisung aus, der Betrag von 14.000 Euro wurde dem Konto des *G* gutgeschrieben. Infolge des Irrtums einer bei *D* beschäftigten Sachbearbeiterin erfolgte die Überweisung ein zweites Mal.[93]

Fall 20 (nach *BGH* NJW 1987, 185):[94] *G* ist in mehreren Bezirken der Bundesrepublik Alleinvertreter des italienischen Modehauses *S*. *S* schuldet *G* 10% Provision aus einem Umsatz von 14.996 Euro. *S* beauftragt die Bank *D*, 10% von 14.966 Euro, also 1.499,60 Euro an *G* zu überweisen. Die Bank überweist versehentlich 14.996 Euro an *G*. Sie verlangt von ihm Rückzahlung des zuviel überwiesenen Betrags. *G* weigert sich, weil er noch weitere Provisionsforderungen gegen *S* geltend macht.

Fall 21 (nach BGHZ 66, 372):[95] *S* hatte von *G* eine Eigentumswohnung erworben. Der Kaufpreis sollte in Raten auf das Konto einer Bautreuhandgesellschaft überwiesen werden. *S* erteilte seiner Bank *D* einen entsprechenden Überweisungsauftrag in Höhe von 39.000 Euro. Durch ein Versehen des Sachbearbeiters wurde diese Summe jedoch nicht auf das angegebene Konto der Bautreuhandgesellschaft, sondern auf ein Konto des *G* überwiesen. Nachdem *G* sich geweigert hatte, den Betrag zurückzuzahlen, überwies die Bank die Summe nochmals an die Bautreuhandgesellschaft. Sie verlangt von *G* Rückzahlung der 39.000 Euro.

Die *Fälle 18–21* zeigen die Vielgestaltigkeit der Möglichkeiten, die zum Fehlen einer wirksamen Anweisung führen können. Auch die versehentliche Überweisung[96], die versehentliche Doppelüberweisung, die versehentliche Zuvielzahlung und die Zahlung an den falschen Empfänger stellen Situationen dar, in denen der Bankkunde *(S)* eine Anweisung nicht vorgenommen und eine Leistungsbestimmung nicht getroffen hat, so daß

[91] Vgl. oben S. 31.

[92] Vgl. etwa Palandt/*Sprau*, § 812 Rn. 51; Staudinger/*Lorenz*, § 812 Rn. 51; MünchKomm/*Lieb*, § 812 Rn. 71 (der allerdings aufgrund eines unterschiedlichen Verständnisses des Leistungsbegriffs eine Leistungskondiktion annimmt, vgl. Rn. 60); Jauernig/*Stadler*, § 812 Anm. 36; *Larenz/Canaris*, S. 225 ff.; *Medicus*, BürgR, Rn. 677; *Weitnauer*, Festschr. für Schippel, 1994, S. 275/281 ff.; a. A. *Wieling*, JuS 1978, 801/807 ff. und Bereicherungsrecht, S. 100 ff.; s. zur Situation in Fall 17 auch *Flume*, NJW 1991, 2521 f.

[93] Ähnlicher Fall: *OLG München* NJW-RR 1988, 1391.

[94] Vgl. dazu die Besprechungen von *Canaris*, JZ 1987, 199; *Flume*, NJW 1987, 635; *Meyer-Cording*, NJW 1987, 940, und *K. Schmidt*, JuS 1987, 236 Nr. 6.

[95] Vgl. dazu die Besprechung von *K. Schmidt*, JuS 1976, 748 Nr. 5.

[96] S. a. den Fall *OLG Bamberg* NJW-RR 2001, 129.

weder zur Bank *(D)* noch zum Leistungsempfänger *(G)* eine Leistungsbeziehung entstanden ist. Er ist daher weder einer Kondiktion durch die Bank ausgesetzt noch hat er einen Kondiktionsanspruch gegen den Leistungsempfänger. Kondizieren muß vielmehr die Bank beim Leistungsempfänger, dabei handelt es sich um eine Nichtleistungskondiktion.

(2) Die widerrufene Anweisung

Fall 22 (nach BGHZ 61, 289): *S* übergab *G* zwecks Tilgung einer Kaufpreisschuld einen auf die Bank *D* gezogenen Scheck über 40.000 Euro. Bevor *G* den Scheck einlösen konnte, kam es zu Differenzen zwischen ihm und *S*, aufgrund derer *S* den Scheck bei der Bank sperren ließ. *G* erfuhr von diesem Widerruf nichts und legte den Scheck am nächsten Tag der Bank zur Einlösung vor. Der Kassierer übersah den Widerruf und zahlte 40.000 Euro an *G* aus. Die Bank verlangt von *G* Rückzahlung.

Fall 23 (nach BGHZ 87, 393):[97] *S* übersandte *G* zur Begleichung einer Schuld einen auf die Bank *D* gezogenen Verrechnungsscheck über 10.000 Euro. Am nächsten Tag ließ er den Scheck bei der Bank sperren und teilte dies *G* mit. *G* legte gleichwohl den Scheck der Bank vor, die ihn versehentlich einlöste. Sie belastete zunächst das Konto des *S* mit 10.000 Euro, schrieb ihm aber nach einigen Tagen diesen Betrag wieder gut. Nunmehr macht die Bank einen Bereicherungsanspruch gegen *S* mit der Begründung geltend, er sei durch die Scheckzahlung zu ihren Lasten von seiner Verbindlichkeit gegenüber *G* befreit worden.

Fall 24 (nach BGHZ 89, 376):[98] *S* hatte von der Brauerei *G* eine Gaststätte gepachtet. Den monatlichen Pachtzins in Höhe von 1.000 Euro ließ er der Brauerei von seiner Bank *D* aufgrund eines Dauerauftrags überweisen. Nach einiger Zeit machte *S* gegenüber der Brauerei Mängel in den Gaststättenräumen geltend und erklärte ihr, er stelle seine Pachtzahlungen ein. Zugleich widerrief er gegenüber der Bank *D* den Dauerauftrag, teilte dies aber nicht der Brauerei mit. Die Bank führte den Dauerauftrag versehentlich noch 13 Monate weiter aus. Sie verlangt von *S* Rückzahlung von 13.000 Euro.[99]

Allen drei Fällen ist gemeinsam, daß es sich um den Widerruf einer ursprünglich wirksamen Anweisung[100] handelt, und zwar – entsprechend den in der Praxis häufigsten Situationen – in *Fall 22* und *23* um die Sperrung eines Schecks, in *Fall 24* um den Widerruf eines Dauerauftrags. Der Unterschied zwischen *Fall 23* einerseits und den *Fällen 22* und *24* andererseits liegt darin, daß in *Fall 23* der Zahlungsempfänger *(G)* vom Widerruf Kenntnis hatte, in den *Fällen 22* und *24* dagegen nicht.

Von den Fällen der fehlenden oder von vornherein unwirksamen Anweisung unterscheiden sich die *Fälle 22–24* dadurch, daß der Anweisende *(S)* zunächst einmal eine wirksame Anweisung erteilt hatte. Damit hatte er zugleich eine Zweckbestimmung getroffen, die die Zahlung der

---

97 Vgl. dazu die Besprechung von *K. Schmidt,* JuS 1984, 61 Nr. 5. Der Fall ist hier gegenüber der Originalentscheidung insofern abgeändert als in BGHZ 87, 393 der Scheck undatiert gewesen war, der *BGH* hatte daher den (nach Art. 1 Nr. 5, Art. 2 I unwirksamen) Scheck gemäß § 140 in eine bürgerlichrechtliche Anweisung nach § 783 umgedeutet. Zudem war streitig gewesen, ob *G* die Sperrung des Schecks gekannt hatte; wir gehen davon aus, daß dies der Fall war.

98 Vgl. dazu die Besprechung von *K. Schmidt,* JuS 1984, 717 Nr. 4.

99 Paralleler Fall: *LG Nürnberg-Fürth* NJW-RR 1996, 1074.

100 Allgemein zum Widerruf von Überweisungsaufträgen *Häuser,* NJW 1994, 3121 ff.

Bank *(D)* zu einer Leistung machte, die er *(S)* gegenüber dem Zahlungsempfänger *(G)* erbrachte. Durch die Übergabe des Schecks (*Fälle 22* und *23*) bzw. die monatliche Ausführung des Dauerauftrags wußte auch *G*, daß es sich um Leistungen des *S* an ihn handelte. Der *BGH* geht nun davon aus, daß sich an dieser Zweckbestimmung durch einen lediglich der Bank *(D)* gegenüber erfolgten Widerruf nichts ändere. Zahle die Bank trotzdem, weil sie den Widerruf übersehe, so wolle sie damit gleichwohl lediglich eine Leistung an ihren Kunden, den Anweisenden erbringen. Auch der Zahlungsempfänger fasse das aufgrund der vom Anweisenden getroffenen Zweckbestimmung so auf. Vorgänge innerhalb des Deckungsverhältnisses *(S–D)* brauchten ihn nicht zu kümmern; der der Bank durch Nichtbeachtung des Widerrufs unterlaufene Fehler wurzele im Rechtsverhältnis zwischen der Bank und ihrem Kunden *(S–D)*.[101] Dem ist zuzustimmen. Der Widerruf ist in *Fall 22* nur im Verhältnis *S–D* erfolgt, er wirkt sich auch nur in diesem Verhältnis aus. Damit wird die zunächst wirksame Leistungsbestimmung nur gegenüber *D*, nicht aber gegenüber *G* beseitigt. Ihn geht der Widerruf nichts an. Die Bank *D* kann sich nicht im Wege der Durchgriffskondiktion an *G* halten, sie muß vielmehr bei *S* kondizieren, weil die Leistung, die sie im Deckungsverhältnis gegenüber *S* erbringen wollte, angesichts des Widerrufs ohne rechtlichen Grund erfolgt ist.[102]

Anders hat der *BGH* entschieden, wenn dem Zahlungsempfänger der Widerruf der Anweisung bekannt war *(Fall 23)*. Dann nämlich wisse er, daß die Bank die Anweisung nicht mehr befolgen dürfe, und die Zahlung der Bank stelle sich aus seiner Sicht nicht als Leistung des Anweisenden dar.[103] Durch eine Interessenabwägung sichert der *BGH* dieses Ergebnis ab. Der Bankkunde habe ein schützenswertes Interesse daran, nicht dadurch beeinträchtigt zu werden, daß die Bank den Widerruf einer von ihm zunächst erteilten Anweisung nicht beachte. Die Bank müsse das Risiko, das sich aus diesem Fehler ergebe, jedenfalls dann allein tragen, wenn der Kunde den Zahlungsempfänger von dem Widerruf in Kenntnis gesetzt und damit alles getan habe, um die Folgen einer irrtümlichen Zahlung von sich abzuwenden. Dann sei es gerechtfertigt, daß die Bank sich unmittelbar an den Zahlungsempfänger zu halten habe, und zwar ohne Rücksicht darauf, ob dieser den Betrag vom Bankkunden *(S)* zu beanspruchen habe. Der Zahlungsempfänger verdiene in diesem Fall keinen Vertrauensschutz und dürfe aus dem Irrtum der Bank keinen Vorteil ziehen.[104] Auch dem ist zuzustimmen; die zunächst wirk-

---

[101] BGHZ 87, 393/397; 61, 289/293; 87, 246/249f.; 89, 376/381; *BGH* NJW 1984, 2205/2206; NJW 2006, 2099/2102; s.a. *Flume,* NJW 1984, 464.

[102] Siehe auch *Medicus,* BürgR, Rn. 676. Die Frage ist freilich strittig. Vgl. zu den unterschiedlichen Auffassungen insb. *Larenz/Canaris,* S. 229f.

[103] BGHZ 87, 393/398; s.a. BGHZ 89, 376/379; *BGH* NJW 1984, 2205; NJW 1987, 185/186; NJW 1990, 3194/3195.

[104] BGHZ 87, 393/398f.

same Leistungsbestimmung ist nunmehr auch dem Zahlungsempfänger gegenüber beseitigt. Die Bank kann den irrtümlich überwiesenen Betrag unmittelbar bei *G* kondizieren. Es handelt sich auch hier um eine Nichtleistungskondiktion.

Ebenso ist der Fall der Zahlung aufgrund eines bereits abgelaufenen oder widerrufenen Dauerauftrags *(Fall 24)* zu behandeln. Auch hier kommt es darauf an, ob der Zahlungsempfänger *(G)* von der Beendigung des Dauerauftrags Kenntnis hatte und damit die Leistungsbestimmung ihm gegenüber beseitigt war.

Vergleichen wir noch einmal die Ergebnisse in den *Fällen 22–24* unter dem Gesichtspunkt einer angemessenen Risikoverteilung. In den *Fällen 22* und *24* stellte sich die Zahlung der Bank dem *G*, der vom Widerruf nichts wußte, als eine Leistung des *S* dar. *G* ist in seinem Vertrauen auf die Ordnungsmäßigkeit der Zahlung zu schützen. *S* verdient geringeren Schutz, weil er nichts unternommen hatte, um *G* von seinem Widerruf zu informieren. In *Fall 22* kann sich deshalb die Bank nicht an *G*, sondern nur an *S* halten. Bestand eine wirksame und fällige Forderung des *G* gegen *S*, so ist dieser durch die Zahlung der Bank frei geworden und insoweit bereichert. Bestand eine solche Forderung nicht, so hat *S* gegen *G* einen (Leistungs)Kondiktionsanspruch, den die Bank von *S* kondizieren kann (Doppelkondiktion, Kondiktion der Kondiktion).[105] In *Fall 24* hat sich die Bank zu Recht an *S* gehalten. Gehen wir davon aus, daß *S* zur Zahlungseinstellung gegenüber der Brauerei *G* aufgrund der Mängel berechtigt war, so ist diese um 13.000 Euro bereichert und *S* hat gegen sie einen entsprechenden (Leistungs)kondiktionsanspruch, den die Bank im Wege der Leistungskondiktion von *S* verlangen kann.[106] In *Fall 23* kann sich die Bank nicht an *S* halten. Die an *G* versehentlich gezahlten 10.000 Euro kann sie nur von diesem im Wege der Durchgriffskondiktion zurückverlangen. Da die Zahlung der Bank an *G* sich nicht als Leistung des *S* darstellt, ist dieser von seiner Verpflichtung gegenüber *G* nicht frei geworden, er ist durch die Leistung der Bank nicht bereichert. Damit bleibt *S*, der dem *G* den Widerruf mitgeteilt hatte, von Bereicherungsansprüchen verschont. *G*, dem der Widerruf bekannt war, ist nicht in seinem Vertrauen an die Ordnungsmäßigkeit der Zahlung zu schützen und ist somit dem Rückforderungsanspruch der Bank ausgesetzt. Das Risiko der Insolvenz des *G* trägt nicht *S*, sondern die Bank, die die Fehlzahlung veranlaßt hatte.

Fassen wir noch einmal zusammen: Fehlt eine wirksame Anweisung von vornherein, so ist eine wirksame Leistungsbestimmung nicht erfolgt. Eine bereicherungsrechtliche Leistungsbeziehung ist weder im Valuta-

---

[105] Vgl. zum Herausgabeanspruch bei der Kondiktion der Kondiktion unten S. 131. Soweit danach das Risiko der Insolvenz des *G* auf *S* zukommt, wird er sich bei der Bank schadlos halten können, da diese mit der Nichtbeachtung des Widerrufs ihre Plichten aus dem Bankvertrag verletzt hat.

[106] Beachte auch hier Fußn. 105.

noch im Deckungsverhältnis entstanden. Die Bank kann nur im Wege der Nichtleistungskondiktion gegen den Anweisungsempfänger vorgehen. Wird eine zunächst wirksame Anweisung später widerrufen, so kommt es darauf an, ob der Anweisungsempfänger von dem Widerruf Kenntnis hatte, denn nur dann wird die zunächst wirksame Leistungsbestimmung ihm gegenüber beseitigt. Hatte er Kenntnis, so kann die Bank auch hier nur im Wege der Nichtleistungskondiktion gegen ihn vorgehen. Hatte er keine Kenntnis, so hat die Bank im Wege der Leistungskondiktion gegen den Anweisenden vorzugehen.[107]

cc) Irrtum über den Leistenden. Wenn sich in den bisher besprochenen Fällen die Parteien des Bereicherungsverhältnisses mit Hilfe des Leistungsbegriffs noch relativ problemlos bestimmen ließen, so lag das daran, daß sich alle Beteiligten über den Leistungszweck im klaren und einig waren und daß dieser Konsens auch objektiv feststellbar war. Schwierig wird es, wo dies nicht mehr der Fall ist. Da der Leistungszweck im Rahmen der Privatautonomie durch den Willen der Beteiligten festgelegt wird, muß der Leistungsbegriff als Instrument zur Bestimmung der Parteien des Bereicherungsverhältnisses auf seine Grenzen stoßen, wenn ein eindeutiger Leistungszweck nicht besteht oder nicht festgestellt werden kann. Eine solche Unklarheit über den Leistungszweck kann beispielsweise darauf beruhen, daß die Beteiligten über diesen Zweck unterschiedliche Vorstellungen hatten. Das zeigen die beiden folgenden Fälle, die zu den Standardbeispielen der bereicherungsrechtlichen Literatur gehören.

Fall 25 (nach BGHZ 36, 30 – Idealheimfall): Der beklagte Bauherr *E* schloß mit der Idealheim-GmbH *I* einen Vertrag über die Errichtung eines Zweifamilienhauses zum Preis von 620.000 Euro. Die *I*-GmbH ließ den Rohbau von dem Bauunternehmer *U* (dem Kläger) ausführen. Die Verhandlungen führte *U* mit dem Geschäftsführer der *I*-GmbH; dabei ging er davon aus, daß der Geschäftsführer als Vertreter des Bauherrn *E* auftrat. Nach Errichtung des Rohbaus verlangte *U* vom Bauherrn *E* Bezahlung der ausgeführten Arbeiten mit der Begründung, daß der Geschäftsführer als Vertreter des *E* den Auftrag erteilt habe und demzufolge ein Vertrag zwischen ihm und *E* zustandegekommen sei. *E* wandte demgegenüber ein, er stehe nur in vertraglichen Beziehungen zur *I*-GmbH und *U* müsse sich an diese halten.

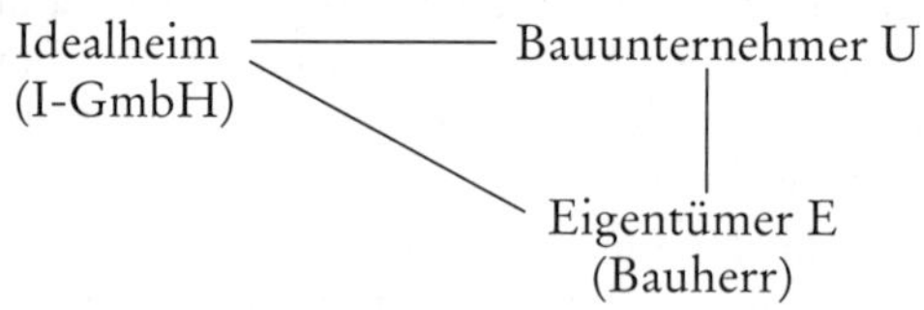

Fall 26 (nach BGHZ 40, 272 – Elektrogerätefall): Der beklagte Bauherr *E* ließ auf einem ihm gehörenden Grundstück mehrere Häuser errichten. Er beauftragte die

[107] Empfohlene Vertiefungslektüre: *S. Lorenz,* Bereicherungsrechtliche Drittbeziehungen, JuS 2003, 729ff. und 839ff.; *Lieb,* 50 Jahre Bundesgerichtshof – Festgabe aus der Wissenschaft, 2000, Band I, S. 547ff.; *Kümpel,* WM 2001, 2273ff.; *Kamionka,* JuS 1992, 929ff.

Bauträgergesellschaft *B* mit der Herstellung der elektrischen Anlage einschließlich der Lieferung elektrischer Geräte. Die Firma *B* bestellte die benötigten Elektroherde und Warmwasserspeicher bei der klagenden Lieferfirma *L*. Daraufhin sandte diese an den Bauherrn eine „Auftragsbestätigung“ über die zu liefernden Elektroherde und Warmwasserspeicher. Der Bauherr *E* sandte der Lieferfirma *L* das Schreiben zurück und teilte ihr mit, er habe ihr keinen Auftrag erteilt; falls sie durch die Bauträgergesellschaft *B* einen Auftrag erhalten haben sollte, möge sie sich mit dieser in Verbindung setzen. Die *L* antwortete hierauf nicht, sandte aber die Elektroherde und Warmwasserspeicher auf die Baustelle, wo sie von einem Monteur der *B* in Empfang genommen und quittiert wurden. Die Herde und Speicher wurden alsbald nach der Lieferung von Monteuren der *B* in die Neubauten eingebaut. *L* verlangt von *E* Bezahlung der Herde und Warmwasserspeicher.

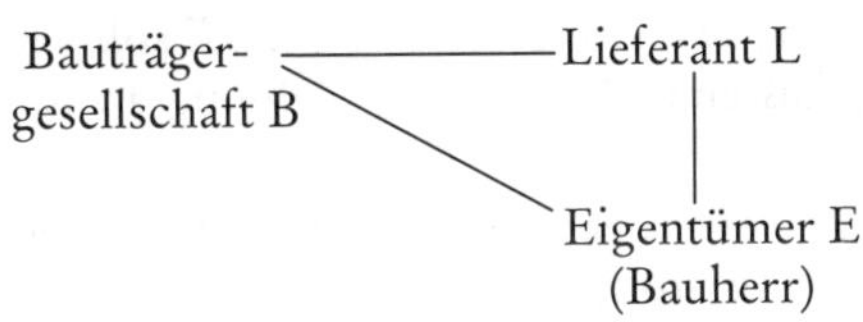

In *Fall 25* müssen vertragliche Ansprüche (aus Werkvertrag) deswegen ausscheiden, weil auch durch das Auftreten des Geschäftsführers der *I*-GmbH vertragliche Beziehungen zwischen dem Bauunternehmer *U* und dem Bauherrn *E* nicht zustandegekommen waren. Zwar ging der Bauunternehmer davon aus, daß der Geschäftsführer als Vertreter des Bauherrn auftrat. Aber selbst wenn dies wirklich der Fall gewesen sein sollte, wäre eine wirksame Vertretung des *E* daran gescheitert, daß er dem Geschäftsführer keine Vollmacht erteilt hatte. Damit stellte sich die Frage, ob der Bauunternehmer *U* gegen den Bauherrn *E* bereicherungsrechtliche Ansprüche geltend machen konnte. Die Leistungskondiktion setzt zunächst voraus, daß *E* „etwas erlangt“ hat. Das war hier der Fall, *E* hatte nämlich nach §§ 946, 94 I 1, 94 II das Eigentum am Rohbau erlangt. Fraglich war dagegen, ob er das Eigentum durch Leistung des *U* oder der *I*-GmbH erhalten hatte. Während *E* davon ausging, daß die *I*-GmbH an ihn geleistet hatte, nahm *U* an, daß er es sei, durch dessen Leistung *E* das Eigentum erlangt habe. *U* und *E* gingen also von unterschiedlichen Vorstellungen über die Parteien der Leistungsbeziehung aus. Da es nun für die Bestimmung der Parteien des Bereicherungsanspruchs darauf ankommt, in welcher Personenbeziehung eine Leistung erfolgt ist,[108] stellt sich die Frage, ob die Vorstellung des *U* oder die des *E* über das Bestehen der Leistungsbeziehung maßgeblich war. War die Vorstellung des *U* maßgeblich, so war er Leistender und konnte folglich vom Leistungsempfänger *E* die Bereicherung zurückfordern. Kam es hingegen auf die Vorstellung des *E* an, so war nicht *U*, sondern die *I*-GmbH Leistender und allenfalls diese hätte Bereicherungsansprüche gegen *E* haben können, die aber angesichts des wirksamen Kausalverhältnisses *E*–*I*-GmbH nicht entstanden waren.

[108] Vgl. oben S. 25.

Ähnlich ist die Situation in *Fall 26.* Auch hier hatte *E* nach §§ 946, 94 I 1, 94 II Eigentum an den Herden und Warmwasserspeichern erlangt. Fraglich war aber auch hier, ob dies durch eine Leistung des *L* oder des *B* geschehen war. Während *E* von einer Leistung der *B* ausgegangen war, machte *L* geltend, daß er derjenige sei, der an *E* geleistet habe.[109]

Zu dieser Problematik haben sich im wesentlichen zwei Auffassungen herausgebildet. Ein Teil der Lehre[110] will, wie schon früher das *RG,*[111] auf die Willensrichtung des Zuwendenden abstellen – entsprechend dem Grundsatz, daß der Leistungszweck mit der Leistung vom Leistenden festgelegt wird.[112] Dem Einwand, daß *E* doppelt leisten müßte, wenn er bereits an die *I*-GmbH (bzw. im *Fall 26* an *B*) gezahlt habe, begegnet diese Ansicht mit der Anwendung des § 818 III: *E* soll dem *U (L)* entgegenhalten können, daß er in Höhe einer Zahlung an die *I*-GmbH *(B)* nicht mehr bereichert sei.[113]

Die Gegenauffassung, die sogenannte Lehre vom Empfängerhorizont, stellt auf die Sicht des Leistungsempfängers ab. Sie wird von der Rechtsprechung[114] und einem großen Teil des Schrifttums[115] vertreten. Leading cases sind die unseren *Fällen 25* und *26* zugrundeliegenden Entscheidungen. Danach ist nicht ausschlaggebend, wem der Leistende

---

[109] Ähnliche Fälle: BGHZ 56, 228 (dazu unten S. 78f.); *BGH* NJW 1974, 1132; *BGH* NJW-RR 1991, 343.

[110] *v. Caemmerer,* in: Festschr. f. Dölle, Bd. 1, 1963, S. 135/158f.; *Berg,* NJW 1962, 101 und NJW 1964, 720; *Ehmann,* NJW 1969, 398/401f.; *ders.,* NJW 1971, 612/613; *Flume,* JZ 1962, 281; *Köndgen,* in: Festschr. f. Esser, 1975, S. 55/71; *Koppensteiner/Kramer,* S. 37f.; *Kupisch,* ZIP 1983, 1413/1416ff.; MünchKomm/*Lieb,* § 812 Rn. 111; *Schlechtriem,* Rn. 772ff. 774; Staudinger/*Gursky,* 13. Aufl. (1995), § 951 Rn. 12 mit eingehenden Nachweisen; *Weitnauer,* NJW 1974, 1729/1731; *Wilhelm,* Rechtsverletzung und Vermögensentscheidung als Grundlagen und Grenzen des Anspruchs aus ungerechtfertigter Bereicherung, 1973, S. 148ff.

[111] RGZ 98, 64.

[112] Vgl. oben S. 25.

[113] *Flume,* JZ 1962, 281/282; *Köndgen,* in: Festschr. f. Esser, 1975, S. 55/71f.; MünchKomm/*Lieb,* § 812 Rn. 111; *Wilhelm,* Rechtsverletzung und Vermögensentscheidung als Grundlagen und Grenzen des Anspruchs aus ungerechtfertigter Bereicherung, 1973, S. 159. Zum Schutz des Leistungsempfängers nach § 818 III vgl. Fußn. 120.

[114] Grundlegend BGHZ 40, 272/278 (*Fall 26* Elektrogerätefall); vgl. ferner *BGH* NJW 1974, 1132f.; NJW-RR 1992, 589/590; NJW 1993,1578/1579; NJW 1999, 1393/1394. In Anweisungsfällen stellt der *BGH* dagegen nicht auf den Empfängerhorizont ab, dieser könne die fehlende Zweckbestimmung eines vermeintlich Anweisenden nicht ersetzen, vgl. *BGH* NJW 2001, 1855/1856; NJW 2003, 582/583; NJW 2004, 1315/1316; NJW 2005, 3213/3214; NJW 2006, 1965/1966.

[115] Vgl. etwa Palandt/*Sprau,* § 812 Rn. 41; *Reuter/Martinek,* S. 453ff.; *Fikentscher,* Rn. 1075; *Esser/Weyers,* S. 63; *Medicus,* BürgR, Rn. 688 unter der Voraussetzung, daß *E* bereits an den Bauträger (*I* bzw. *B*) gezahlt hat; im Grundsatz auch *Larenz/Canaris,* S. 217ff.; ferner *Baur/Wolf,* JuS 1966, 393/396; *W. Lorenz,* JuS 1968, 441/442f.; *Zeiss,* AcP 165 (1965), 332/335; *ders.,* JZ 1963, 7/10; Staudinger/*Lorenz,* § 812 Rn. 61; Erman/*Westermann,* § 812 Rn. 15; RGRK/*Heimann-Trosien,* § 812 Rn. 18; *Stolte,* JZ 1990, 220/223. Dagegen etwa *Schnauder,* NJW 1999, 2841.

seine Leistung erbringen wollte, sondern wer sich aus der Sicht des Leistungsempfängers als Leistender darstellt. „Nicht auf den inneren Willen des Leistenden, sondern auf die Erkennbarkeit der Person des Leistenden aus der Sicht des Zuwendungsempfängers kommt es an".[116] Dabei versteht sich als „Erkennbarkeit" nicht die jeweilige subjektive Vorstellung des Leistungsempfängers, maßgeblich ist vielmehr eine sich an objektiven Kriterien ausrichtende Beurteilung: „Es kommt darauf an, wie eine vernünftige Person in der Lage des Empfängers die Zuwendung nach Treu und Glauben mit Rücksicht auf die Verkehrssitte verstehen musste und durfte".[117] Das wird besonders dann deutlich, wenn man mit einem Teil der Lehre die für die Auslegung von Willenserklärungen geltenden Regeln (§§ 133, 157) heranzieht.[118] Willenserklärungen sind bekanntlich nach ihrem objektiven Erklärungswert auszulegen, was der Leistungsbestimmung nach dem Empfängerhorizont entspricht.

Fraglos stößt der Leistungsbegriff hier auf seine Grenzen, und nach dem oben Gesagten bedarf er dann der Ergänzung durch materielle Wertungsgesichtspunkte, namentlich solcher der Risikoverteilung und des Vertrauensschutzes.[119] In erster Linie geht es um die richtige Zuordnung des Insolvenzrisikos. Die Frage ist, ob *E* oder *U (L)* das Risiko der Insolvenz der *I*-GmbH *(B)* tragen soll. Dabei ist zu bedenken, daß im Regelfall *E* einen Vertrag nur mit der *I*-GmbH *(B)* schließen wollte und geschlossen hat und im Rahmen dieser Beziehung dem Risiko der Insolvenz der *I*-GmbH *(B)* regelmäßig dadurch begegnet, daß er Zahlungen an die *I*-GmbH erst dann vornimmt, wenn die entsprechenden Bauleistungen erbracht sind. Würde er einem direkten Anspruch des *U (L)* ausgesetzt sein, so bestünde die Gefahr, daß er doppelt bezahlen muß.[120] *U (L)* hingegen kann regelmäßig eine Klärung der Frage zugemutet werden, ob er mit der *I*-GmbH *(B)* oder mit *E* in vertraglichen Beziehungen steht. Hier gilt wieder der Grundsatz, daß der Gläubiger, der es nur mit einem Schuldner zu tun haben will, nicht mit den Problemen aus Drittbeziehungen belastet werden soll, die dieser Schuldner zwecks Erfüllung

---

[116] BGHZ 40, 272/278.

[117] *BGH* NJW 2005, 60f.; s.a. *BGH* NJW 2005, 1356f.

[118] *Larenz/Canaris,* S. 218ff.; *Reuter/Martinek,* S. 454; RGRK/*Heimann-Trosien,* § 812 Rn. 18; *Baur/Wolf,* JuS 1966, 393/396; *Thomä,* JZ 1962, 623/627; *Zeiss,* AcP 165 (1965), 332/334; *ders.,* JZ 1963, 7/9; *W. Lorenz,* JuS 1968, 441/442; *Weitnauer,* NJW 1974, 1729/1731; *Wieling,* JZ 1977, 291/293 und Bereicherungsrecht, S. 18ff.; kritisch dazu *Schnauder,* JuS 1994, 537ff., insb. 539f.; *ders.,* Grundfragen zur Leistungskondiktion bei Drittbeziehungen, 1981, S. 116ff.

[119] Vgl. oben S. 27ff.; s.a. *BGH* NJW 1993, 1578/1579; NJW 2002, 1176/1177; NJW 2004, 1169; NJW 2005, 1369/1370.

[120] Die erstgenannte Auffassung versucht dieser Gefahr durch eine Anwendung von § 818 III zu begegnen. Das ist aber nicht unproblematisch, vgl. dazu *Esser/Weyers,* S. 62 Fußn. 112; *Baur/Wolf,* JuS 1966, 393/396; Erman/*Westermann,* § 812 Rn. 14f.; *Wieling,* JZ 1977, 291/292f. und Bereicherungsrecht, S. 21; *Zeiss,* JZ 1963, 7/10.

seiner Verbindlichkeit eingeht. Dies spricht für die Lehre vom Empfängerhorizont.

Ein weiteres Problem liegt darin, ob *U* bzw. *L* die Leistungsbestimmung wegen Inhaltsirrtums nach § 119 I anfechten kann. Bejaht man das, so wäre E nicht durch Leistung, sondern „in sonstiger Weise" bereichert, was den Weg für eine Nichtleistungskondiktion eröffnen würde – allerdings mit der aus der Anfechtung resultierenden Schadensersatzpflicht nach § 122.[121]

Fall 27 (nach BGHZ 72, 246 – Grundschuldzinsenfall): *K* kaufte von *G* ein Hotel zum Preis von 1,6 Mio. Euro. Dabei verpflichtete sich *K* gegenüber *G*, eine auf dem Grundstück lastende Grundschuld, deren Gläubiger *B* war, zu übernehmen; zugleich übernahm *K* die persönliche Haftung für die Bezahlung des Grundschuldbetrages nebst Zinsen. Da *B* später die Schuldübernahme nicht genehmigte (vgl. dazu § 415), trat *K* vom Kaufvertrag zurück. Inzwischen aber hatte er bereits 46.000 Euro Zinsen auf den Grundschuldbetrag an *B* bezahlt. Diese Summe verlangte *K* von *B* unter dem Gesichtspunkt der ungerechtfertigten Bereicherung zurück.

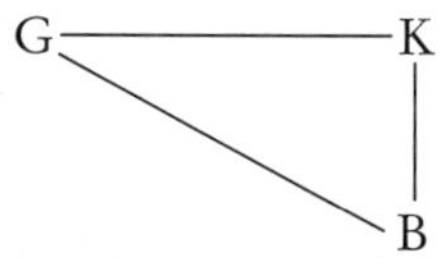

In Betracht kommt eine Leistungskondiktion. Die Frage war nur, ob *K* die 46.000 Euro von *B* oder von *G* zurückverlangen mußte, zwischen welchen Beteiligten also das Bereicherungsverhältnis bestand. Das wiederum hing von der Zweckbestimmung der Leistung ab. Denkbar war zweierlei: Einmal konnte es sich um eine Leistung des *K* zur Erfüllung einer eigenen Schuld gegenüber *B* handeln (*K* hatte ja die persönliche Haftung gem. § 414 übernommen, wobei allerdings die Genehmigung des *B* noch ausstand). Zum anderen konnte aber auch ein Fall des § 267 vorliegen, indem nämlich *K* die Schuld des *G* gegenüber *B* erfüllt hätte. Die Zweckbestimmung der Leistung des *K* hätte dann darin gelegen, zum einen eine Leistung des *G* an *B* zu bewirken, zum anderen eine eigene Leistung (also von *K*) an *G*. Welche der beiden Alternativen hier vorlag, ließ sich nicht eindeutig feststellen; *K* behauptete, er habe eine eigene Leistung an *B* erbracht, aus der Sicht des *B* stellte es sich dagegen, wie der *BGH* im einzelnen begründet,[122] als Erfüllung der Schuld des *G* durch *K* dar.

Der *BGH* hat diesen Fall mit den beiden zuvor behandelten Fällen *(Fall 25* und *Fall 26)* gleichgesetzt und die Lehre vom Empfängerhori-

---

[121] Vgl. dazu näher BGHZ 106, 163/166ff.; *Larenz/Canaris*, S. 219; Staudinger/*Lorenz*, § 812 Rn. 61; *Thomä*, JZ 1962, 623/627; *Weitnauer*, NJW 1974,1729/ 1731; *Wieling*, JZ 1977, 291 und Bereicherungsrecht, S. 21; dazu kritisch *Reuter/ Martinek*, S. 455; RGRK/*Heimann-Trosien*, § 812 Rn. 19; *Schnauder*, JuS 1994, 537/539; s.a. *Emmerich*, JuS 1989, 932.

[122] BGHZ 72, 246/249.

zont angewendet. Maßgebend sei, als wessen Leistung sich die Zuwendung bei objektiver Betrachtungsweise aus der Sicht des Zuwendungsempfängers darstelle.[123] Da gemäß § 415 III *K* gegenüber *G* zur Zahlung an *B* verpflichtet gewesen sei, habe *B* davon ausgehen dürfen, daß *K* in Erfüllung der Schuld des *G* geleistet habe.[124]

Zusammengefaßt ist also zu sagen: Irrt sich der Leistende über den Leistungsempfänger, haben also Leistender und Leistungsempfänger unterschiedliche Vorstellungen darüber, in welcher Personenbeziehung die Leistung erbracht wird, so ist entscheidend, wie *aus der Sicht des Leistungsempfängers* die Zuwendung aufgefaßt werden mußte.

dd) Leistung auf fremde Schuld

Fall 28: S schuldet *G* wegen einer Kraftfahrzeugreparatur 1.000 Euro. Sein Freund *D*, der weiß, daß ihm die Zahlung dieses Betrages schwerfällt, will ihm helfen und überweist dem G 1.000 Euro. Inzwischen hatte aber *S* bereits die Rechnung beglichen. Kann *D* von *G* Rückzahlung der 1.000 Euro verlangen?

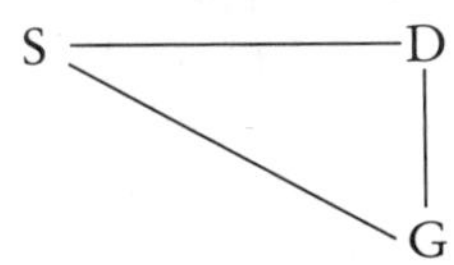

Fall 28 bildet ein Beispiel für diejenigen bereicherungsrechtlichen Sachverhalte, in denen jemand gemäß § 267 auf die Schuld eines anderen leistet, ohne von ihm dazu beauftragt zu sein und ohne ein eigenes Recht zur Leistung an den Gläubiger zu haben.

Ist *D* vom Schuldner beauftragt, so handelt es sich um eine Anweisungslage.[125] Hat *D* ein eigenes Recht zur Leistung an den Gläubiger (dieses kann sich aus dem Gesetz ergeben, beispielsweise aus § 268 oder § 1142), so entsteht das Problem der Bereicherung im Dreiecksverhältnis nicht, da das Gesetz regelmäßig einen gesetzlichen Übergang der Forderung auf den Leistenden *D* vorsieht, so daß dieser mit Zahlung Gläubiger des *S* (anstelle von *G*) wird.

Im Gegensatz zu den Anweisungsfällen hat *D* aus eigener Initiative und nicht auf Anweisung des *S* gehandelt. Das bedeutet, daß die Bestimmung des Leistungszwecks nicht – wie in den Anweisungsfällen – durch *S* (der ja hier von der Leistung nicht einmal etwas wußte), sondern nur durch *D* erfolgt sein kann. Einigermaßen klar ist die Situation, wenn die Schuld des *S* zum Zeitpunkt der Leistung des *D* tatsächlich bestand. Dann nämlich erlischt die Schuld nach §§ 267, 362 I. *D* kann Bereicherungsausgleich von *S* im Wege der Leistungskondiktion verlangen[126] (nicht dagegen von *G*, der die Leistung nicht ohne Rechtsgrund erhalten hat und dessen Forderung gegen *S* erloschen ist). Wie aber ist es, wenn

---

[123] BGHZ 72, 246/249.

[124] Auf die weiteren vom *BGH* angeführten Argumente soll hier nicht eingegangen werden. Zur Kritik dieser Entscheidung vgl. vor allem *Weitnauer,* NJW 1979, 2008.

[125] Dazu oben S. 34.

[126] Zur Rückgriffskondiktion unten S. 122 ff.

(wie in *Fall 28*) *D* auf eine nicht (mehr) bestehende Schuld des *S* geleistet hat?

Es handelt sich wieder um einen jener Fälle, in denen der Leistungsbegriff eindeutige Ergebnisse nicht liefert. Das zeigt sich schon an den unterschiedlichen Auffassungen, die – jede mit guten Argumenten – zu dieser Frage vertreten werden. Die herrschende Meinung steht auf dem Standpunkt, daß eine Leistungsbeziehung zwischen *D* und *G* zustandekommt.[127] *D*, der ja nicht auf Weisung des *S*, sondern aus eigenem Antrieb tätig werde und damit selbst den Leistungszweck bestimme, wolle durch seine Zuwendung das Vermögen des *G* mehren; hierin liege die für die Leistungsbestimmung erforderliche bewußte und zweckgerichtete Vermögensmehrung.[128] Daraus wird dann die Konsequenz gezogen, daß *D* direkt von *G* kondizieren kann, da er auf eine nicht bestehende Schuld des *S* geleistet hat (condictio indebiti). Die Gegenauffassung[129] verneint eine Leistungsbeziehung zwischen *D* und *G*. *D* wolle nicht ein eigenes Rechtsverhältnis zu *G* gestalten, vielmehr sei sein Leistungszweck, die Schuld des *S* gegenüber *G* zu tilgen. Darüber hinaus verfolge er einen eigenen Leistungszweck gegenüber *S:* entweder wolle er (wie in *Fall 28*) diesem etwas schenken oder er wolle sich dem *S* verpflichten, etwa unter dem Gesichtspunkt der Geschäftsführung ohne Auftrag. Teilweise wird aus dieser Sicht des Leistungszwecks die Konsequenz gezogen, daß eine Direktkondiktion *D–G* nicht möglich sei, so daß *D* sich nur an *S* halten könne[130] und sich gegebenenfalls dessen Kondiktionsanspruch gegenüber *G* abtreten lassen müsse,[131] teilweise wird aber

---

[127] Staudinger/*Lorenz,* § 812 Rn. 43; MünchKomm/*Lieb,* § 812 Rn. 127f.; Erman/*Westermann,* § 812 Rn. 26; RGRK/*Heimann-Trosien,* § 812 Rn. 30; *Larenz/Canaris,* S. 243; *Medicus,* BürgR, Rn. 685; *Esser/Weyers,* S. 59; *Reuter/Martinek,* S. 467ff.; *Canaris,* in: Festschr. f. Larenz, 1973, S. 799/847f.; *Beuthien,* JZ 1968, 323/326; W. *Lorenz,* AcP 168 (1968), 286/299; *Martinek,* JZ 1991, 395/398; *Pinger,* AcP 179 (1979), 301/326f.; *v. Caemmerer,* JZ 1962, 385/386; *Weit-nauer,* in: Festschr. f. v. Caemmerer, 1978, S. 255/277; *Wilhelm,* Rechtsverletzung und Vermögensentscheidung als Grundlagen und Grenzen des Anspruchs aus ungerechtfertigter Bereicherung, 1973, S. 140ff.; *Koppensteiner/Kramer,* S. 43f. u. 49; *Schnauder,* Grundfragen zur Leistungskondiktion bei Drittbeziehungen, 1981, S. 171ff.; differenzierend (abhängig von der Kenntnis des G) *Brox/Walker,* S. 459 Rn. 17.

[128] Zur Situation, daß *G* sich über den Leistungszweck des *D* im Irrtum befindet, vgl. *Fall 27.*

[129] Grundlegend *Esser,* SchuldR II, 4. Aufl. (1971), S. 346f.; vgl. ferner *Köndgen,* in: Festschr. f. Esser, 1974, S. 55/68; *Reeb,* JuS 1972, 581/586; *E. Schmidt,* JZ 1971, 601/607f.; *Wieling,* JuS 1978, 801/803 und Bereicherungsrecht, S. 105f.

[130] *Esser,* SchuldR II, 4. Aufl. (1971), S. 347; *Köndgen,* in: Festschr. f. Esser, 1975, S. 55/68; *Reeb,* JuS 1972, 581/586; *E. Schmidt,* JZ 1971, 601/606f.; *Wieling,* JuS 1978, 801/803 und Bereicherungsrecht, S. 106.

[131] *Köndgen,* in: Festschr. f. Esser, 1975, S. 55/68. Die Bestimmung des Leistungszwecks in der Beziehung *S–G* läßt sich der Zwecksetzung durch *D* entnehmen. Denn § 267 gibt jedem Dritten das Recht, für den Schuldner zu leisten, also auch den Leistungszweck für den Schuldner zu bestimmen, vgl. auch *Wieling,* JuS 1978, 801/803.

auch unter Vernachlässigung des Leistungszwecks und unter Berufung auf materielle Wertungskriterien die Direktkondiktion *D–G* befürwortet.[132]

Angesichts der mangelnden Eindeutigkeit des Leistungszwecks müssen auch hier materielle Wertungskriterien den Ausschlag geben, und die sprechen für eine Direktkondiktion *D–G*. Zunächst stellt sich die Frage, wer das Risiko der Insolvenz des *S* tragen soll. Kann *D* sich nur auf dem Umweg über *S* an *G* halten, so träfe ihn dieses Risiko, der „Vorteil" läge bei den Konkursgläubigern des *S*, die ihn nicht verdienen. Kann *D* direkt bei *G* kondizieren, so trifft ihn dieses Risiko nicht, dafür entfiele in Situationen wie in *Fall 28* der „Vorteil" der Konkursgläubiger. In anderen Fallkonstellationen kann freilich auch *G* einen Nachteil haben.[133] Aber der entscheidende Gesichtspunkt ist, daß weder die Konkursgläubiger noch *G* mit einer Zahlung des *D* rechnen konnten und gegebenenfalls auf diesen überraschend erlangten Vorteil auch wieder verzichten müssen.[134] Gegen eine Direktkondiktion spricht auch nicht, daß *G* an *D* zahlen müßte, ohne ihm gegenüber Einwendungen geltend machen zu können, die aus seiner Rechtsbeziehung zu *S* resultieren. Denn auch hier gilt der Grundsatz des „wie gewonnen, so zerronnen". Es erscheint nicht unbillig, *G* in der Situation zu belassen, in der er ohne die Intervention des *D* sowieso wäre.[135] Die Dinge liegen dann im Ergebnis ebenso wie bei der fehlenden oder unwirksamen Anweisung.[136]

In diesen Zusammenhang gehört auch die folgende kontrovers diskutierte *BGH*-Entscheidung, deren Sachverhalt hier vereinfacht wiedergegeben wird:

Fall 29 (nach BGHZ 113, 62): Architekt *A* war bei der Versicherungsgesellschaft *V* haftpflichtversichert. *V* glaubte, für einen durch *A* bei *G* verursachten Schaden, den *A* ihm gemeldet hatte, einstehen zu müssen. Da *X* behauptete, *G* habe ihm seinen Anspruch gegen *A* abgetreten, zahlte *V* die Ersatzsumme an *X*. Später stellte sich heraus, daß weder der Versicherungsfall eingetreten noch eine wirksame Abtretung des angeblichen Anspruchs durch *G* an *X* erfolgt war. *V* verlangt die an *X* gezahlte Ersatzsumme von diesem zurück.

---

[132] *Koppensteiner/Kramer*, S. 41 ff. u. 49.

[133] Nämlich dann, wenn der Leistungszweck im Verhältnis *S–G* deswegen nicht erreicht werden konnte, weil die Kausalbeziehung *S–G* nichtig war. Dann nämlich kann der Konkursverwalter die durch *D* für *S* erbrachte Leistung zurückfordern, während *G* die Rückforderung seiner Leistung nur als Masseforderung geltend machen kann. Vgl. dazu *Wieling*, JuS 1978, 801/803 f.; *Köndgen*, in: Festschr. f. Esser, 1975, S. 55/67 f.; *Reeb*, JuS 1972, 581/586.

[134] *Medicus*, BürgR, Rn. 685: „Wie gewonnen, so zerronnen".

[135] *Reuter/Martinek*, S. 468 f.; *Esser/Weyers*, S. 59.

[136] Vgl. oben S. 34 ff. Eine weitere Streitfrage ist, ob man diese Direktkondiktion dann als Leistungskondiktion oder als Nichtleistungskondiktion ansieht. Ihre Entscheidung hängt davon ab, ob man eine Leistung im Verhältnis *D–G* bejaht, vgl. dazu näher MünchKomm/*Lieb*, § 812 Rn. 128.

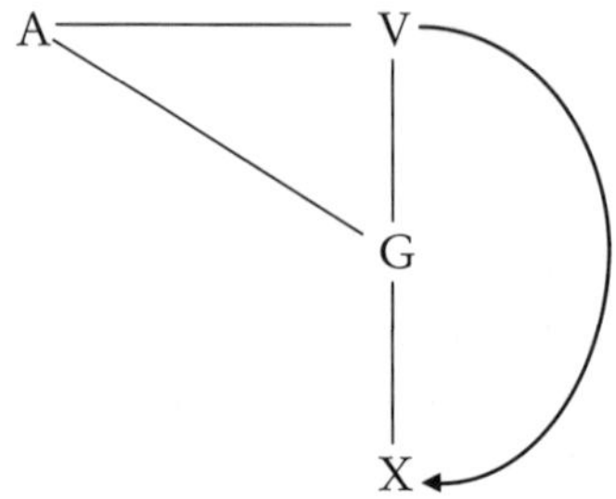

Der *BGH* setzte sich in seiner Entscheidung zunächst mit der Frage auseinander, ob *V* auf eigene oder auf fremde Schuld (nämlich des *A*) gezahlt hatte. Im Gegensatz zur Kraftverkehrshaftpflichtversicherung[137] besteht bei der Berufshaftplichtversicherung kein unmittelbarer Anspruch des Geschädigten gegen den Versicherer, so daß *V* auf die Schuld des *A* gezahlt hatte. Es lag auch kein Anweisungsverhältnis vor; *A* hatte zwar den Schaden der Versicherung gemeldet, darin war lediglich eine Mitteilung und keine Zahlungsanweisung zu erblicken. Es handelte sich also wieder um eine Leistung auf eine nicht bestehende fremde Schuld. Der *BGH* schloß sich der herrschenden Lehre[138] an, daß in solchen Fällen der Zahlende *(V)* direkt vom Scheingläubiger *(G)* kondizieren kann.[139] „Wer auf fremde Schuld leistet, kann direkt vom Empfänger kondizieren, wenn und soweit die Schuld nicht besteht. Bei einer nicht auf einer Weisung des vermeintlichen Schuldners beruhenden Leistung ist kein hinreichender Zurechnungsgrund dafür ersichtlich, diesen statt des Zahlenden als Leistenden anzusehen. Daher besteht keine Veranlassung, ihn in die Rückabwicklung einzubeziehen."[140] Der Umstand, daß *V* nicht an *G*, sondern an *X* geleistet hatte, weil er ihn für den Anspruchsinhaber hielt, ändert an diesen Grundsätzen nichts; Bereicherungsgläubiger war *X* als derjenige, der die Bereicherung erlangt hatte.[141]

Wir fassen zusammen: Die hier besprochenen Fälle der Leistung auf fremde Schuld sind dadurch charakterisiert, daß im Gegensatz zu den Anweisungsfällen der Leistende aus eigener Initiative und nicht auf An-

---

[137] § 3 PflVersG.

[138] Vgl. oben Fußn. 127.

[139] Dabei traf er allerdings keine Unterscheidung zwischen den Fällen, in denen der Dritte die Leistung auf fremde Schuld „aus eigenem Antrieb" erbringt (so unser *Fall 28*) und den Fällen, in denen die Leistung „auf Veranlassung des Schuldners" erfolgt. Vgl. dazu die Besprechung der Entscheidung durch *Martinek,* JZ 1991, 395/397 ff., der allerdings beide Fallgruppen gleich behandeln will. Gegen *Martinek Flume,* NJW 1991, 2521/2523 f.

[140] BGHZ 113, 62/69 f.; dem folgend *BGH* NJW 2000, 1718/1719; *BGH* NJW 2006, 1731/1732; s. a. *BGH* NJW 2002, 3771/3773.

[141] BGHZ 113, 62/69 f. Lies zu dieser Entscheidung vor allem *K. Schmidt,* JuS 1991, 693; *Martinek,* JZ 1991, 395 ff.; *Flume,* NJW 1991, 2521 ff.; *Canaris,* NJW 1992, 868 ff.; *Jakobs,* NJW 1992, 2524 ff.; *Martinek,* NJW 1992, 3141 ff.; *Canaris,* NJW 1992, 3143 ff.; *Wertheimer,* JuS 1992, 284 ff.

weisung des Schuldners gehandelt hat und daß er auch kein eigenes Recht zur Leistung an den Gläubiger hat. Nach der Rechtsprechung und der herrschenden Meinung im Schrifttum erfolgt hier eine Direktkondiktion des Zuwendenden beim Zuwendungsempfänger.[142]

ee) *Echter Vertrag zugunsten Dritter*

Fall 30 (BGHZ 58, 184 – Makler-Courtage-Fall): Die Kläger schlossen mit der Bauträgergesellschaft *B* einen „Kaufanwärtervertrag" über von *B* zu errichtende Eigentumswohnungen. Die Vertragsverhandlungen mit den Klägern führte der bei *B* als Direktionsassistent angestellte Beklagte. Dieser legte den Klägern Vertragsausfertigungen vor, von denen zwei die Klausel enthielten, daß 3% Maklercourtage an die Firma *H* zu zahlen seien. Nach der Unterzeichnung übergab der Beklagte eine der beiden Vertragsausfertigungen, die die Klausel enthielten, den Klägern, die andere behielt er selbst. Die dritte Ausfertigung ohne Klausel erhielt *B*. Nachdem die Kläger die Maklercourtage auf das für die Firma *H* angegebene Konto gezahlt hatten, stellte sich heraus, daß diese Firma in Wahrheit nicht existierte und daß hinter dem angegebenen Konto der Beklagte stand, der ein zusätzliches Geschäft machen wollte. Die Kläger fochten die Courtagevereinbarung wegen arglistiger Täuschung an und verlangten vom Beklagten Herausgabe des gezahlten Betrages.

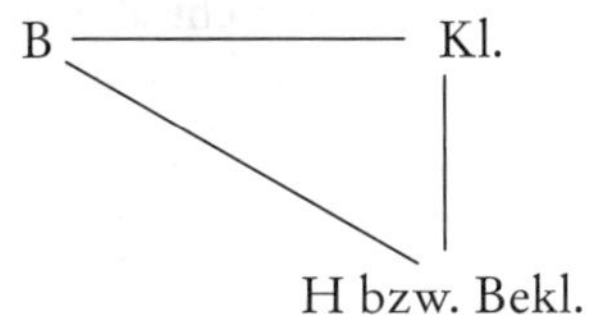

Hier stellt sich zunächst die Frage, zwischen welchen Personen welche vertraglichen Beziehungen zustandegekommen sind. Denkbar wäre es, hinsichtlich des Versprechens auf Zahlung der Maklercourtage lediglich eine vertragliche Beziehung zwischen den Klägern und *H* anzunehmen, dergestalt, daß sich die Kläger gegenüber der durch den Beklagten vertretenen *H* zur Zahlung verpflichtet hätten. Für diese Auslegung könnte der Umstand sprechen, daß in der für *B* bestimmten Vertragsausfertigung die Courtageklausel nicht enthalten war. Haben die Kläger gewußt, daß die Vertragsausfertigung ohne Courtageklausel für *B* bestimmt war, so läßt sich daraus folgern, daß die Kläger nicht mit *B* (vertreten durch den Beklagten), sondern mit *H* (vertreten durch den Beklagten) kontrahieren wollten.[143]

Der *BGH* ist diesen Weg nicht gegangen. Er nimmt vielmehr an, daß ein echter Vertrag zugunsten Dritter vorliege: die Kläger hätten sich *B* gegenüber verpflichtet, die Courtage an *H* zu zahlen, wobei *H* einen eigenen Anspruch gegen die Kläger erwerben sollte. Wir wollen für unsere Zwecke von dieser Interpretation ausgehen. Damit liegt wieder eine Leistung im Dreiecksverhältnis vor, bei der, da die Kläger das Zahlungsver-

---

[142] Zur Abgrenzung der Leistung auf fremde Schuld von der Nichtleistungskondiktion vergl. *BGH* NJW 2003, 582.

[143] So vor allem *Canaris,* NJW 1972, 1196; s.a. *Larenz/Canaris,* S. 241; zustimmend *Medicus,* BürgR, Rn. 683.

sprechen angefochten haben, die Beziehung zwischen *B* und dem Kläger fehlerhaft ist.

Bei solchen Leistungen im Rahmen von Verträgen zugunsten Dritter scheint die Situation auf den ersten Blick den Anweisungsfällen ähnlich zu sein: *B* hat den Klägern das Versprechen abgenommen („Parallele“: sie angewiesen), an *H* eine Leistung zu bewirken. Diese Ähnlichkeit besteht aber nur dann, wenn es sich um einen unechten Vertrag zugunsten Dritter handelt, bei dem der Dritte kein eigenes Forderungsrecht gegenüber dem Versprechenden erwirbt.[144] Wo der Dritte ein eigenes Forderungsrecht hat, ist die Situation anders. Hier leistet der Versprechende nicht nur, um eine Verpflichtung gegenüber dem Versprechensempfänger *(B)*, sondern auch um eine Verpflichtung gegenüber dem Dritten *(H)* zu erfüllen.[145] Der Leistungszweck ist also wieder ein doppelter und diese Duplizität erlaubt es nicht, mit Hilfe des Leistungsbegriffs die Parteien des Bereicherungsverhältnisses eindeutig zu bestimmen. Da in *Fall 30* die Kläger die Maklercourtage sowohl in Erfüllung einer Verbindlichkeit gegenüber *B* als auch gegenüber *H* gezahlt haben, läßt sich aus dem Leistungszweck nicht ableiten, ob sich ihr Bereicherungsanspruch gegen *B* oder gegen *H* und damit gegen den Beklagten richtet.

Das hat auch hier dazu geführt, die Lösung unter Heranziehung materieller Wertungskriterien zu finden.[146] Dabei wird vor allem ein Argument hervorgehoben: Wenn in der Dreiecksbeziehung nicht nur die Konstruktion eines unechten, sondern die eines echten Vertrages zugunsten Dritter gewählt wird, so dient diese regelmäßig dazu, die rechtliche Position des Dritten zu stärken. Das muß sich, so folgert man,[147] auch bereicherungsrechtlich auswirken. Auch bereicherungsrechtlich dürfe nämlich beim echten Vertrag zugunsten Dritter die Position des Dritten jedenfalls nicht schwächer sein als beim unechten Vertrag zugunsten Dritter. Da dort bei fehlerhaftem Deckungsverhältnis nur innerhalb des

---

[144] Beim unechten Vertrag zugunsten Dritter gilt die allgemeine Regel, daß dort kondiziert wird, wo das zugrundeliegende Rechtsverhältnis fehlerhaft ist (vgl. oben S. 32f.). Ist das Rechtsverhältnis zwischen Versprechensempfänger und Drittem fehlerhaft, so kann der Versprechensempfänger beim Dritten kondizieren. Ist das Rechtsverhältnis zwischen Versprechendem und Versprechensempfänger fehlerhaft, so kann der Versprechende beim Versprechensempfänger kondizieren.

[145] Ebenso ist es bei dem oben S. 31 Fußn. 65 genannten Sonderfall der angenommenen Anweisung i.S. des § 784. Die Annahme der Anweisung durch den Angewiesenen führt nach § 784 dazu, daß der Anweisungsempfänger ein eigenes Forderungsrecht gegen den Angewiesenen erwirbt.

[146] Vgl. dazu MünchKomm/*Lieb*, § 812 Rn. 131ff.; *Larenz/Canaris*, S. 240ff.; *Medicus*, BürgR, Rn. 681ff.; *Esser/Weyers*, S. 56ff.; *Reuter/Martinek*, S. 478ff.; *Canaris*, in: Festschr. f. Larenz, 1973, S. 799/828ff.; *Köndgen*, in: Festschr. f. Esser, 1975, S. 55/68f.; *Pinger*, AcP 179 (1979), 301/322ff.

[147] Vgl. nur *Esser/Weyers*, S. 57; *Medicus*, BürgR, Rn. 681; den umgekehrten Schluß zieht dagegen *W. Lorenz*, AcP 168 (1968), 286/292f.

Deckungsverhältnisses kondiziert werde,[148] dürfe hier der Dritte nicht der stärkeren Belastung ausgesetzt sein, mit dem Versprechenden (statt nur mit dem Versprechungsempfänger) abrechnen zu müssen. Der *BGH* hat freilich diese Grundsätze auf den *Fall 30* zugrundeliegenden Sachverhalt nicht angewendet. Unter Hinweis darauf, daß beim Bereicherungsausgleich in Dreiecksverhältnissen stets in erster Linie die Besonderheiten des einzelnen Falles zu beachten seien, hat er vielmehr angenommen, daß die Courtageabrede „aus dem Kaufanwärtervertrag herausgelöst ... gleichsam verselbständigt sei".[149] Die *B* sei von der Courtagezahlung überhaupt nicht berührt worden, der wirtschaftliche Schwerpunkt liege in der Rechtsbeziehung der Kläger zu *H*. Diese Begründung ist im Schrifttum vielfach kritisiert worden[150] und kann in der Tat nicht überzeugen. Denn war es wirklich so, daß die Courtageabrede gegenüber dem Kaufanwärtervertrag „verselbständigt" war und die *B* von ihr „überhaupt nicht berührt" wurde, so spricht das für die von *Canaris*[151] vertretene Auffassung, daß hinsichtlich der Courtageabrede vertragliche Beziehungen nur zwischen den Klägern und *H,* nicht aber unter Einbeziehung von *B* bestanden. Im Ergebnis läßt sich die Entscheidung des *BGH* freilich halten. Geht man schon von einem echten Vertrag zugunsten Dritter aus, so kann angesichts des Verhaltens des Beklagten der für den Regelfall geltende Grundsatz, daß der Dritte der stärkeren Belastung durch die Direktkondiktion nicht ausgesetzt werden dürfe, nicht greifen.[152]

Festzuhalten ist also: Beim echten Vertrag zugunsten Dritter findet bei Mängeln im Deckungsverhältnis (also in der Beziehung Versprechender – Versprechensempfänger) grundsätzlich keine Direktkondiktion statt, der Ausgleich hat vielmehr zwischen Versprechendem und Versprechensempfänger zu erfolgen.[153] In Ausnahmefällen kann die Direktkondiktion dagegen zulässig sein.

ff) Zession

Fall 31 (BGHZ 105, 365 – Feuerversicherungsfall): *M* war bei der Versicherungsgesellschaft *V* feuerversichert. Wegen eines Brandschadens, bei dem eine Fabrikhalle und ein Warenlager zerstört wurden, nahm *M* die Versicherungsgesellschaft in Anspruch. Diese weigerte sich zunächst, den Schaden zu regulieren, weil sie vermutete, *M* habe zu dem Brand angestiftet. *M* hatte mittlerweile seine Forderung gegen *V* an seinen Lieferanten *G* sicherungshalber abgetreten. Nachdem *V* in einem von *M* gegen sie angestrengten Prozeß die Anstiftung nicht beweisen konnte, zahlte sie die Versiche-

[148] Vgl. oben Fußn. 144.

[149] BGHZ 58, 184/189.

[150] Vgl. etwa *Canaris,* NJW 1972, 1196; *Larenz/Canaris,* S. 241; *E. Schmidt,* JZ 1972, 406.

[151] *Canaris,* NJW 1972, 1196.

[152] Zutreffend *Larenz/Canaris,* S. 241, wo ein Schutz vor der Direktkondiktion in solchen Fällen als „geradezu grotesk" bezeichnet wird.

[153] Ensprechend erfolgt bei Mängeln im Valutaverhältnis (Versprechensempfänger – Dritter) der Bereicherungsausgleich dort.

rungssumme auf Verlangen des *G* an diesen aus. Später stellte sich heraus, daß tatsächlich *M* einen Freund angestiftet hatte, den Brand zu legen; *M* wurde wegen vorsätzlicher Brandstiftung und Versicherungsbetrugs zu einer längeren Freiheitsstrafe verurteilt. *V* verlangt von *G* Rückzahlung der Versicherungssumme.

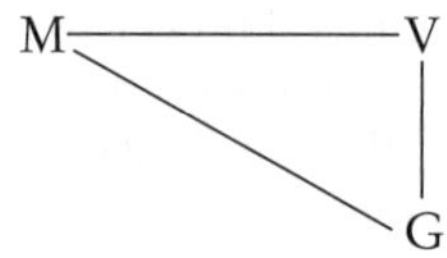

Es geht hier – allgemein gesprochen – um die Situation, daß eine abgetretene Forderung Mängel aufweist. Wie solche Mängel der zedierten Forderung zu behandeln sind, wird mit Recht als eines der umstrittensten Probleme des Bereicherungsrechts bezeichnet.[154] Gewiß hat *V* auf eine nicht bestehende Forderung und damit ohne rechtlichen Grund eine Leistung erbracht. Die Frage ist nur, ob diese Leistung dem Zedenten *M* oder dem Zessionar *G* erbracht wurde und ob *V* demzufolge bei *M* oder bei *G* kondizieren muß.

Eine Mindermeinung befürwortet die Kondiktion gegen den Zessionar *(G)*. Sie weist vor allem darauf hin, daß der Zessionar an die Stelle des Zedenten getreten sei und es demzufolge in Wahrheit nicht um ein Drei-, sondern um ein Zweipersonenverhältnis gehe, bei dem der Zessionar naturgemäß Leistungsempfänger und damit Bereicherungsschuldner des Leistenden sei.[155] Demgegenüber hält die herrschende Meinung die Kondiktion beim Zedenten *(M)* für richtig.[156] Sie beruft sich zum Teil auf eine Parallele zu den Anweisungsfällen,[157] insbesondere aber darauf, daß der Leistende *(V)* durch die Zession nicht schlechter gestellt werden dürfe.[158] Der *BGH* hat sich in der *Fall 31* zugrundeliegenden Entscheidung der herrschenden Meinung angeschlossen. Der Versicherer wolle, auch wenn er die Versicherungssumme an einen Zessionar auszahle, seine Verpflichtung aus dem Versicherungsvertrag gegenüber dem Versicherungsnehmer erfüllen. Für dieses Ergebnis sprächen auch Gesichtspunkte der Risikoverteilung und des Vertrauensschutzes. Der Versiche-

---

[154] *Larenz/Canaris,* S. 237.

[155] Vgl. insb. *Medicus,* BürgR, Rn. 685a; *Reuter/Martinek,* S. 489ff.; *Fikentscher,* Rn. 1156; Soergel/*Mühl,* § 812 Rn. 129; *Flume,* AcP 199 (1999), 1/18ff.; *Köndgen,* in: Festschr. f. Esser, 1975, S. 55/66f.; *Kellmann,* JR 1988, 97/99; *Bayer,* JuS 1990, 883/887ff.; *Dörner,* NJW 1990, 473/475; *Schnauder,* Grundfragen zur Leistungskondiktion bei Drittbeziehungen, 1981, S. 208; *U. Meyer,* Der Bereicherungsausgleich in Dreiecksverhältnissen, 1979, S. 158f.

[156] Grundlegend *W. Lorenz* AcP 191 (1991), 279ff.

[157] So z.B. *Larenz/Canaris,* S. 237; *S. Lorenz,* JuS 2003, 839/842; MünchKomm/*Lieb,* § 812 Rn. 143.

[158] Vgl. insb. Palandt/*Sprau,* § 812 Rn. 67; Staudinger/*Lorenz,* § 812 Rn. 41; Erman/*Westermann,* § 812 Rn. 36; Jauernig/*Stadler,* § 812 Rn. 45; *Larenz/Canaris,* S. 237; *Esser/Weyers,* S. 58; *Lieb,* Jura 1990, 359/360f.; Bamberger/Roth/*Wendehorst,* § 812 Rn. 137; *W. Lorenz,* AcP 168 (1968), 279/296ff.; s.a. die Nachweise bei Staudinger/*Lorenz,* aaO.

rer habe das Risiko der Insolvenz des Versicherungsnehmers zu tragen, den er sich als Vertragspartner ausgesucht habe, nicht dagegen das Risiko der Insolvenz des Zessionars. In späteren Entscheidungen wurden diese Grundsätze bestätigt[159] und über die bereicherungsrechtliche Rückabwicklung zu Unrecht gezahlter Versicherungsleistungen hinaus auch auf andere Zessionsfälle übertragen.[160]

In der Tat müssen diese materiellen Wertungsgesichtspunkte den Ausschlag geben. Wie wir schon oben (S. 27 f.) gesehen hatten, sollen jeder Partei ihre Einwendungen gegen die andere Partei erhalten bleiben und sie soll vor Einwendungen geschützt werden, die ihr Vertragspartner aus seinem Rechtsverhältnis zu Dritten herleitet. Zwar kann *V* seine Einwendungen aus dem Rechtsverhältnis zu *M* gemäß § 404 auch dem *G* entgegenhalten; er wäre aber nicht vor Einwendungen des *G* geschützt, die dieser möglicherweise gegen ihn hat. Vor allem aber hätte er das Risiko der Insolvenz des *G* zu tragen, den er sich nicht als Vertragspartner ausgesucht hat.[161] Die Forderungsübertragung kann der Schuldner nicht verhindern; das Gesetz kompensiert das durch das in §§ 404 zum Ausdruck kommende Prinzip, daß der Schuldner durch die Forderungsübertragung keine Nachteile erleiden soll. Deshalb muß *V* bei *M* kondizieren können und darf nicht auf eine Kondiktion gegen *G* verwiesen werden.

In den Zessionsfällen hat also der Schuldner bei Nichtbestehen der zedierten Forderung gegenüber dem Zedenten und nicht gegenüber dem Zessionar den Bereicherungsanspruch geltend zu machen.

3. Das Fehlen des rechtlichen Grundes

a) Grundlagen

Anhand von *Fall 5*[162] (Kondiktion des Eigentums an einem Ring nach Anfechtung des der Übereignung zugrundeliegenden Kaufvertrages) hatten wir die Funktion der Leistungskondiktion kennengelernt: Die Rückgängigmachung von Leistungen (hier: die Übereignung), die deswegen fehlgeschlagen sind, weil der mit ihnen verfolgte Zweck (hier: Erfüllung des Kaufvertrages) nicht eingetreten ist. Von den drei Tatbestandsmerkmalen der Leistungskondiktion (erlangtes Etwas, Leistung, Fehlen des rechtlichen Grundes)[163] beantwortet das Merkmal der Rechtsgrundlosigkeit die Frage des Fehlschlagens der Leistung. Eine Leistung ist dann fehlgeschlagen, wenn sie ohne Rechtsgrund erfolgt und deswe-

---

[159] BGHZ 122, 46/51; *BGH* NJW 2005, 1369f. Kritisch zur Lösung des *BGH* *Schnauder,* JuS 1994, 537/542ff.; vgl. auch *OLG Hamm* WM 2001, 1064.
[160] *BGH* NJW 2005, 1369f.
[161] Vgl. dazu oben S. 28.
[162] Vgl. oben S. 16.
[163] Vgl. oben S. 16.

gen der mit ihr verfolgte Zweck nicht eingetreten ist. Dabei ist die Fragestellung, ob ein Rechtsgrund besteht, grundsätzlich[164] keine spezifisch bereicherungsrechtliche, sondern beantwortet sich regelmäßig nach den allgemeinen Prinzipien, insbesondere denen des Schuldrechts. So ist in *Fall 5* die Frage, ob die Übereignung rechtsgrundlos erfolgte, d.h. ob der zugrundeliegende Kaufvertrag wirksam war, nicht nach den Vorschriften des Bereicherungsrechts, sondern nach denen der Irrtumsanfechtung (§§ 119ff.) zu lösen.

Mit dem Vordringen des modernen Leistungsbegriffs wurde auch in Frage gestellt, worin der rechtliche Grund zu erblicken ist. Früher sah man hier keine Probleme: Rechtsgrund war das Kausalverhältnis, in dessen Erfüllung die Leistung erfolgte (objektive Rechtsgrundtheorie),[165] in unserem *Fall 5* also der Kaufvertrag. Die Einführung der Zweckrichtung in den Leistungsbegriff gab aber Anlaß, auch den Begriff des rechtlichen Grundes zu überdenken. Verstand man unter Leistung die nicht nur bewußte, sondern auch zweckgerichtete Mehrung fremden Vermögens, so war es konsequent, die darin liegende Zweckbestimmung auch im Rechtsgrundbegriff zum Ausdruck kommen zu lassen.

Die heute wohl überwiegend vertretene Auffassung (subjektive Rechtsgrundtheorie) bestimmt daher den Rechtsgrund nicht mehr rein objektiv, sondern führt subjektive Merkmale ein: Rechtsgrund ist nicht das bloße der Leistung zugrundeliegende Schuldverhältnis (im *Fall 5* also der Kaufvertrag), sondern der sich aus diesem Schuldverhältnis ergebende und mit der Leistung verfolgte Zweck. Wer eine Leistung erbringt, verfolgt damit einen bestimmten Zweck, der z.B. in unserem *Fall 5* in der Erfüllung der Verpflichtung aus dem Kaufvertrag besteht. Dieser Zweck wird durch die Bestimmung des Leistenden festgelegt.[166] Er bildet den rechtlichen Grund i.S. des § 812, d.h. davon, ob er erreicht wird, hängt es ab, ob der Empfänger der Leistung diese behalten darf oder nicht. Es ist also zwischen Obligation (dem zugrundeliegenden Kausalverhältnis) und Leistungszweck zu unterscheiden; der Leistungszweck baut auf der Obligation auf.[167] Danach kann ein Zweck auch dann verfehlt werden, wenn die zu erfüllende Forderung tatsächlich bestand.[168] Das ist freilich nicht unbestritten; ein beachtlicher Teil der Literatur vertritt einen objektiven Rechtsgrundbegriff und sieht nach wie vor das

---

[164] Zur condictio ob rem vgl. unten S. 59.

[165] Vgl. etwa RGRK/*Scheffler*, 11. Aufl. (1960), § 812 Rn. 75ff.; *Berg*, AcP 160 (1961), 505/508; *Scheyhing*, AcP 157 (1958/59), 371/377.

[166] Vgl. oben S. 24f.

[167] Vgl. dazu vor allem die eingehende Darstellung bei *Reuter/Martinek*, S. 106ff.; repräsentativ für diese Auffassung ferner Erman/*Westermann*, § 812 Rn. 44; Palandt/*Sprau*, § 812 Rn. 70; RGRK/*Heimann-Trosien*, § 812 Rn. 74; *Schnauder*, Grundfragen zur Leistungskondiktion bei Drittbeziehungen, 1981, S. 35ff.; *Weitnauer*, in: Festschr. f. v. Caemmerer, 1978, S. 255/274; *Koppensteiner/Kramer*, S. 15; *Baur/Wolf*, JuS 1966, 393/394; *Ehmann*, NJW 1969, 398.

[168] *BGH* NJW 1985, 2700; Erman/*Westermann*, § 812 Rn. 44.

zugrundeliegende Kausalverhältnis als causa an.[169] Dabei wird darauf hingewiesen, daß die von der herrschenden Meinung vertretene „Doppelstöckigkeit"[170] (causa und Obligation) entbehrlich sei, weil sich der Leistungszweck ohnehin aus der Obligation ableite. Aber dies trifft namentlich für den Fall des § 812 I 2, 2. Fall (condictio ob rem) nicht zu, und dementsprechend ist man gezwungen, diesen Fall als atypischen Ausnahmetatbestand zu behandeln.[171] Objektive und subjektive Auffassung stehen sich freilich nicht diametral gegenüber. Selbstverständlich kommt die subjektive Auffassung nicht ohne das zugrundeliegende Schuldverhältnis aus. Dieses ist vielmehr für sie insofern notwendig, als sich grundsätzlich aus ihm der Leistungszweck ergibt und sein Bestehen oder Nichtbestehen für die Zweckerreichung maßgeblich ist.[172] Auch die Ergebnisse werden meist nicht differieren.[173] Aber die subjektive Auffassung liefert in Übereinstimmung mit dem modernen Leistungsbegriff die Erklärung dafür, daß der Leistungsempfänger das durch die Leistung erlangte Etwas nicht behalten darf: Weil das Kausalverhältnis unwirksam ist, konnte der mit der Leistung verfolgte Zweck nicht erreicht werden und aus diesem Grund ist die Leistung rückgängig zu machen.

b) Einzelfälle

Im Anschluß an das römische und das gemeine Recht wird heute meist zwischen verschiedenen Fallgruppen der Rechtsgrundlosigkeit unterschieden, insbesondere zwischen der condictio sine causa, der condictio indebiti, der condictio ob causam finitam, der condictio ob rem und der condictio ob turpem vel iniustam causam.[174] Diese Unterscheidung hat auch im BGB ihren Ausdruck gefunden. Sie hat ihre Bedeutung vor allem für die Ausschlußtatbestände der §§ 814, 815, 817 S. 2 und die Haftungsverschärfung der §§ 819, 820.

aa) Die condictio sine causa und die condictio indebiti. § 812 I 1 erfaßt die Fälle der condictio sine causa und der condictio indebiti. Das macht eine Unterscheidung dieser ohnehin nicht klar abgrenzbaren Fallgruppen entbehrlich.[175] Unter § 812 I 1 fallen diejenigen Sachverhalte, in de-

---

[169] Vgl. etwa MünchKomm/*Lieb,* § 812 Rn. 172; Jauernig/*Stadler,* § 812 Rn.12; *Larenz/Canaris,* S. 137; *Kupisch,* JZ 1985, 101ff. und NJW 1985, 2370ff.; *Scheyhing,* AcP 157 (1958/59), 371/377; *Huber,* JuS 1972, 57/58; im Ausgangspunkt auch *Esser/Weyers,* S. 64f., der sich allerdings der subjektiven Auffassung annähert, sowie *Schlechtriem,* Rn. 727f.

[170] *Schlechtriem,* Rn. 644.

[171] Dazu näher *Reuter/Martinek,* S. 108.

[172] *Weitnauer,* in: Festschr. f. v. Caemmerer, 1978, S. 255/276.

[173] S. a. *Brox/Walker,* S. 462 Rn. 23.

[174] Vgl. oben S. 4.

[175] Dazu eingehend *Reuter/Martinek,* S. 126ff., die sich mit überzeugender Begründung für eine einheitliche Behandlung aussprechen; s. a. MünchKomm/*Lieb,* § 812 Rn. 175. Von anderer Seite wird die condictio indebiti in den Vordergrund gestellt, daneben wird die condictio sine causa für entbehrlich gehalten (Jauernig/*Stadler,*

nen der Rechtsgrund für die Leistung von Anfang an gefehlt hat und aus diesem Grund der mit der Leistung verfolgte Zweck – die Erfüllung einer Forderung – nicht erreicht werden konnte. In diesen Fällen soll der Leistungsempfänger die Leistung deswegen nicht behalten dürfen, weil seine (vermeintliche) Forderung nicht durch Erfüllung erloschen ist. Vor allem die Fälle der Nichtigkeit des Kausalgeschäfts, etwa wegen fehlender Geschäftsfähigkeit oder wegen der Nichteinhaltung von Formvorschriften, gehören hierher. Aber auch die bei wirksamer Anfechtung eintretende Nichtigkeit ex tunc *(Fall 5)* führt zur condictio indebiti und nicht zur condictio ob causam finitam, da § 142 I die Nichtigkeit „von Anfang an" anordnet.[176]

Fall 32:[177] Gattungsschuldner *S* liefert Ware, die den Qualitätsanforderungen des § 243 I (mittlere Art und Güte) nicht genügt. Kann *S* die Ware, wenn der Gläubiger sie nicht als Erfüllung akzeptiert, mit der condictio indebiti zurückverlangen?

Im Gegensatz zu den Fällen eines nichtigen oder angefochtenen Kaufvertrages hat hier der Schuldner zwar nicht auf eine von Anfang an nicht bestehende Forderung geleistet. Aber der Leistungszweck, nämlich die Tilgung der Forderung aus dem Kausalverhältnis, wurde durch diese Lieferung nicht erreicht. Der Schuldner bleibt weiterhin zur Lieferung einer Sache mittlerer Art und Güte verpflichtet. Für die Lieferung der Sache minderer Qualität bestand von Anfang an kein Rechtsgrund, sie kann daher mit der condictio indebiti herausverlangt werden.[178]

§ 813 I erweitert die condictio indebiti auf die Fälle, in denen die Forderung aus dem Kausalverhältnis zwar nicht nichtig ist, ihrer Erfüllung aber eine dauernde (peremptorische) Einrede (z.B. §§ 852, 853)[179] entgegensteht. Der Schuldner kann das zurückfordern, was er auf eine (dauernd) einredebehaftete Forderung geleistet hat. Der Gesetzgeber wollte diesen Fall dem Nichtbestehen einer Forderung gleichstellen. Auf den wichtigsten Fall peremptorischer Einreden, nämlich die Verjährung, findet diese Vorschrift allerdings nach § 813 I 2 keine Anwendung; damit soll ein sinnloses Hin- und Herschieben der Leistung vor der Fälligkeit vermieden werden.[180]

---

§ 812 Rn. 13; *Medicus,* BürgR, Rn. 702; *Schlechtriem,* Rn. 733). Der Begriff der condictio sine causa wird aber so viel verwendet, daß hier nicht auf ihn verzichtet werden soll.

[176] Im übrigen ist der Streit, ob hier § 812 I 1 oder S. 2, 1. Fall Anwendung findet, angesichts der gleichen Rechtsfolge ohne praktische Bedeutung; auch der Umstand, daß sich § 814 nur auf § 812 I 1 bezieht, ändert hieran nichts. Vgl. dazu *Reuter/Martinek,* S. 132f.; Staudinger/*Lorenz,* § 812 Rn. 88 mit weiteren Nachweisen.

[177] Fall nach *Medicus,* BürgR, Rn. 689.

[178] Dazu MünchKomm/*Lieb,* § 812 Rn. 176; *Reuter/Martinek,* S. 130; *Medicus,* BürgR, Rn. 689.

[179] Weitere Fälle: §§ 1166, 1973, 1990, 2083.

[180] *Reuter/Martinek,* S. 133.

bb) Die condictio ob causam finitam. § 812 I 2, 1. Halbsatz erfaßt die Fälle, in denen der rechtliche Grund zunächst vorhanden war, aber später (endgültig, nicht nur vorübergehend) wieder weggefallen ist. Hauptfall ist die auflösende Bedingung. Ferner gehören Befristung und einverständliche Vertragsaufhebung hierher. Die Fälle der rückwirkenden (ex tunc) Unwirksamkeit (insbesondere also die Anfechtung, § 142 I BGB) führen dagegen zur condictio indebiti, weil in diesen Fällen von Anfang an kein Rechtsgrund bestanden hat, auch wenn sich dies erst nachträglich herausgestellt hat.[181] Die praktische Bedeutung der condictio ob causam finitam ist beschränkt, weil das BGB in vielen Fällen, auf die die condictio ob causam finitam an sich anwendbar wäre, Sonderregelungen mit Rechtsfolgeverweisungen auf das Bereicherungsrecht getroffen hat.[182]

cc) Die condictio ob rem (causa data causa non secuta) – § 812 I 2, 2. Halbsatz

Fall 33: Grundstückseigentümer *E* errichtet auf seinem Grundstück ein Wohnhaus. Er beabsichtigt, bestimmte Arbeiten dem Bauhandwerker *B* zu übertragen. Aufgrund der Vorbesprechungen beginnt *B* bereits mit der Ausführung der Arbeiten. Später kommt es aber nicht zum Vertragsschluß, da *E* und *B* sich über Einzelheiten nicht einigen können. *B* verlangt Ersatz für die bereits ausgeführten Arbeiten.

Da ein Vertrag zwischen *E* und *B* nicht zustandegekommen ist, kommt für den Ersatzanspruch des *B* keine vertragliche Anspruchsgrundlage, sondern nur eine bereicherungsrechtliche in Betracht, und zwar die in § 812 I 2, 2. Halbsatz geregelte condictio ob rem.

Dieser Tatbestand bereitet immer wieder Schwierigkeiten, vor allem in seiner Abgrenzung zu anderen Rechtsinstituten; *Esser* hat einmal gesagt, daß kein Bereicherungsanspruch von Rechtsprechung und Schrifttum so oft mißverstanden werde wie die condictio ob rem.[183] Die Schwierigkeiten ergeben sich schon aufgrund der weiten Fassung des Wortlauts: Unter der Formulierung des Nichteintritts des nach dem Inhalt des Rechtsgeschäfts bezweckten Erfolges lassen sich auch die unstreitig hierher nicht gehörenden Fälle der condictio indebiti oder der Unmöglichkeit der Gegenleistung bei gegenseitigen Verträgen erfassen. Denn in beiden Fällen läßt sich sagen, daß der mit der Leistung bezweckte Erfolg nicht eingetreten ist. Zu einer sachgerechten Beschränkung dieses Tatbestandes kommt man nur, wenn man aufgrund seiner Entstehungsgeschichte Funktion und Anwendungsbereich bestimmt.

Im römischen Recht gab es einen numerus clausus klagbarer Verträge, ein Anspruch konnte nur eingeklagt werden, wenn zu seiner Durchsetzung eine actio zur Verfügung stand.[184] Erbrachte jemand außerhalb

---

[181] Vgl. auch oben S. 58 vor Fußn. 176.
[182] Dazu *Reuter/Martinek*, S. 139f.
[183] *Esser*, SchuldR, 2. Aufl. (1960), S. 793.
[184] Vgl. dazu und zum folgenden vor allem *Söllner*, AcP 163 (1963), 20/23ff.; *Reuter/Martinek*, S. 147f.

eines klagbaren Vertragstyps eine Leistung in Erwartung einer Gegenleistung, so konnte er mangels einer actio die Gegenleistung nicht erzwingen. Die condictio ob rem gab ihm aber die Möglichkeit, im Falle des Ausbleibens der Gegenleistung wenigstens seine eigene Leistung zurückzuverlangen. Die condictio ob rem stellt sich damit als ein Rechtsbehelf zur Rückforderung einer Leistung dar, die im Hinblick auf eine rechtlich nicht erzwingbare Gegenleistung erbracht wurde. Die rechtlich nicht erzwingbare Gegenleistung ist „der mit der Leistung bezweckte Erfolg". Bei seinem Nichteintritt soll der Leistungsempfänger die Leistung nicht behalten dürfen; an die Stelle der bei der rechtlich erzwingbaren Gegenleistung möglichen Erfüllungsklage tritt bei der rechtlich nicht erzwingbaren Gegenleistung die condictio ob rem.

Auch heute wird man der condictio ob rem nur gerecht, wenn man sie auf diesen engen Anwendungsbereich beschränkt.[185] Insbesondere müssen spezielle Regelungen vorgehen; nicht zuletzt deswegen, weil sie differenziertere Rechtsfolgen vorsehen, die der heutigen Komplexität wirtschaftlicher Beziehungen eher gerecht werden als die bloße Rückabwicklung einer Leistung. Dieser Anwendungsbereich der condictio ob rem soll an den folgenden Fällen demonstriert werden.

Zunächst *Fall 33* als typischer Anwendungsfall für die condictio ob rem. *B* hatte seine Leistung (Beginn der Arbeiten) in der Erwartung einer Gegenleistung (Zahlung des Werklohnes) erbracht. Das war von *E* auch so erkannt worden, er hatte die Leistung des *B* widerspruchslos angenommen. Mangels eines Vertrages bestand aber kein Anspruch auf die Gegenleistung, sie war rechtlich nicht erzwingbar. An die Stelle des bei zustandegekommenem Vertrag gegebenen Erfüllungsanspruchs tritt hier die condictio ob rem, mit der *B* (in Verbindung mit § 818 II) Bezahlung der geleisteten Arbeiten verlangen kann.[186]

Fall 34 (nach BGHZ 44, 321): *N* pachtete von seiner Tante *T* ein Grundstück für die Dauer von 30 Jahren. *T* hatte *N* versprochen, er solle das Grundstück nach ihrem Tod erhalten; in einem Testament, dessen Kosten *N* bezahlte, vermachte sie ihm das Grundstück. *N* errichtete auf dem Grund ein Gebäude, in dem er eine Gastwirtschaft betrieb. Einige Jahre später setzte *T* in einem neuen Testament den Dritten *D* als Alleinerben ein, *N* wurde in diesem Testament nicht mehr bedacht. Sieben Tage später starb *T*. *N* ist bereit, dem *D* das Grundstück herauszugeben, verlangt aber den Wert des Gebäudes ersetzt. Er bringt vor, er habe das Gebäude nur im Hinblick auf

---

[185] Auch der Gesetzgeber des BGB ging von einem engen Anwendungsbereich aus. Man erwog, die condictio ob rem überhaupt nicht in das BGB aufzunehmen, weil sie gegenüber dem römischen Recht ihre wesentliche Bedeutung eingebüßt habe, glaubte dann aber doch noch einen gewissen Anwendungsbereich zu sehen. Vgl. dazu die Prot. II, 1898, S. 693.

[186] Siehe auch den Fall *BGH* NJW 2004, 512/513: Steuerberater finanziert einem bei ihm beschäftigten Mitarbeiter eine Ausbildung zum Steuerberater ausschließlich im Hinblick darauf, dass dieser sich nach Erlangung der nötigen Qualifikation mit ihm in Sozietät verbindet.

das Versprechen seiner Tante errichtet, er solle das Grundstück nach ihrem Tod haben.[187]

Der *BGH* hat hier eine condictio ob rem bejaht und dem *N* einen Anspruch aus § 812 I 2, 2. Halbsatz zuerkannt.[188] Das ist im Schrifttum mit Recht auf Kritik gestoßen.[189] *N* hatte das Gebäude weder zu dem Zweck errichtet, das Vermögen seiner Tante zu mehren – es fehlte also bereits an einer Leistung – noch war der von ihm erhoffte spätere Eigentumserwerb der von ihm mit der Errichtung des Gebäudes bezweckte Erfolg.[190] Wir sehen also: es reicht für die condictio ob rem nicht aus, daß irgendein erhoffter Umstand nicht eintritt. Vielmehr muß zwischen der erbrachten Leistung und dem erhofften Erfolg eine *synallagmatische Verknüpfung* bestehen, die lediglich das Niveau einer vertraglichen Bindung nicht erreicht hat; der erhoffte Erfolg muß den Charakter einer Gegenleistung aufweisen.[191]

Fall 35 (nach BGHZ 115, 261): *A* und *B* sind verlobt. *A* ist Eigentümer eines Grundstücks, auf dem ein großzügiges Einfamilienhaus errichtet wird, in das *A* und *B* nach ihrer Eheschließung einziehen. *A* und *B* tragen beide mit Ersparnissen und Arbeitsleistungen zu dem Bauvorhaben bei; *B* wendet insgesamt 50.000 Euro auf, ihr Vater, ein gelernter Maurer, erbringt 5.200 Arbeitsstunden. Später scheitert die Ehe, *B* zieht aus dem Haus aus. Sie verlangt von *A* Ausgleich für die von ihr und ihrem Vater (der ihr seine Rechte abgetreten hat) erbrachten Aufwendungen beim Hausbau, und zwar mit der Begründung, der von ihr und ihrem Vater mit den Bauleistungen bezweckte Erfolg habe darin bestanden, daß *A* ihr nach der Eheschließung zur Hälfte Miteigentum am Haus einräumen werde.

Hier haben *B* und ihr Vater in der Tat dem *A* eine Leistung erbracht und sie mögen dies auch in der Erwartung getan haben, daß *B* Miteigentümerin des Hauses werden würde. Es reicht aber nicht aus, daß sich der Leistende einen Erfolg lediglich vorstellt und erhofft, vielmehr muß der Leistungsempfänger mit der Zwecksetzung des Leistenden (dem Eintritt des erhofften Erfolges) einverstanden sein. „Der Zweck darf einerseits nicht Gegenstand der vertraglichen Bindung oder Bedingung eines Rechtsgeschäfts sein, andererseits darf er auch nicht ein bloßer, wenn

---

[187] Zur erbrechtlichen Lage: Es handelt sich im ersten Testament um ein Vermächtnis nach §§ 1939, 2147. Das Vermächtnis begründet für den Vermächtnisnehmer das Recht, den vermachten Gegenstand vom Beschwerten (im allgemeinen dem Erben) herauszuverlangen (§ 2174). Durch die Errichtung eines späteren Testaments wird ein früheres Testament jedoch insoweit aufgehoben, als das spätere Testament mit dem früheren Testament in Widerspruch steht (§ 2258). Im zweiten Testament war N nicht mehr bedacht; damit war das Vermächtnis aus dem ersten Testament aufgehoben.

[188] Ähnlich die Entscheidung *BGH* NJW 2001, 3118.

[189] MünchKomm/*Lieb,* § 812 Rn. 199; *Medicus,* BürgR, Rn. 693; *Larenz/Canaris,* S. 154.

[190] Wegen des Wertes des Gebäudes kommt eine Verwendungskondiktion (dazu unten S. 116ff.) in Betracht, allerdings ist die Frage der aufgedrängten Bereicherung (dazu unten S. 120ff.) zu prüfen.

[191] Vgl. dazu *Larenz/Canaris,* S. 151 mit weiteren Nachweisen.

auch vom Empfänger erkannter, Beweggrund oder eine einseitige Erwartung des Leistenden geblieben sein. Notwendig und genügend ist vielmehr eine – auch stillschweigend mögliche – Einigung im Sinne der tatsächlichen Willensübereinstimmung zwischen beiden Partnern über den verfolgten Zweck."[192] Da der Leistungsempfänger durch den Rückforderungsanspruch nach § 812 I 2, 2. Halbsatz erheblich in seinen Interessen beeinträchtigt werden kann, wird also sein *Einverständnis* mit der Zwecksetzung verlangt, das schon darin liegen kann, daß der Leistungsempfänger die Zwecksetzung des Leistenden erkennt und die Leistung widerspruchslos annimmt.[193] Das Gesetz bringt diese Voraussetzung dadurch zum Ausdruck, daß es sich um einen „nach dem Inhalte des Rechtsgeschäfts bezweckten Erfolg" handeln muß. Ein solches Einverständnis hatte bei dem *Fall 35* zugrundeliegenden Sachverhalt nicht festgestellt werden können, der *BGH* hat daher zu Recht eine condictio ob rem abgelehnt. Dadurch unterscheidet sich auch *Fall 35* von *Fall 33:* Dort konnte *E* nicht davon ausgehen, daß *B* umsonst für ihn tätig werden würde, in der widerspruchslosen Hinnahme der Bauarbeiten lag sein konkludent erklärtes Einverständnis.

Der Sachverhalt wirft allerdings auch die Frage auf, ob nicht der Bestand der Ehe als ein mit der Leistung verfolgter Zweck angesehen kann. Mit dieser Frage ist ein kompliziertes und letztlich kaum lösbares Abgrenzungsproblem des Bereicherungsrechts angesprochen. Die condictio ob rem gerät hier nämlich in die Nähe zu den Grundsätzen über den *Wegfall der Geschäftsgrundlage.* In der *Fall 35* zugrundeliegenden Entscheidung hat der *BGH* auf diese Frage nicht § 812 I 2, 2. Halbsatz angewendet, sondern einen Ausgleichsanspruch wegen Wegfalls der Geschäftsgrundlage gewährt.[194] In anderen Entscheidungen hat man dagegen den Weg über eine condictio ob rem eingeschlagen.[195] Dogmatisch läßt sich die condictio ob rem von der Geschäftsgrundlage dadurch unterscheiden, daß es bei der Geschäftsgrundlage nicht einmal zum Einverständnis über die Zwecksetzung des Leistenden gekommen sein muß, sondern daß es bei einer bloßen Grundlage des Handelns geblieben sein kann. Praktisch werden sich diese Differenzierungen allerdings meist nicht feststellen lassen. Richtiger scheint es daher, den Grundsätzen über den Wegfall der Geschäftsgrundlage deswegen Vorrang einzuräumen,

---

[192] *BGH* NJW 2004, 512/513; NJW 1989, 2748/2747; NJW 1979, 646; NJW 1973, 612/613.

[193] Vgl. BGHZ 44, 321/323; 108, 256/265; 115, 261/263; *BGH* NJW 1973, 612/613; *Larenz/Canaris,* S. 151.

[194] BGHZ 115, 261/265.

[195] Vgl. beispielsweise *BGH* NJW-RR 1991, 1154; *OLG Düsseldorf* NJW-RR 1996, 517; *LG Köln* NJW-RR 1995, 136; für das Scheitern einer nichtehelichen Lebensgemeinschaft s.a. *BGH* NJW-RR 2005, 1089; *OLG Stuttgart* NJW-RR 1993, 1475; *OLG Karlsruhe* NJW-RR 1994, 948; s.a. *OLG Köln* NJW-RR 1996, 518; ferner *OLG Köln* NJW-RR 1994, 1026 (Rückforderung des nach Roma-Sitte gezahlten Brautgelds).

weil es sich um ein flexibleres und in seinen Rechtsfolgen differenziertes Abwicklungsinstrument handelt, das eine Anpassung des Rechtsverhältnisses an die veränderten Umstände erlaubt.[196] Das entspricht der oben (S. 60) getroffenen Feststellung, daß speziellere Regelungen der condictio ob rem nicht zuletzt deswegen vorgehen müssen, weil sie differenziertere Rechtsfolgen vorsehen, die der heutigen Komplexität wirtschaftlicher Beziehungen eher gerecht werden als die bloße Rückabwicklung einer Leistung.

Fall 36 (nach RGZ 169, 249): *A* übertrug sein Unternehmen auf seine Ehefrau, um es dem Zugriff seiner Gläubiger zu entziehen. Später wurde die Ehe aufgrund eines Ehebruchs der Frau geschieden. *A* verlangt von der Ehefrau Rückübertragung des Unternehmens.

Fall 36 demonstriert, daß die condictio ob rem dann keine Anwendung findet, wenn die Leistung überhaupt nicht im Hinblick auf eine Gegenleistung erbracht wurde. A hatte seiner Frau das Unternehmen übertragen, um es dem Zugriff der Gläubiger zu entziehen, nicht aber im Hinblick auf eine von ihr zu erwartende Gegenleistung. Die Aufrechterhaltung der Ehe war keine Gegenleistung im Sinne eines mit der Leistung bezweckten Erfolges, sondern bloße Geschäftsgrundlage der Übertragung. Der Fall war daher nach den Regeln des Wegfalls der Geschäftsgrundlage zu entscheiden.[197]

Daß die condictio ob rem nicht anzuwenden ist, wenn ein Anspruch auf die Gegenleistung besteht, illustriert noch einmal

Fall 37 (nach *BGH* NJW 1992, 2690): Sponsor *S* versprach dem Trainer *T* 100.000 Euro für den Fall, daß er 18 Monate lang die Mannschaft des Fußballvereins *F* trainiere. *T* sagte zu und schloß mit dem Fußballverein einen entsprechenden Vertrag. Nach 9 Monaten kam es aus nicht mehr aufklärbaren Ursachen zu einem Zerwürfnis zwischen *T* und dem Fußballverein, das zu einer Beendigung der Trainertätigkeit führte. *S* verlangt von *T* unter Berufung auf § 812 I 2, 2. Halbsatz 50.000 Euro als Anteil für die restlichen 9 Monate zurück.

Wie der *BGH* in der *Fall 37* zugrundeliegenden Entscheidung zu Recht feststellt, bestand zwischen *S* und *T* ein Vertrag, durch den *S* sich zur Zahlung der vereinbarten Summe, *T* zur Tätigkeit für den Fußballverein für einen Zeitraum von 18 Monaten verpflichtet hatte. *S* hatte also einen rechtlich erzwingbaren Anspruch auf eine 18-monatige Tätigkeit des Trainers. Dieser Anspruch war von *T* nicht erfüllt worden. Die Rechtsfolgen der Nichterfüllung vertraglicher Pflichten bestimmen sich, soweit es sich um die Gegenleistung (hier: die von *S* gezahlte Summe) handelt, nach §§ 280ff., 326 (seinerzeit §§ 323ff. a.F.). Auch insoweit gilt also die obige Feststellung, daß spezielle Regelungen der condictio ob rem vor-

---

[196] Vgl. dazu insb. MünchKomm/*Lieb,* § 812 Rn. 204; *Larenz/Canaris,* S. 153; *Reuter/Martinek,* S. 161 ff; *Esser/Weyers,* S. 67, alle mit weiteren Nachweisen.

[197] So das RG in seiner Entscheidung RGZ 169, 249/253; vgl. dazu auch *v. Caemmerer,* S. 345 Fußn. 45; MünchKomm/*Lieb,* § 812 Rn. 216.

gehen.[198] Das gilt besonders für die Unmöglichkeitsfolgen bei gegenseitigen Verträgen.[199]

Schwierigkeiten können dabei Verträge bereiten, bei denen eine Leistung nicht nur im Hinblick auf die Gegenleistung, sondern auch im Hinblick auf einen darüber hinaus gehenden Erfolg erbracht wird. Als Beispiel wird meist folgender Fall angeführt:

Fall 38: X leistet dem *Y* jahrelang Dienste gegen ein geringes Entgelt in der dem *Y* bekannten Erwartung, von ihm zum Erben eingesetzt zu werden. Die Erbeinsetzung bleibt dann aber aus.

Das Problem dieses Falles liegt darin, daß hier zwar eine rechtlich erzwingbare Gegenleistung (das geringe Entgelt) besteht, der Leistungszweck aber nur zum geringen Teil auf diese Gegenleistung und ganz überwiegend auf einen rechtlich nicht erzwingbaren Erfolg gerichtet war.[200] Bereicherungsrechtlich lassen sich diese Fälle über die condictio ob rem so lösen, daß man zwischen dem Teil der Dienstleistungen, die der Vergütung entsprechen und demjenigen Teil, der im Hinblick auf die Erbeinsetzung erfolgte, trennt. Der erstgenannte Teil wurde im Hinblick auf eine erzwingbare, der zweite im Hinblick auf eine nicht erzwingbare Gegenleistung erbracht. Nur für den zweiten Teil ist die condictio ob rem gegeben, während für den ersten Teil angesichts der gezahlten Vergütung ein Behaltensrecht besteht.[201] Die Rechtsprechung, insbesondere das *BAG,* wendet allerdings auf solche Fälle nicht die condictio ob rem, sondern die Grundsätze des faktischen Vertrages an.[202] Das ermöglicht sicherlich eine differenziertere Lösung unter Berücksichtigung arbeits- und familienrechtlicher Gesichtspunkte. Dieser Weg ist allerdings dogmatisch nicht unbedenklich.[203]

Um zu zeigen, worin sich die condictio ob rem von der condictio indebiti unterscheidet, kommen wir noch einmal auf *Fall 33* zurück. Wie sich auch aus dem Ausnahmetatbestand des § 814[204] ergibt, geht bei der condictio indebiti der Leistende irrtümlich davon aus, daß für seine Leistung ein Rechtsgrund besteht (für den Fall des Fehlens eines solchen Irrtums wird nämlich der Rückforderungsanspruch ausgeschlossen). Bei der condictio ob rem befindet sich der Leistende dagegen nicht in einem

---

[198] Vgl. oben S. 60.

[199] Instruktiv auch BGHZ 111, 125.

[200] Weiteres Beispiel: *BGH* NJW-RR 1991, 1269.

[201] So etwa *Medicus,* BürgR, Rn. 692; MünchKomm/*Lieb,* § 812 Rn. 210; Staudinger/*Lorenz,* § 812 Rn. 106f.

[202] *BAG* NJW 1963, 2188; NJW 1970, 1701; NJW 1986, 2133; NJW 1993, 484. Der *BGH* hat sich dem in einigen Fällen angeschlossen, vgl. BGHZ 41, 282/288; 53, 152/158; NJW 1965, 1224; s.a. *BGH* NJW 1991, 1727, 1729.

[203] Vgl. MünchKomm/*Lieb,* § 812 Rn. 208; dies wird auch von Befürwortern dieser Ansicht im Schrifttum eingeräumt, vgl. *Reuter/Martinek,* S. 168.

[204] Zu § 814 unten S. 67.

Irrtum: *B* wußte, daß er – zunächst – ohne einen rechtlich erzwingbaren Anspruch auf eine Gegenleistung leistete.

Schließlich ein letzter Fall zur condictio ob rem:

Fall 39 (nach *BGH* NJW 1984, 233): *A* und *B* erben als Miterben das elterliche Einfamilienhaus. *A* ist bereit, dem *B* seinen Anteil zu schenken; das Haus wird daraufhin an *B* unter Übernahme der darauf lastenden Grundschulden übereignet. *A* und *B* gehen beide davon aus, daß *B* das Haus selbst bewohnen wird und daß es somit nicht in fremde Hände kommt. Nach einem Jahr zieht *B* aus und vermietet das Haus an Dritte. *A* verlangt daraufhin seinen Hausanteil von *B* zurück.

Nach den näheren Umständen des Falles war hier eine sog. Zweckschenkung anzunehmen, bei der der Zweck, zu dem die Schenkung erfolgt, nicht die Form einer rechtlich erzwingbaren Gegenleistung oder Auflage annimmt, andererseits aber auch nicht bloßes Motiv geblieben ist.[205] Die rechtliche Behandlung der Zweckschenkungsfälle ist sehr umstritten. Teils will man die condictio ob rem anwenden,[206] teils die Grundsätze über den Wegfall der Geschäftsgrundlage.[207] Folgt man der oben dargelegten These, daß der Anwendungsbereich der condictio ob rem auf die Fälle der rechtlich nicht erzwingbaren Gegenleistung zu beschränken ist, so ist es nur konsequent, in *Fall 36* eine condictio ob rem abzulehnen und den Weg über den Wegfall der Geschäftsgrundlage zu gehen. Denn *A* und *B* sind lediglich davon ausgegangen, daß *B* das Haus selbst bewohnen werde, haben diese Vorstellung aber nicht in den Rang einer Gegenleistung erhoben.

dd) Die condictio ob turpem vel iniustam causam – § 817 S. 1

Fall 40: Student *S*, der während der Examensklausuren wegen (tatsächlicher) Krankheit „aussteigen“ möchte, läßt sich von Amtsarzt *A* untersuchen und seine Erkrankung bestätigen. Nach erfolgreichem Bestehen des Examens „beim nächsten Anlauf“ übersendet er dem *A* eine Kiste Wein.

§ 817 S. 1 enthält einen speziellen Tatbestand der Leistungskondiktion, bei der der Grund für die Rückübertragung der Leistung im Gegensatz zu den anderen Leistungskondiktionen nicht darin liegt, daß der von den Parteien in Aussicht genommene Leistungszweck verfehlt wurde, sondern darin, daß der Leistungszweck von der Rechtsordnung mißbilligt wird und der Leistungsempfänger die Leistung deswegen nicht behalten soll. Die Aufnahme dieses Tatbestandes in das BGB ist vor allem historisch aus der Anknüpfung an die Kondiktionstatbestände des römischen

---

205 Dazu im einzelnen die Besprechung von *K. Schmidt,* JuS 1984, 146 Nr. 5.

206 *BGH* NJW 1984, 233; *BGH* FamRZ 1994, 503f.; *OLG Köln* NJW 1994, 1540/1541; *OLG Hamm* FamRZ 1990, 1232/1233; Staudinger/*Cremer,* § 525 Rn. 12; Palandt/*Putzo,* § 525 Rn. 11.

207 So etwa *OLG Oldenburg* NJW 1994, 1539; NJW 1992, 1461; MünchKomm/*Kollhosser,* § 525 Rn. 4; Staudinger/*Lorenz,* § 812 Rn. 109; *Larenz/Canaris,* S. 153f.; *Reuter/Martinek,* S. 154f.; gegen eine Anwendung der condictio ob rem auch MünchKomm/*Lieb,* § 812 Rn. 213.

und gemeinen Rechts zu erklären.[208] Größere Bedeutung kommt ihm heute nicht mehr zu, und zwar deswegen, weil in den meisten Fällen eines Gesetzes- oder Sittenverstoßes bereits das schuldrechtliche Kausalgeschäft nichtig ist, so daß die condictio indebiti eingreift. Ein Anwendungsbereich für § 817 S. 1 verbleibt vornehmlich in drei Situationen:

(1) Das schuldrechtliche Kausalgeschäft ist wirksam, weil der Gesetzes- oder Sittenverstoß lediglich durch den Leistungsempfänger noch nicht zur Nichtigkeit nach § 134 bzw. § 138 führt. Diese Situation liegt nach der überwiegenden Meinung in *Fall 40* vor (vgl. näher unten); ebenso kann sie dann gegeben sein, wenn den Leistenden kein Vorwurf trifft, z.B. bei der Schutzgelderpressung.[209]

(2) Die condictio indebiti ist durch § 814 ausgeschlossen, weil der Leistende wußte, daß er zur Leistung nicht verpflichtet war.[210]

(3) Der Leistende hat einen Zweck im Sinne von § 812 I 2, 2. Halbsatz verfolgt, der Erfolg ist aber eingetreten oder aber es liegt einer der Ausschlußgründe des § 815 vor.[211]

Fall 40 demonstriert das Standardbeispiel für § 817 S. 1, nämlich den Fall des § 331 StGB. Bei den dieser Vorschrift unterfallenden Sachverhalten geht die überwiegende Meinung davon aus, daß das Kausalgeschäft wirksam ist.[212] Folgt man dem, so scheiden die Kondiktionstatbestände des § 812 aus, weil der in der Übersendung und Annahme des Weines liegende Schenkungsvertrag[213] zwischen *S* und *A* wirksam ist und der von den Parteien verfolgte Leistungszweck erreicht wurde. Möglich bleibt dann nur eine Kondiktion nach § 817 S. 1. Geht man dagegen davon aus, daß in den Fällen des § 331 StGB auch das Kausalgeschäft nichtig ist,[214] so scheidet die condictio indebiti im Hinblick auf § 814 aus, weil *A* gewußt hat, daß er zur Leistung nicht verpflichtet war. Auch in diesem Fall kann eine Rückforderung – so jedenfalls die herrschende Meinung – nur nach § 817 S. 1 erfolgen.[215]

---

[208] Vgl. oben S. 4; näher *Reuter/Martinek,* S. 175f.; s.a. *Seiler,* Festschr. Felgentraeger, 1969, S. 379ff.

[209] Vgl. *Medicus,* BürgR, Rn. 694.

[210] Zu § 814 näher unten S. 67ff.

[211] Zu § 815 näher unten S. 69f.

[212] RGRK/*Heimann-Trosien,* § 817 Rn. 5; *Esser/Weyers,* S. 69; *Koppensteiner/Kramer,* S. 61; Palandt/*Heinrichs,* § 134 Rn. 20; a.A. *Larenz/Canaris,* S. 158; Zweifel an der Wirksamkeit des Kausalgeschäfts: Erman/*Westermann,* § 817 Rn. 6.

[213] Dabei handelt es sich nicht um das Schenkungsversprechen nach § 518, sondern um die in der Handschenkung enthaltene Rechtsgrundabrede, vgl. dazu MünchKomm/*Kollhosser,* § 516 Rn. 11.

[214] Wofür manches spricht. Es ist schwer einzusehen, daß eine Schenkung an einen Beamten, deren Annahme auf dessen Seite einen Straftatbestand erfüllt, den guten Sitten entsprechen soll, vgl. dazu *Larenz/Canaris,* S. 158; MünchKomm/*Lieb,* § 817 Rn. 4; *Medicus,* SchR II, Rn. 645.

[215] Staudinger/*Lorenz,* § 817 Rn. 9; RGRK/*Heimann-Trosien,* § 817 Rn. 5; *Medicus,* SchR II, Rn. 645; *Koppensteiner/Kramer,* S. 61; a.A. MünchKomm/*Lieb,* § 817 Rn. 7; Erman/*Westermann,* § 812 Rn. 6; *Reuter/Martinek,* S. 180f.

II. Der Ausschluß der Leistungskondiktion

Fall 41: Die Kundenkreditbank *K* gewährt *A* einen Kredit in Höhe von 50.000 Euro für 18 Monate zu einem effektiven Jahreszins von 30%. Zum Fälligkeitszeitpunkt verweigert *A* die Rückzahlung mit dem Hinweis, der Vertrag sei wegen Wuchers nichtig und er dürfte das Geld behalten.

Da das Kausalgeschäft (der schuldrechtliche Darlehensvertrag) angesichts des überhöhten Zinssatzes[216] in der Tat nach § 138 II BGB nichtig ist und somit ein Rechtsgrund für die Auszahlung des Darlehens von Anfang an nicht vorgelegen hat, kommt hier eine Rückforderung nach den Grundsätzen der condictio indebiti (§ 812 I 1) in Betracht. Die Frage ist nur, ob der Rückforderung einer der bereicherungsrechtlichen Ausschlußtatbestände entgegensteht.

Bei der Leistungskondiktion gibt es drei Ausschlußtatbestände: § 814, der sich lediglich auf die condictio indebiti bezieht, § 815, der lediglich die condictio ob rem (§ 812 I 2, 2. Halbsatz) betrifft und § 817 S. 2, der auf alle Tatbestände der Leistungskondiktion Anwendung finden kann.

1. Der Ausschlußtatbestand des § 814

Nach § 814 ist die condictio indebiti in zwei Fällen ausgeschlossen: einmal, wenn der Leistende zum Zeitpunkt der Leistung wußte, daß er zur Leistung nicht verpflichtet war (d.h. das Fehlen des rechtlichen Grundes kannte), zum anderen, wenn die Leistung einer sittlichen Pflicht oder einer auf den Anstand zu nehmenden Rücksicht entsprach.

In der ersten Alternative des § 814 beruht der Ausschluß der Kondiktion auf der Unzulässigkeit widersprüchlichen Verhaltens.[217] Wer aus freien Stücken leistet, obwohl er weiß, daß er dazu nicht verpflichtet ist, soll sich zu diesem Verhalten nicht dadurch in Widerspruch setzen, daß er seine Leistung zurückfordert. Daraus folgt aber auch, daß *positive Kenntnis* vom Fehlen der Verpflichtung erforderlich ist. Bloße Zweifel an der Verpflichtung zur Leistung begründen den Kondiktionsausschluß nicht.[218] Auch die bloße Kenntnis der Tatumstände, aus denen sich das Nichtbestehen einer Leistungspflicht ergibt, reicht nicht aus, der Leistende muß auch die Rechtslage kennen, also wissen, daß eine rechtliche Verpflichtung zur Leistung nicht besteht.[219] Jeder Rechts- oder Tatsa-

---

[216] Man geht heute davon aus, daß die Wuchergrenze etwa beim Doppelten des Marktzinses erreicht wird, vgl. *BGH* NJW-RR 1989, 1068; Palandt/*Heinrichs,* § 138 Rn. 67 m. weit. Nachw.

[217] BGHZ 113, 98/105; BGHZ 73, 202/205; *BGH* NJW 1997, 2381/2382; *BGH* NJW 1999, 1024/1026; MünchKomm/*Lieb,* § 814 Rn. 2.

[218] *BGH* WM 1973, 294.

[219] Ständige Rechtsprechung; vgl. etwa BGHZ 113, 62/70, aus neuerer Zeit etwa *BGH* NJW 1997, 2381/2382; *BGH* NJW 2002, 3772/3773; *BGH* NJW-RR 2004,

chenirrtum schließt die Anwendung von § 814 aus. In Anfechtungsfällen ist allerdings zu beachten, daß nach § 142 II die Kenntnis der Anfechtbarkeit ausreicht, wenn die Anfechtung später erfolgt.[220] Bei einer Leistung durch Vertreter kommt es auf deren Kenntnis an.[221]

Da man im *Fall 41* nicht davon ausgehen kann, daß die Kundenkreditbank *K* positive Kenntnis von der Nichtigkeit des Darlehensvertrages hatte (sonst hätte sie wohl nicht diesen Zinssatz verlangt bzw. das Darlehen nicht ausgezahlt), steht § 814 der condictio indebiti nicht entgegen.

Fall 42 (nach *OLG Karlsruhe* NJW 2005, 1553): *A* versichert bei dem Versicherungsunternehmen *B* Maschinen, die in Wirklichkeit gar nicht existieren, um im Rahmen eines geplanten Betrugs gegenüber Dritten deren Existenz vorzutäuschen. Nach Aufdeckung des Sachverhalts verlangt *A* von *B* die gezahlten Prämien zurück. *B* verweigert dies und beruft sich auf § 814 BGB.

Zunächst kommt es darauf an, ob *A* zur Zahlung nicht verpflichtet war, also ohne Rechtsgrund geleistet hat. Nach § 68 I 1. Halbs. VVG ist der Versicherungsnehmer von der Verpflichtung zur Zahlung der Prämie frei, wenn das versicherte Interesse bei dem Beginn der Versicherung nicht besteht.[222] Bereits gezahlte Prämien können grundsätzlich nach § 812 I 1 zurückgefordert werden. Damit stellt sich die Frage, ob *A* wußte, daß er zur Leistung (Zahlung der Prämie) nicht verpflichtet war. Zwar reicht nach dem oben Gesagten die bloße Kenntnis der Tatumstände, aus denen sich das Nichtbestehen einer Leistungspflicht ergibt, nicht aus, der Leistende muß auch die Rechtslage kennen. Dafür sind allerdings präzise juristische Kenntnisse nicht erforderlich; es genügt, wenn sich die Kenntnis aus einer „Parallelwertung in der Laiensphäre" ergibt.[223] Davon ist hier auszugehen, die Erkenntnis, daß für nicht existierende Gegenstände keine Versicherungsprämien zu zahlen sind, muß sich einem redlich Denkenden aufdrängen. Die Situation ist ähnlich wie im Fall des § 819 I.[224]

Fall 43 (nach *BGH* NJW 1976, 237): Im Rahmen ihres Scheidungsverfahrens vereinbaren *A* und *B*, daß *B* dem *A* ihren Miteigentumsanteil am gemeinsamen Haus gegen Zahlung von 150.000 Euro überträgt. Um Notarkosten zu sparen, wird die Vereinbarung in gegenseitigem Einvernehmen nicht beurkundet. *A* zahlt an *B* 150.000 Euro, diese weigert sich aber, den Miteigentumsanteil zu übertragen, weil die Vereinbarung im Hinblick auf § 311 b I nichtig sei. *A* fordert die 150.000 Euro als ungerechtfertigte Bereicherung zurück. *B* hält dem entgegen, *A* habe als Rechtsanwalt genau gewußt, daß die Vereinbarung nichtig gewesen sei; einer Rückforderung stehe § 814 entgegen.

892/894; *BGH* NJW-RR 2005, 1464/1466; *BAG* NJW 2005, 3082 = NZA 2005, 814; MünchKomm/*Lieb*, § 814 Rn. 10.

[220] MünchKomm/*Lieb*, § 812 Rn. 13.

[221] BGHZ 73, 202/204f.; *BGH* NJW 1999, 1024/1025; *OLG Hamm* WM 1996, 1928.

[222] Der Versicherer kann in diesem Fall eine angemessene Geschäftsgebühr verlangen, § 68 I 2. Halbs. VVG.

[223] MünchKomm/*Lieb*, § 812 Rn. 10.

[224] Vgl. dazu unten S. 160ff.

A gibt dies zu, weist aber darauf hin, er habe deswegen gezahlt, weil er davon ausgegangen sei, daß *B* sich an die Vereinbarung halten werde.

Nach dem bisher Gesagten müßten wir eigentlich davon ausgehen, daß angesichts der positiven Kenntnis des *A* vom Nichtbestehen einer Zahlungsverpflichtung eine Rückforderung nach § 814 in der Tat ausgeschlossen ist. Davon macht man aber dann eine Ausnahme, wenn der Leistende trotz Kenntnis des Fehlens seiner Leistungspflicht in der (fehlgeschlagenen) Erwartung geleistet hat, der Vertrag werde trotz seiner Nichtigkeit durchgeführt werden.[225] Das läßt sich damit begründen, daß sich in diesem Fall der Leistende mit der Rückforderung zu seinem früheren Verhalten nicht in Widerspruch setzt, die ratio legis des § 814[226] also hier nicht greift. Jedenfalls kann man aber einen Rückforderungsanspruch des *A* mit der condictio ob rem begründen: *A* hat seine Leistung in der von *B* erkannten und von ihr akzeptierten Erwartung der Gegenleistung (Übertragung des Miteigentumsanteils) erbracht.[227] § 814 bezieht sich nur auf die condictio indebiti, nicht auf die condictio ob rem (vgl. oben S. 67).

Auch in einer zweiten Situation kann § 814 trotz Kenntnis der Nichtschuld unanwendbar sein, nämlich dann, wenn der Leistende unter Druck oder Zwang zahlt.[228]

Die zweite Alternative des § 814 findet nur dann Anwendung, wenn der Leistende keine Kenntnis vom Fehlen des Rechtsgrundes hatte, also irrtümlich eine Rechtspflicht zur Leistung annahm.[229] Wenn in diesem Fall die Leistung gleichwohl der sittlichen Pflicht oder einer auf den Anstand zu nehmenden Rücksicht entsprach, soll sie nicht zurückgefordert werden können. Das Standardbeispiel bildet die Zahlung von Unterhalt an nahe Verwandte, denen gegenüber keine Unterhaltspflicht besteht, wobei der Leistende aber irrig vom Bestehen einer Unterhaltspflicht ausgeht. Die Vorschrift hat in neuerer Zeit stark an Bedeutung verloren.

2. Der Ausschlußtatbestand des § 815

§ 815 bezieht sich ausschließlich auf die Fälle der condictio ob rem und ist auf andere Tatbestände der Leistungskondiktion nicht anwendbar. In seiner ersten Alternative verfolgt er dasselbe Ziel wie die erste Alternative des § 814: bei positiver Kenntnis, daß der bezweckte Erfolg gar nicht eintreten konnte, würde eine Rückforderung der Leistung ein widersprüchliches Verhalten darstellen und soll durch die Rechtsordnung

---

225 BGHZ 73, 202/205 f.; *BGH* NJW 1976, 237/238; NJW 1999, 2892/2893; Palandt/*Sprau,* § 814 Rn. 6; Staudinger/*Lorenz,* § 814 Rn. 8.

226 Vgl. oben S. 67.

227 Vgl. oben S. 62.

228 *BGH* NJW 1995, 3052/3054.

229 Wußte er, daß er zur Leistung nicht verpflichtet war, so greift bereits die erste Alternative des § 814 ein.

nicht ermöglicht werden. In seiner zweiten Alternative ist § 815 eine Ausformung des allgemeinen Rechtsgedankens, daß es Treu und Glauben widersprechen würde, sich auf das Ausbleiben eines Erfolges zu berufen, dessen Eintritt man treuwidrig verhindert hat.[230]

In *Fall 41* kann § 815 schon deswegen keine Anwendung finden, weil es sich um eine condictio indebiti und nicht um eine condictio ob rem handelt.

3. Der Ausschlußtatbestand des § 817 S. 2

Dagegen stellt sich die Frage, ob der Kondiktionsanspruch der *K* in *Fall 41* durch § 817 S. 2 ausgeschlossen wird, ebenso stellt sich in *Fall 42* die Frage der Anwendbarkeit des § 817 S. 2. Im Gegensatz zu den §§ 814, 815 wirft diese Vorschrift eine Reihe von Auslegungsproblemen auf. Schon „Sinn und Zweck dieses Kondiktionsausschlusses sind dunkel";[231] selbst der *BGH* hält die Vorschrift für rechtspolitisch problematisch.[232] Während man früher überwiegend von einer „Strafe für die Betätigung verwerflicher Gesinnung"[233] ausging, nimmt man heute überwiegend an, daß staatlicher Rechtsschutz nicht für die Durchsetzung von der Rechtsordnung mißbilligter Geschäfte zur Verfügung stehen soll.[234]

Fragt man, ob die *Fälle 41* und *42* überhaupt in den Anwendungsbereich des § 817 S. 2 fallen, so scheinen in zweifacher Hinsicht Bedenken zu bestehen. Zum einen müßte man nach der systematischen Stellung des § 817 S. 2 davon ausgehen, daß die Vorschrift sich lediglich auf den Kondiktionstatbestand des § 817 S. 1 bezieht; bei *den Fällen 41* und *42* geht es aber um eine condictio indebiti (§ 812 I 1). Zum anderen muß nach dem Wortlaut des § 817 S. 2 der Gesetzes- oder Sittenverstoß beiden Seiten zur Last fallen („gleichfalls"); in *Fall 41* ist jedoch nur der *K*,

---

[230] S. zur zweiten Alternative des § 815 auch *BGH* NJW 1999, 2892.

[231] MünchKomm/*Lieb,* § 817 Rn. 9; *Reuter/Martinek,* S. 199, sprechen von einer „Rätselnorm".

[232] *BGH* NJW 1990, 2542/2543; NJW 1964, 1791/1792; s.a. *BGH* NJW 1975, 639/640.

[233] Vgl. z.B. RGZ 105, 270/271. Zur Kritik dieser Auffassung s.a. *Canaris,* in: Festschr. f. Steindorff, 1990, S. 519/523.

[234] BGHZ 9, 333/336; 28, 164/169; 35, 103/107; 36, 395/399f.; 44, 1/6; *BGH* NJW-RR 1993, 1457/1459; *BGH* NJW 1993, 1765/1768; BGHZ 118, 182/193; *BGH* NJW 1997, 2381/2383; *OLG Karlsruhe* VersR 1991, 476/477; *OLG Oldenburg* NJW 1991, 2216/2217; *OLG Köln* NJW 1994, 1540/1542; *OLG Celle* NJW 1996, 2260/2261; im Schrifttum etwa Palandt/*Sprau,* § 817 Rn. 11; MünchKomm/*Lieb,* § 817 Rn. 9; Soergel/*Mühl,* § 817 Rn. 11; Palandt/*Sprau* § 817 Rn. 11; *Esser/Weyers,* S. 70; *Schlechtriem,* Rn. 740; *Medicus,* SchR II, Rn. 665; *Brox/Walker,* S. 471, Rn. 44; Bamberger/Roth/*Wendehorst,* § 812 Rn. 2. Eingehend dazu *Reuter/Martinek,* S. 199ff. mit zahlreichen Nachweisen. *Canaris* betont demgegenüber den Gedanken der Generalprävention, vgl. *Larenz/Canaris,* S. 162f. sowie in: Festschr. f. Steindorff, 1990, S. 519/523ff.

nicht dagegen *A* ein solcher Verstoß anzulasten, in *Fall 42* nur dem *A*, nicht aber dem Versicherungsunternehmen *B*.

Bei beiden Punkten ist man sich heute darüber einig, daß die wenig gelungene Formulierung des § 817 der Korrektur im Wege der Auslegung bedarf. Zum einen: Erblickt man den Sinn und Zweck des § 817 S. 2 in einer Rechtsschutzverweigerung bei gesetzes- oder sittenwidrigem Handeln des Leistenden,[235] so ist nicht einzusehen, warum dies nur für § 817 S. 1 gelten soll. Die heute ganz herrschende Meinung erweitert daher den Anwendungsbereich des § 817 S. 2 auf alle Fälle der Leistungskondiktion.[236] Zum anderen: Wollte man mit dem Wortlaut des § 817 S. 2 diese Vorschrift nur auf Fälle anwenden, in denen der Verstoß beiden Seiten zur Last fällt, so würde dies zu erheblichen Ungereimtheiten führen. Man käme nämlich zu dem Ergebnis, daß bei Leistungen, bei denen nur dem Leistenden (und nicht dem Leistungsempfänger) ein Sittenverstoß (bzw. ein Verstoß gegen ein gesetzliches Verbot) zur Last fällt, der Leistungsempfänger das Empfangene herauszugeben hätte (§ 817 S. 2 wäre nach seinem Wortlaut nicht anzuwenden, da dem Leistungsempfänger nicht „gleichfalls" ein Verstoß zur Last fällt, damit wäre dieser einem Kondiktionsanspruch nach § 812 ausgesetzt). Verhalten sich dagegen sowohl der Leistende als auch der Leistungsempfänger gesetzes- oder sittenwidrig, so wäre § 817 S. 2 anzuwenden mit der Folge, daß der Leistungsempfänger die Leistung behalten darf. Natürlich kann es nicht sein, daß der gesetzes- oder sittenwidrig handelnde Empfänger das Empfangene behalten darf, während der korrekt handelnde Empfänger es herauszugeben hat. § 817 S. 2 wird daher nicht nur auf beiderseitige, sondern auch auf einseitige Gesetzes- oder Sittenverstöße auf Seiten des Leistenden angewendet.[237]

---

[235] Nachweise in Fußn. 234.

[236] RGZ 151, 70/72; 161, 52/55; BGHZ 44, 1/6; 50, 90/91; *BGH* NJW-RR 1993, 1457/1458; *OLG Karlsruhe* NJW 2005, 1553/1554; Staudinger/*Lorenz*, § 817 Rn. 10; Palandt/*Sprau*, § 817 Rn. 12; Jauernig/*Stadtler*, § 817 Rn. 13; *Esser/Weyers*, S. 70; *Medicus*, BürgR, Rn. 696; *Fikentscher*, Rn. 1113; *Brox/Walker*, S. 472, Rn. 45; Bamberger/Roth/*Wendehorst*, § 812 Rn. 11; *Koppensteiner/Kramer*, S. 61 f.; eingehend zu diesen Fragen MünchKomm/*Lieb*, § 817 Rn. 10 ff.; *Reuter/Martinek*, S. 199 ff.; *Larenz/Canaris*, S. 162 erweitern den Anwendungsbereich des § 817 S. 2 nur auf § 812 I 1 1. Alt. Umstritten ist hingegen, ob § 817 S. 2 auf Tatbestände außerhalb des Bereicherungsrechts angewendet werden kann. Von der Rechtsprechung wird dies verneint, vgl. etwa *BGH* NJW 1992, 310; NJW 1975, 638/640; s. a. *BGH* NJW 1966, 730; eingehende Darstellung bei MünchKomm/*Lieb*, § 812 Rn. 26 ff. Instruktiv zu dieser Frage die Entscheidungen des *OLG Koblenz* und des *OLG Stuttgart* in NJW 1996, 665 und die Besprechung von *K. Schmidt*, JuS 1996, 556; eingehend *Michalski*, Jura 1994, 113 und 232.

[237] RGZ 161, 52/55; BGHZ 50, 90/91; NJW-RR 1993, 1457/1458; Palandt/*Sprau*, § 817 Rn. 12; Jauernig/*Stadler*, § 817 Anm. 13; Soergel/*Mühl*, § 817 Rn. 10, 13; Staudinger/*Lorenz*, § 817 Rn. 3; *Medicus*, SchR II, Rn. 660; *Fikentscher*, Rn. 1115; *Brox/Walker*, S. 471, Rn. 45; Bamberger/Roth/*Wendehorst*, § 812 Rn. 11; *Koppensteiner/Kramer*, S. 62.

Damit ergibt sich folgendes Bild:

(1) Nur der Leistende handelt gesetzes- oder sittenwidrig: Der Empfänger darf das Empfangene nach § 817 S. 2 behalten (extensive Auslegung des § 817 S. 2).
(2) Nur der Empfänger handelt sittenwidrig: Der Empfänger muß das Empfangene nach § 817 S. 1 herausgeben.
(3) Leistender und Empfänger handeln sittenwidrig: Der Empfänger darf das Empfangene nach § 817 S. 2 behalten.

Danach wird also in *Fall 41* und *Fall 42* der Kondiktionsanspruch der *K* gegen *A* bzw. des *A* gegen *B* durch § 817 S. 2 ausgeschlossen.[238] *K* bzw. *A* können das Geleistete nicht zurückfordern. Bedeutet dies in *Fall 41* nun, daß *A* das gesamte Darlehen behalten darf? Das hatte das *RG* in der Tat ursprünglich angenommen.[239] Die Unhaltbarkeit dieser Rechtsprechung wurde allerdings bald erkannt und läßt sich auch dogmatisch ohne weiteres belegen: Ausgeschlossen wird durch § 817 S. 2 nur die Rückforderung des Geleisteten. Leistungsgegenstand ist aber nach dem Darlehensvertrag – wie bei allen Verträgen, die auf eine Überlassung auf Zeit gerichtet sind – nicht die überlassene Sache selbst, sondern ihre zeitlich begrenzte Nutzung. Nur diese kann daher nicht zurückgefordert werden, während der zur zeitlich begrenzten Nutzung überlassene Gegenstand sehr wohl zurückzugeben ist. Daher darf *A* das ihm von *K* gewährte Darlehen für die vereinbarte Zeit behalten, ohne den wucherischen Zinssatz zahlen zu müssen. Zum Rückzahlungstermin muß er dann aber die Darlehenssumme der K zurückerstatten. Insoweit ist man sich heute im wesentlichen einig.[240] Umstritten ist aber dabei, ob in solchen Fällen der Leistungsempfänger wenigstens einen angemessenen Zinssatz zu zahlen hat.[241] Dagegen spricht freilich, daß der Leistungs-

---

[238] Zwar muß dem Leistenden (hier also *K* bzw. *A*) der Verstoß gegen das gesetzliche Verbot bzw. die Sittenwidrigkeit seines Handelns bewußt gewesen sein; die Rechtsprechung setzt aber ein leichtfertiges Handeln dem vorsätzlichen Tun gleich, vgl. *BGH* NJW 1983, 1420/1423; NJW 1989, 3217; NJW 1993, 2108; NJW 1997, 2314/2315; NJW 2005, 1491/1492; *OLG Oldenburg* NJW 1991, 2216/2217; *OLG Celle* NJW 1996, 2660; s.a. *Willingmann,* NJW 1997, 2932/2933f. Ein leichtfertiges Handeln ist bei *K* bzw. *A* anzunehmen.

[239] RGZ 151, 70. Dazu näher *Reuter/Martinek,* S. 215ff.

[240] RGZ 161, 52/57f.; *BGH* NJW 1962, 1148; NJW 1963, 1870; NJW 1983, 1420/1422; NJW 1989, 3217; NJW 1993, 2108; NJW 1995, 1152/1153; NJW 1999, 1636; *OLG Nürnberg* NJW-RR 1989, 1137; Staudinger/*Lorenz,* § 817 Rn. 12; MünchKomm/*Lieb,* § 817 Rn. 16; Palandt/*Sprau,* § 817 Rn. 21; Jauernig/*Stadler,* § 817 Rn. 15; *Esser/Weyers,* S. 72; *Medicus,* BürgR, Rn. 699; *Fikentscher,* Rn. 1116; *Reuter/Martinek,* S. 216f.; *Koppensteiner/Kramer,* S. 65; *K. Schmidt,* JuS 1995, 347. Strittig ist freilich, ob Gebrauchsüberlassungsverträge über Sachen ebenso zu behandeln sind, weil auf sie §§ 985ff. Anwendung finden und sich damit die Frage der Konkurrenz von §§ 812ff. und §§ 985ff. stellt. Vgl. dazu näher MünchKomm/*Lieb,* § 817 Rn. 22; *Medicus,* in: Gedächtnisschr. f. Dietz, 1973, S. 61/70.

[241] So vor allem *Reuter/Martinek,* S. 218ff.; *Medicus,* BürgR, Rn. 700; *ders.,* in: Gedächtnisschr. f. Dietz, 1973, S. 61ff.; Soergel/*Mühl,* § 817 Rn. 27; *Koppenstei-*

empfänger (Wucherer) dann risikolos arbeiten könnte, weil er den üblichen Zinssatz ohnehin erhalten würde.[242]

Fall 44 (nach BGHZ 41, 341): *P* pachtet von *V* ein Haus, das in gegenseitigem Einverständnis als Bordell genutzt werden soll. Nach einiger Zeit, vor Ablauf der Pachtdauer, möchte *V* das Haus zurückhaben. Er stellt sich auf den Standpunkt, der Pachtvertrag sei wegen Sittenwidrigkeit nichtig und verlangt von *P* Räumung des Grundstücks.

Geht man mit der *BGH*-Entscheidung davon aus, daß ein Bordellpachtvertrag nach § 138 nichtig ist,[243] so ergibt sich aus § 817 S. 1 ein Kondiktionsanspruch des *V*, der aber durch § 817 S. 2 an sich ausgeschlossen ist, weil der Sittenverstoß beiden Parteien zur Last fällt. Die Leistung des *V* liegt in der Überlassung des Hauses für die Dauer der Pachtzeit. Der Kondiktionsausschluß nach § 817 S. 2 würde also bedeuten, daß *V* dem *P* das Haus für die Pachtdauer überlassen müßte, während er seinerseits den vereinbarten Pachtzins nicht verlangen kann, weil der Pachtvertrag nichtig ist. Hier tritt der *BGH* in eine Abwägung der Regelungszwecke des § 138 und des § 817 S. 2 ein. § 138 wolle eine Legalisierung des sittenwidrigen Zustandes gerade verhindern. Diese träte aber ein, wenn dem Pächter die Möglichkeit gegeben würde, unter Berufung auf die Rechtsordnung (§ 817 S. 2) die Herausgabe des als Bordell genutzten Hauses zu verweigern und dieses für die sittenwidrigen Zwecke sogar noch unentgeltlich zu nutzen. In dieser Situation müsse § 138 gegenüber der rechtspolitisch problematischen und in ihrem Anwendungsbereich umstrittenen Vorschrift der Vorrang eingeräumt werden.[244]

Fall 45 (nach *BGH* NJW 1994, 187): *A* und *B* schließen einen Vertrag, in dem *B* dem *A* verspricht, ihm gegen Zahlung von 50.000 Euro die Ernennung zum Honorargeneralkonsul von Sierra Leone in Ungarn zu verschaffen. Zur Sicherheit akzeptiert *A* einen Wechsel in Höhe der genannten Summe. Zu der Ernennung kommt es nicht, gleichwohl nimmt *B* den *A* aus dem Wechselakzept in Anspruch.

Verträge über den Kauf öffentlicher Titel sind nach allgemeiner Ansicht wegen Sittenwidrigkeit nichtig (§ 138).[245] Allerdings ist die Begebung

---

ner/Kramer, S. 65f.; Staudinger/*Lorenz*, § 817 Rn. 12; *Brox/Walker*, S. 472 Rn. 47 (für den Fall des wucherischen Mietzinses).

242 Im Ergebnis ebenso *BGH* NJW 1983, 1420/1422f.; NJW 1993, 2108; NJW 1995, 1152/1153; Palandt/*Sprau*, § 817 Rn. 21; *Fikentscher*, Rn. 1116; *Canaris*, WM 1981, 978/979. Diesem Argument wird entgegengehalten, daß es auf einen Strafcharakter des § 817 S. 2 hinauslaufe, vgl. z.B. *Reuter/Martinek*, S. 218; *Medicus*, BürgR, Rn. 700; *Brox/Walker*, S. 472, Rn. 47. Aber das ist nicht ganz überzeugend: Es läßt sich auch sagen, daß die Rechtsordnung ihren Schutz nicht zu einem risikolosen Arbeiten des Wucherers bereitstellen will.

243 Die Entscheidung stammt aus dem Jahr 1964. Heute nimmt man an, daß Bordellpachtverträge wirksam sind, wenn der Betrieb des Bordells nach § 180a StGB straffrei ist und das Entgelt nicht in einem übermäßigen Mißverhältnis zur Leistung steht, vgl. Palandt/*Heinrichs*, § 138 Rn. 52.

244 *BGH* NJW 2006, 45/46; NJW 1990, 2543/2543 mit weiteren Nachweisen; s. dazu auch *Medicus*, BürgR, Rn. 698; *Esser/Weyers*, S. 71.

245 *BGH* NJW 1994, 187f. *(Fall 45); OLG Stuttgart* NJW 1996, 665f.; Staudinger/*Sack*, 13. Aufl. (2003), § 138 Rn. 478.

eines Wechsels ein abstraktes Rechtsgeschäft, dessen Wirksamkeit durch die Nichtigkeit des Kausalgeschäftes grundsätzlich nicht berührt wird. Trotz der Nichtigkeit des Geschäftes über den Titelkauf konnte *B* also zunächst einmal aus dem Wechselakzept, das die Verpflichtung des Akzeptanten darstellt, den Wechsel bei Fälligkeit zu bezahlen, gegen *A* vorgehen. Fraglich war nur, ob *A* einen Bereicherungsanspruch auf Herausgabe des Wechselakzeptes hatte, den er dann im Wege der Einrede nach § 821 dem Anspruch des *B* hätte entgegensetzen können. Ein solcher Bereicherungsanspruch ergab sich – ähnlich wie in *Fall 44* – an sich aus § 817 S. 1, was sogleich die Frage aufwirft, ob dieser Anspruch durch § 817 S. 2 ausgeschlossen ist, weil ja auch *A* als Leistendem ein Sittenverstoß zur Last fiel. Hier bestand aber die Besonderheit darin, daß die Leistung in der Eingehung einer Verbindlichkeit (dem Wechselakzept als Verpflichtung, den Wechsel bei Fälligkeit zu bezahlen) bestand. In diesem Fall greift die Ausnahme des § 817 S. 2 ein, daß ein Kondiktionsausschluß nicht stattfindet. Diese Regelung ist wieder aus dem Zweck des § 817 S. 2 zu erklären, daß staatlicher Rechtsschutz nicht für die Durchsetzung von der Rechtsordnung mißbilligter Geschäfte zur Verfügung stehen soll:[246] Was geleistet worden ist, soll nicht mit Hilfe der Rechtsordnung zurückgefordert werden können, was noch nicht geleistet worden ist, soll aber auch nicht mit Hilfe der Rechtsordnung eingefordert werden können. *A* konnte daher dem Anspruch des *B* die Bereicherungseinrede entgegenhalten.

---

[246] Vgl. oben S. 71.

3. Teil. Nichtleistungskondiktionen

I. Überblick

§ 812 I 1 geht davon aus, daß der Bereicherte etwas „durch die Leistung eines anderen“ oder „in sonstiger Weise“ erlangt hat. Wie wir oben gesehen hatten,[1] unterscheidet man dementsprechend im Anschluß an *Wilburg* und *v. Caemmerer* heute ganz überwiegend zwischen der Leistungskondiktion und der Bereicherung in sonstiger Weise (Nichtleistungskondiktionen). *v. Caemmerer* hatte treffend formuliert, daß die Leistungskondiktion dem Recht der Güterbewegungen zuzuordnen sei, indem sie als Störungskorrektiv der Rückabwicklung fehlgeschlagener Leistungen diene,[2] die Bereicherung in sonstiger Weise dagegen dem Recht des Güterschutzes.[3] Das gilt namentlich für den wichtigsten Fall der Nichtleistungskondiktion, nämlich die Eingriffskondiktion, die sich dadurch auszeichnet, daß der Bereicherungsschuldner durch einen Eingriff in fremde Rechtspositionen (nämlich des Bereicherungsgläubigers) einen Vorteil erlangt. Einen Sonderfall der Eingriffskondiktion bildet die Vorschrift des § 816. Weitere Fälle der Nichtleistungskondiktion sind die Verwendungskondiktion und die Rückgriffskondiktion. Bei der Verwendungskondiktion geht es um Fälle, in denen jemand Aufwendungen auf fremde Sachen macht und diese vom Eigentümer ersetzt erhalten möchte. Durch die Rückgriffskondiktion werden Sachverhalte erfaßt, in denen jemand einen anderen – aber ohne ihm eine Leistung zu erbringen – von einer Verbindlichkeit gegenüber einem Dritten befreit und hierfür Ersatz verlangt. Im Schrifttum werden teilweise noch weitere Fallgruppen gebildet, etwa die Bereicherung durch gesetzliche Vorschrift, durch Handlung Dritter oder durch Naturvorgang.[4] Die unter diese Fallgruppen eingeordneten Sachverhalte werden aber teils bereits von der Eingriffskondiktion erfaßt,[5] teils handelt es sich um Fälle von eher singulärer Bedeutung, auf deren Darstellung hier verzichtet werden kann.[6]

---

1 Vgl. oben S. 9ff.

2 *v. Caemmerer,* S. 342f.

3 *v. Caemmerer,* S. 353.

4 Zur Fallgruppenbildung vgl. auch MünchKomm/*Lieb,* § 812 Rn. 222ff.; Staudinger/*Lorenz,* § 812 Rn. 23ff.; *Reuter/Martinek,* S. 56ff., 371ff.; Bamberger/Roth/*Wendehorst,* Vorbem. zu §§ 812–822 Rn. 9ff.

5 Das gilt insbesondere für die unter die Bereicherung aufgrund gesetzlicher Vorschrift oder durch Handlung Dritter eingeordneten Fälle des Einbaus von Baumaterial in fremde Bauwerke.

6 Zum Beispiel das Aussäen der von einem Dritten gelieferten Saatkartoffeln durch den geisteskranken Pächter eines Grundstücks, vgl. RGZ 51, 80.

Bevor die einzelnen Fallgruppen der Nichtleistungskondiktion zu erörtern sind, ist aber noch auf das Verhältnis der Leistungs- zur Nichtleistungskondiktion einzugehen.

II. Das Verhältnis von Leistungs- und Nichtleistungskondiktion

Eine viel gebrauchte Faustregel ist der Satz, daß die Leistungskondiktion vor den Nichtleistungskondiktionen Vorrang habe.[7] Im Ansatz ist das durchaus richtig: Schon begrifflich kann eine „Nicht" leistungskondiktion nur dort vorliegen, wo keine Leistungskondiktion in Frage kommt, und auch die auf die Nichtleistungskondiktion bezogene Formulierung „in sonstiger Weise" in § 812 I 1 besagt, daß etwas in anderer Weise als durch Leistung erlangt sein muß.

Unproblematisch ist das allerdings nur in *Zweipersonenverhältnissen,* also dann, wenn sich lediglich Bereicherungsgläubiger und Bereicherungsschuldner gegenüberstehen und Dritte nicht eingeschaltet sind. Liegt in diesen Fällen eine Leistungsbeziehung vor, hat also beispielsweise der Käufer vom Verkäufer aufgrund eines nichtigen Kaufvertrages das Eigentum am Kaufgegenstand erhalten, so schließt die Leistungsbeziehung die Nichtleistungskondiktion aus. Schon nach dem Tatbestand des § 812 I 1 kann eine Bereicherung „in sonstiger Weise" nicht vorliegen, weil eben der Käufer das Eigentum durch Leistung erlangt hat.

Probleme ergeben sich aber in *Drei- und Mehrpersonenverhältnissen.* Da es hier Rechtsbeziehungen zwischen mehreren Personen gibt, können – zwischen jeweils unterschiedlichen Personen – Leistungsbeziehungen und Nichtleistungsbeziehungen nebeneinander bestehen. Das zeigt

Fall 46 (nach BGHZ 56, 228): Baustoffhändler *H* liefert Baumaterial unter Eigentumsvorbehalt an den Bauunternehmer *U* mit der Maßgabe, daß *U* dieses Material erst nach vollständiger Bezahlung verwenden darf. Noch bevor *U* den Kaufpreis an *H* voll bezahlt hat, baut er das Material in das Haus des *E* ein. Als *U* in Konkurs fällt, verlangt *H* den Wert des Materials von *E* ersetzt.[8]

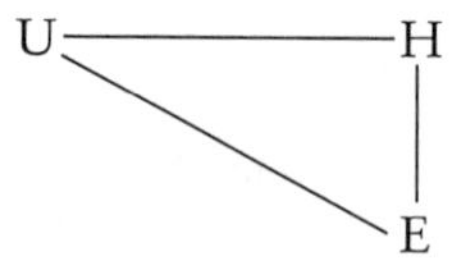

[7] Vgl. aus der Rechtsprechung insbesondere BGHZ 40, 202/278; 56, 228/240; 69, 186/189; *BGH* NJW 1999, 1393/1394; NJW-RR 2005, 60; im Schrifttum statt vieler Palandt/*Sprau,* § 812 Rn. 43.

[8] Siehe auch den parallel gelagerten Fall *BGH* NJW-RR 1991, 343.

E hat – soviel steht fest – etwas erlangt, nämlich das Eigentum am eingebauten Baumaterial. Aber wie hat er es erlangt – durch Leistung oder „in sonstiger Weise"? Einerseits steht *E* zu *U* in einer Leistungsbeziehung: *U* hat das Material bewußt und mit dem Zweck in das Haus des *E* eingebaut, seine diesbezügliche Verpflichtung gegenüber *E* zu erfüllen. Zwar konnte *U* dem *E* das Eigentum nicht durch eine rechtsgeschäftliche Leistung verschaffen: Da er den Kaufpreis an *H* noch nicht vollständig bezahlt hatte, war die (aufschiebende) Bedingung für den Übergang des Eigentums am Baumaterial von *H* auf ihn noch nicht erfüllt; er war also bei der Lieferung an *E* nicht Eigentümer und konnte demzufolge das Eigentum auch nicht auf *E* rechtsgeschäftlich übertragen. Erworben hat *E* das Eigentum vielmehr nach § 946. Man wird aber mit dem *BGH* sagen können, daß der Eigentumserwerb noch auf der Leistung des *U*, also dem Einbau des Materials beruht.[9] Andererseits hat aber *H* aufgrund der Regelung des § 946 einen Rechtsverlust erlitten, für den § 951 als Ausgleich einen Bereicherungsanspruch vorsieht. Da *H* nicht an *E* geleistet hat, kann es sich nur um eine Nichtleistungsbeziehung handeln.

Wir stellen *Fall 46* einen weiteren vom *BGH* entschiedenen Fall gegenüber:

Fall *47* (nach BGHZ 55, 176 – Jungbullenfall): Dieb *D* stahl dem Landwirt *L* zwei Jungbullen und verkaufte sie für 1.700 Euro an den gutgläubigen Metzgermeister *M*. Dieser verwertete die Tiere in seiner Fleischwarenfabrik. *L* verlangt von *M* 1.700 Euro Wertersatz.

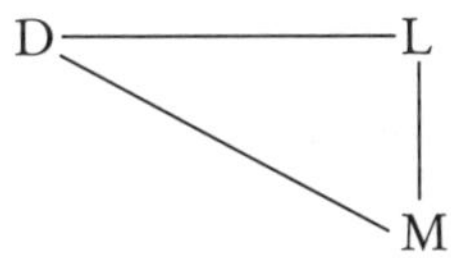

D wollte mit der Übergabe der Jungbullen an *M* seine Verpflichtung aus dem mit *M* geschlossenen Kaufvertrag erfüllen. Allerdings konnte er ihm nur den Besitz verschaffen; zu einer Eigentumsverschaffung (zu der er sich nach § 433 I verpflichtet hatte) war er nicht in der Lage, da er nicht Eigentümer war und *M* im Hinblick auf § 935 I 1 auch nicht gutgläubig Eigentum erwerben konnte. Eigentümer wurde *M* vielmehr erst nach § 950, als er nach Schlachtung der Tiere das Fleisch in seinem Betrieb verarbeiten ließ. Auch hier besteht also wieder neben der Leistungsbeziehung des *M* zu *D* eine Nichtleistungsbeziehung zu *L*, in der sich die Frage nach der Anwendung des § 951 stellt. Der Unterschied zu *Fall 46* liegt allerdings darin, daß man dort den Eigentumserwerb des *E* noch der Leistungshandlung des *U* zuordnen kann, während das in *Fall 47* nicht möglich ist; der Eigentumserwerb des *M* geht vielmehr auf dessen eigenes Verhalten zurück.

---

[9] BGHZ 56, 228/241. Ebenso z.B. *Medicus*, BürgR, Rn. 729; eingehend dazu *Lorenz*, in: Festschr. f. Serick, 1992, S. 255/269 ff.

In beiden Fällen stellt sich also die Frage, ob eine Nichtleistungskondiktion (nach § 951 i.V.m. § 812 I 1) durch das Bestehen einer Leistungsbeziehung ausgeschlossen ist.[10] Für ihre Beantwortung müssen wir den Grundsatz des Vorrangs der Leistungskondiktion präzisieren: Er kann nur dann Geltung beanspruchen, wenn gerade das erlangte Etwas, das mit dem Bereicherungsanspruch geltend gemacht wird, durch Leistung erlangt ist.[11] Im *Jungbullenfall (Fall 47)* verlangte *L* den Wert der beiden Tiere, also den Wert des Eigentums (und nicht nur den Besitzwert).[12] Durch die Leistung des *D* hatte *M* aber nur den Besitz und nicht das Eigentum erlangt. Da sich sein Kondiktionsanspruch auf das Eigentum bezog, stand ihm die Leistung des *D* an *M* nicht entgegen. Dieses Ergebnis entspricht auch der gesetzlichen Wertzuordnung durch §§ 932ff., 946ff. Nach §§ 932ff. (§ 935) soll der Erwerber das Eigentum und den darin verkörperten Wert gerade nicht erlangen, und §§ 946ff. lassen ihn zwar Eigentümer werden, stellen aber, wie § 951 zeigt, keine endgültige Wertzuordnung dar. *L* kann also im Wege der Nichtleistungskondiktion Wertersatz von *M* verlangen.[13]

Anders muß danach die Entscheidung in *Fall 46* ausfallen. Folgt man der These des *BGH,* daß *E* das Eigentum durch Leistung des *U* erhalten hat (trotz des Erwerbs nach § 946), so muß hier die Leistungskondiktion eine Nichtleistungskondiktion durch *H* (§§ 951, 812 I 1) ausschließen, weil sich der Kondiktionsanspruch des *H* gerade auf das richtet, was *E* durch Leistung des *U* erhalten hat. So hat denn auch der *BGH* entschieden.[14]

Gleichwohl differenziert die herrschende Lehre[15] in Fällen dieser Art – und im Ergebnis zu Recht. Sie geht davon aus, daß kein Unterschied

---

[10] Die gleiche Problematik besteht bei § 816 I, ist dort allerdings gesetzlich entschieden. Vgl. dazu unten S. 100.

[11] *BGH* NJW 1992, 2084/2085; *Medicus,* BürgR, Rn. 727. Grundsätzlich kritisch zum Vorrang der Leistungskondiktion MünchKomm/*Lieb,* § 812 Rn. 24.

[12] Dieser Wert war nach § 818 II an die Stelle der Tiere getreten, die naturgemäß nicht mehr herausgegeben werden konnten.

[13] Ebenso im Ergebnis der *BGH* (BGHZ 55, 176/177). Auch im Schrifttum hat dieses Ergebnis weitgehend Zustimmung gefunden, vgl. etwa RGRK/*Heimann-Trosien,* § 812 Rn. 41; Erman/*Westermann,* § 812 Rn. 86; Staudinger/*Lorenz,* § 812 Rn. 62; Jauernig/*Stadler,* § 812 Rn. 84f.; *Reuter/Martinek,* S. 400; *Esser/Weyers,* S. 83; *Medicus,* BürgR, Rn. 727.

[14] BGHZ 56, 228/239ff.; s.a. *BGH* NJW-RR 1991, 343.

[15] MünchKomm/*Lieb,* § 812 Rn. 231ff., insb. 281ff.; Staudinger/*Lorenz,* § 812 Rn. 63; Erman/*Hefermehl,* § 951 Rn. 5 und 8; RGRK/*Heimann-Trosien,* § 812 Rn. 41; Jauernig/*Stadler,* § 812 Rn. 85; *Fikentscher,* Rn. 1128; *Medicus,* BürgR, Rn. 729f.; *Esser/Weyers,* S. 82; *Larenz/Canaris,* S. 212ff.; *Schlechtriem,* Rn. 754; *Brox/Walker,* S. 474 Rn. 1f.; *Koppensteiner/Kramer,* S. 107f.; *Wilhelm,* Rechtsverletzung und Vermögensentscheidung als Grundlagen und Grenzen des Anspruchs aus ungerechtfertigter Bereicherung, 1973, S. 154f.; *v. Caemmerer,* S. 391 Fußn. 217; *Pinger,* AcP 179 (1979), 301/328f.; *Canaris,* in: Festschr. f. Larenz, 1973, S. 799/855; *S. Lorenz,* JuS 2003, 839/844; *Huber,* JuS 1970, 342/346; *H. P. Westermann,* JuS 1972, 18/23; a.A. *Reuter-Martinek,* S. 459ff.; *Jakobs,* JuS 1973, 153f.; s. ferner *Stürner/Heggen,* JuS 2000, 328.

gemacht werden könne zwischen dem unmittelbaren Einbau von Baumaterial durch den Bauunternehmer (Eigentumserwerb nach § 946) und dem Fall, daß der Leistungsempfänger (in *Fall 46: E*) das Baumaterial zunächst rechtsgeschäftlich nach §§ 929, 932ff. erwirbt und dann selbst einbaut, und überträgt die in diesen Vorschriften angeordnete Eigentumszuweisung auf den Eigentumserwerb nach §§ 946ff. Das bedeutet zum einen, daß es darauf ankommt, ob der Leistungsempfänger gutgläubig war. Ist dies der Fall, so soll er der Nichtleistungskondiktion des ursprünglichen Eigentümers (in *Fall 46: H*) nicht ausgesetzt sein und dieser soll sich nur an den Nichtberechtigten (in *Fall 46: U*) halten können. Ist der Leistungsempfänger dagegen bösgläubig,[16] so soll er, da er auch im Falle einer Eigentumsübertragung nach §§ 929ff. das Eigentum nicht behalten dürfte, der Nichtleistungskondiktion des ursprünglichen Eigentümers ausgesetzt sein. Zum anderen ist § 935 zu berücksichtigen: Ist das Baumaterial dem ursprünglichen Eigentümer gestohlen worden oder ist es ihm sonst abhanden gekommen, so hätte der Leistungsempfänger im Falle der rechtsgeschäftlichen Eigentumsübertragung ebenfalls kein Eigentum erworben und soll auch im Falle des Eigentumserwerbs nach §§ 946ff. der Nichtleistungskondiktion des ursprünglichen Eigentümers ausgesetzt sein.

Wir sehen also, wie sehr der Vorrang der Leistungskondiktion von der jeweiligen Fallgestaltung abhängt. Liefert dieser Grundsatz bei Zweipersonenverhältnissen zuverlässige Ergebnisse, so ist er bei Drei- und Mehrpersonenverhältnissen nicht mehr als eine Faustregel, von der es zahlreiche Ausnahmen gibt. Das liegt letzlich daran, daß auch insoweit der Leistungsbegriff auf seine Grenzen stößt und die problematischen Fälle letzten Endes nicht nach einem wie auch immer gearteten Subsidiaritätsprinzip entschieden werden, sondern nach materiellen Wertungsgesichtspunkten, wie wir sie auch bei der Leistung im Dreiecksverhältnis kennengelernt hatten und von denen das gesamte Bereicherungsrecht beherrscht wird.

III. Die Eingriffskondiktion

Fall 48: A und *B* haben ihren Wein in einem gemeinsamen Keller gelagert. *B* nimmt statt von seinem Wein versehentlich eine Weinflasche aus den Beständen des *A* und trinkt sie aus.

Fall 49 (nach BGHZ 68, 90): B, der Inhaber einer Fensterfabrik ist, benutzt bei der Herstellung von Fensterrahmen ein Kunststoffhohlprofil, das als Gebrauchsmuster für A geschützt ist.

Fall 50: Lebensmittelmarkt B wirbt für seine Produkte mit der Werbeaussage: „Alle Preise für nicht alkoholische Getränke um 30% herabgesetzt". Diese Preise hatte B zuvor für zwei Tage erhöht, um dann die Preisherabsetzung bekannt geben zu kön-

---

[16] Kannte er also die Nichtberechtigung des *U* oder war sie ihm in Folge grober Fahrlässigkeit unbekannt, vgl. § 932 II.

nen. Daraufhin steigt der Umsatz des B stark an, während der Umsatz des in der Nähe befindlichen Lebensmittelmarktes A erheblich zurückgeht.

In allen drei Fällen verlangt A einen Ausgleich für die dem B zugeflossenen Vorteile.

Die *Fälle 48–50* zeigen die Variationsbreite der Sachverhalte, die in der Fallgruppe der Eingriffskondiktion erörtert werden. Allen Fällen ist gemeinsam, daß *B* durch eigenes Handeln einen Vorteil erlangt und daß dieser Vorteil zu Lasten des *A* geht. Das Interesse des *A* wird immer darin liegen, für diesen Nachteil einen Ausgleich zu erhalten, und das Interesse des *B* wird immer sein, in seiner privaten oder wirtschaftlichen Handlungsfreiheit nicht durch die Verpflichtung zu einem solchen Ausgleich eingeschränkt zu werden. Mit anderen Worten: Es steht hier Besitzstandsschutz gegen individuelle Handlungsfreiheit. Die Frage ist, in welchen Fällen *B* dem *A* die erlangten Vorteile (oder deren Wert) herausgeben muß. Während eine solche Herausgabepflicht im *Fall 48* offensichtlich zu bejahen ist, liegt das Ergebnis in den anderen Fällen keineswegs auf der Hand. Nach welchen Prinzipien ist hier zu beurteilen, ob *B* etwas auf Kosten des *A* rechtsgrundlos erlangt hat?

1. Rechtswidrigkeitstheorie und Lehre vom Zuweisungsgehalt

Um die Antwort bemühen sich zwei kontroverse Theorien, nämlich die von *Fritz Schulz* begründete Rechtswidrigkeitslehre und die von *Wilburg* und *v. Caemmerer* entwickelte Lehre vom Zuweisungsgehalt, die wir bereits in unserem historischen Überblick kennengelernt hatten.[17] Beide Konzeptionen sind inzwischen weiterentwickelt und verfeinert worden.

a) Die Rechtswidrigkeitstheorien

Die Rechtswidrigkeitstheorien gehen auf die 1909 erschienene Abhandlung von *Fritz Schulz* „System der Rechte auf den Eingriffserwerb" zurück.[18]

Schulz knüpfte, wie wir schon eingangs gesehen hatten, an die Handlung des Bereicherungsschuldners an, die einen Bereicherungsanspruch auslösen soll, wenn sie rechtswidrig war. Der Bereicherungsanspruch beruht nach *Schulz* auf der *Widerrechtlichkeit* des bereichernden Eingriffs. Nach diesem Kriterium könnte also in unseren *Fällen 48–50 A* Bereicherungsansprüche gegen *B* geltend machen, da dieser sich rechtswidrig verhalten hat.[19]

---

[17] Vgl. oben S. 9ff.

[18] AcP 105 (1909), 1ff.

[19] In *Fall 48* verletzt *B* durch das Austrinken des Weins das Eigentum des *A*. In *Fall 49* verletzt *B* das nach § 11 GebrMG geschützte Gebrauchsmuster des *A*. In *Fall 50* verstößt *B* gegen § 5 UWG (vgl. § 5 Abs. 4).

Schulz hatte seine Formel als ein Prinzip verstanden, das für das gesamte Bereicherungsrecht, also sowohl für die Leistungs- als auch für die Nichtleistungskondiktionen einheitlich gelten sollte. Dieser Versuch kann als gescheitert gelten. Daß sich die Leistungskondiktion mit der Kategorie der Rechtswidrigkeit der Bereicherungshandlung nicht sinnvoll erfassen läßt, ist heute weitgehend akzeptiert.[20] Bei fehlgeschlagenen rechtsgeschäftlichen Leistungen, deren Rückabwicklung die Leistungskondiktion dient,[21] liegt ein rechtswidriges Verhalten meist nicht vor: wenn *A* an *B* aufgrund eines nichtigen Vertrages leistet, so handelt er nicht rechtswidrig. Umstritten ist dagegen, ob für die Eingriffskondiktion die Rechtswidrigkeit der Handlung ein taugliches Kriterium darstellt. Aufgrund der *Fälle 48–50* könnte man das vielleicht meinen, wenn es auch in *Fall 50* zweifelhaft erscheinen mag, ob Lebensmittelmarkt *A* den Vermögensgewinn erhalten soll, den *B* durch wettbewerbswidrige Werbung erzielt hat.[22] In anderen Fällen zeigt sich aber, daß das Kriterium der Rechtswidrigkeit kein taugliches Abgrenzungskriterium zu liefern vermag. Das zeigt

Fall 51 (nach *Kleinheyer*, JZ 1970, 471): Um einen wichtigen und gewinnversprechenden Termin nicht zu versäumen, überholt ein eiliger Geschäftsmann in gefährlicher Weise einen anderen Verkehrsteilnehmer.

Der Verstoß gegen die Straßenverkehrsvorschriften macht das Verhalten des Geschäftsmannes rechtswidrig und wir können auch davon ausgehen, daß er in Folge des Zeitgewinns einen Vermögensvorteil erlangt hat. Gleichwohl kann der andere Verkehrsteilnehmer keinen Anspruch auf diesen Vermögensgewinn haben; das Kriterium der Rechtswidrigkeit versagt hier also.[23] Umgekehrt gibt es auch Fälle der Eingriffskondiktion, in denen ein Bereicherungsanspruch besteht, ohne daß ein rechtswidriges Verhalten vorliegt:

Fall 52: G_1 hat eine Forderung gegen *S* an G_2 abgetreten. *S* weiß davon nichts und zahlt an G_1.

G_1 muß nach § 407 die Leistung des *S* gegen sich gelten lassen und hat nach § 816 II einen Bereicherungsanspruch gegen G_2.[24] Gleichwohl braucht die in der Annahme der Leistung liegende Handlung des G_1 nicht rechtswidrig zu sein. Es zeigt sich also, daß die Rechtswidrigkeit kein geeignetes Kriterium darstellt. Sie begründet ein Unwerturteil über

---

[20] Vgl. etwa MünchKomm/*Lieb*, § 812 Rn. 241; Soergel/*Mühl*, § 812 Rn. 132; *Medicus*, BürgR, Rn. 710f.; *ders.*, SchR II, Rn. *713; Esser/Weyers*, S. 73f.; *Fikentscher*, Rn. 1118; *Larenz/Canaris*, S. 169; Bamberger/Roth/*Wendehorst*, § 812 Rn. 71; *Wilburg*, Die Lehre von der ungerechtfertigten Bereicherung nach österreichischem und deutschem Recht, 1934, S. 22, 25f.; eingehend *Reuter/Martinek*, S. 241ff.

[21] Vgl. oben S. 16.

[22] Wohlgemerkt: Es geht hier nicht um Schadensersatz, also nicht nur um einen Ausgleich der dem *A* entstandenen Verluste.

[23] Siehe dazu auch MünchKomm/*Lieb*, § 812 Rn. 241.

[24] Dazu näher unten S. 115f.

die Handlung oder den durch sie geschaffenen Zustand, besagt aber, wie *Fall 51* und *52* zeigen, nichts darüber, ob ein anderer die durch die rechtswidrige Handlung erlangten Vorteile behalten soll.

b) Die Lehre vom Zuweisungsgehalt

Die insbesondere von *Wilburg* begründete und durch *v. Caemmerer* ausgebaute Lehre vom Zuweisungsgehalt trennt nicht nur zwischen Leistungs- und Eingriffskondiktion, sondern stellt diese beiden Kondiktionen auch auf völlig unterschiedliche Grundlagen.[25] Bei der Eingriffskondiktion knüpft die Lehre vom Zuweisungsgehalt nicht an die Handlung oder den Vorgang, der zur Bereicherung geführt hat und dessen Beurteilung als rechtmäßig oder rechtswidrig an, sondern stellt die Frage, ob in einen Bereich eingegriffen wurde, der dem Berechtigten zur ausschließlichen Nutzung zugewiesen war.[26] Jedes absolute Recht, so heißt es im Anschluß an *Heck,*[27] weise seinem Inhaber bestimmte Güter und deren Nutzung zu.[28] Habe nun jemand eine fremde, d.h. einem anderen zugewiesene Sache gebraucht oder verwertet, so habe er etwas erlangt, was nach dem Zuweisungsgehalt des Rechtes dessen Inhaber gebühre. Unrechtmäßig sei die Bereicherung deshalb, weil sie der in diesem Recht liegenden Güterzuweisung widerspreche.[29] Mit dem Bereicherungsanspruch hat der Berechtigte die Möglichkeit, im Falle des rechtsgrundlosen Eingriffs jedenfalls diejenige Vergütung zu erhalten, die er im Falle einer einverständlichen Überlassung der Nutzungsmöglichkeit auf vertraglicher Basis erzielt hätte. Am einsichtigsten ist dieses Prinzip beim Eigentum und bei den Immaterialgüterrechten.

In *Fall 48* war der Wein zur Nutzung bzw. zum Verbrauch dem *A* zugewiesen. Ebenso im *Fall 49* die ausschließliche Benutzung des Ge-

---

[25] Vgl. dazu bereits oben S. 9f. Die Lehre vom Zuweisungsgehalt ist – freilich mit Varianten – heute herrschende Meinung, vgl. BGHZ 107, 117/120 – Forschungskosten, mit weiteren Nachweisen; *BGH* NJW 1995, 1556/1558 – Mauerbilder; s.a. BGHZ 99, 244/247; *BGH* GRUR 2001, 1156/1158; im Schrifttum etwa MünchKomm/*Lieb,* § 812 Rn. 245ff.; Staudinger/*Lorenz,* § 812 Rn. 23; Erman/*Westermann,* § 812 Rn. 65; Jauernig/*Stadler,* § 812 Rn. 50; RGRK/*Heimann-Trosien,* § 812 Rn. 42; *Esser/Weyers,* S. 74; *Medicus,* BürgR, Rn. 709ff., insb. S. 712; *Fikentscher,* Rn. 1118; *Schlechtriem,* Rn. 748ff.; *Brox/Walker,* S. 475 Rn. 5; *Reuter/Martinek,* S. 245ff.; Bamberger/Roth/*Wendehorst,* § 812 Rn. 72; *Wieling,* Bereicherungsrecht, S. 47; *Koppensteiner/Kramer,* S. 75; *Hüffer,* JuS 1981, 263; im Grundsatz auch *Larenz/Canaris,* S. 169ff., vgl. dazu aber unten S. 88.

[26] Wie der *BGH* ausführt, ersetzt der Zuweisungsgehalt der Rechtsposition bei der Eingriffskonsdiktion das bei der Leistungskondiktion bestehende Erfordernis, daß das Erlangte aus einer Leistung des Bereicherungsgläubigers stammen muß, vgl. *BGH* NJW 1990, 52 – Forschungskosten; NJW 1982, 1154 – Kunststoffhohlprofil II.

[27] *Heck,* Grundriß des SchuldR, 1929, S. 421.

[28] *Wilburg,* Die Lehre von der ungerechtfertigten Bereicherung nach österreichischem und deutschem Recht, 1934, S. 27ff.; *v. Caemmerer,* S. 353.

[29] *v. Caemmerer,* S. 353.

brauchsmusters. Daß *B* die Bereicherung herauszugeben hat, die er durch den Eingriff in ein einem anderen zugewiesenes Recht erlangt hat, leuchtet unmittelbar ein; die Feststellung, daß Eigentum und Immaterialgüterrechte ihrem Inhaber bestimmte Nutzungen ausschließlich zuweisen, bereitet keine Schwierigkeiten. In anderen Fällen kann es dagegen durchaus problematisch sein, ob der Eingriff in ein Recht mit Zuweisungsgehalt erfolgt ist, und hieraus resultieren denn auch in erster Linie die gegen die Zuweisungstheorie vorgetragenen Angriffe, insbesondere der Vorwurf, es handele sich um eine Leerformel.[30] Versucht man beispielsweise *Fall 50* auf der Grundlage der Zuweisungslehre zu lösen, so stellt sich sofort die Frage, ob der Lebensmittelmarkt *B* in ein Recht des Lebensmittelmarktes *A* mit Zuweisungsgehalt eingegriffen hat oder nicht – eine Frage, die sich nicht ohne weiteres beantworten läßt.

Nach der klassischen Lehre haben nur absolute Rechte einen Zuweisungsgehalt. Das sind einmal das *Eigentum* und die beschränkt dinglichen Rechte, zum anderen die *Immaterialgüterrechte* wie Patent, Gebrauchsmuster, Marke, Geschmacksmuster und Urheberrecht. Auch diese Rechte wollen ihrem Inhaber die Nutzung des durch sie geschützten Gegenstandes ausschließlich zuweisen. So bestimmt § 9 PatG, daß allein der Patentinhaber befugt ist, die patentierte Erfindung zu benutzen. Nach § 15 UrhG hat der Urheber das ausschließliche Recht, sein Werk in körperlicher Form zu verwerten und in unkörperlicher Form öffentlich wiederzugeben.[31] Bei Marken (nach der früheren Terminologie: Warenzeichen) hatte die klassische Lehre vom Zuweisungsgehalt überwiegend[32] Bereicherungsansprüche abgelehnt.

Das Warenzeichen, so war noch 1958 von *Mestmäcker*[33] betont worden, gewähre seinem Inhaber keinen gewerblichen Tätigkeitsbereich zu ausschließlichem Haben und Nutzen, sondern wolle lediglich die Mitbewerber daran hindern, das Zeichen zu benutzen und damit in unlauterer Weise den guten Ruf der Marke für sich in Anspruch zu nehmen. Dem entsprach es, daß man früher ganz allgemein das Warenzeichenrecht als Teil des allgemeinen Wettbewerbsrechts ansah.[34] Aber es war nicht zu verkennen, daß schon damals das Warenzeichenrecht eine Zwitterstellung zwischen subjektivem Recht und bloßen wettbewerblichen Verhaltensnormen einnahm. Vor allem hatte sich – mit Billigung der Rechtsprechung – eine umfangreiche Übertragungs- und Lizenzierungspraxis entwickelt, bei der das damals noch bestehende Verbot der Übertragung des Warenzeichens ohne gleichzeitige Übertragung des Geschäftsbetriebs (§ 8 WZG a.F.) durch minimale Anforderungen an die Übertragung des Geschäftsbe-

---

30 Vgl. etwa *Jakobs,* Eingriffserwerb und Vermögensverschiebung in der Lehre von der ungerechtfertigten Bereicherung, 1964, S. 24; *Kleinheyer,* JZ 1970, 471/472f.

31 Gleiches gilt für das Gebrauchsmuster (§ 11 GebrMG) und das Geschmacksmuster (§ 38 GeschmMG).

32 Anders *v. Caemmerer,* S. 399.

33 *Mestmäcker,* JZ 1958, 521/525.

34 Vgl. beispielsweise *Baumbach/Hefermehl,* WarenzeichenR, 12. Aufl. (1985), Einl. WZG Rn. 44.

triebs praktisch außer Kraft gesetzt wurde. 1986 hat dann der *BGH* Bereicherungsansprüche bei Warenzeichenverletzungen ausdrücklich zugelassen.[35]

Seit dem am 1. 1. 1995 in Kraft getretenen neuen Markengesetz kann nun auch vom Gesetzeswortlaut her kein Zweifel mehr bestehen, daß die Marke Zuweisungsgehalt aufweist. Die auf der europäischen Markenrechtsharmonisierung beruhende Neuregelung hat einen Konzeptionswandel der Marke mit sich gebracht; anders als früher wird nunmehr auch der in einer bekannten Marke verkörperte Goodwill geschützt.[36]

Den Gegenpol zum Eigentumsrecht stellt für die klassische Zuweisungslehre das *Recht gegen den unlauteren Wettbewerb* dar. Während es sich beim Eigentum um ein subjektives Recht handelt, das seinem Inhaber die Berechtigung verleiht, den Gegenstand seines Eigentums zu haben und zu nutzen und andere davon auszuschließen, ist das Wettbewerbsrecht gerade dadurch gekennzeichnet, daß es solche Positionen nicht gibt. In einer Wettbewerbswirtschaft soll der Wettbewerber seine Leistung in Konkurrenz, im Kampf mit seinen Mitbewerbern anbieten, so daß sich die beste Leistung auf dem Markt durchsetzen kann. Dazu gehört es auch, in Tätigkeits- und Absatzbereiche von Mitbewerbern eindringen zu können. Das Recht gegen den unlauteren Wettbewerb will lediglich verhindern, daß dies mit unlauteren Methoden geschieht. Seine Vorschriften stellen aber Verhaltensnormen dar und weisen nicht bestimmte Bereiche einem Marktteilnehmer unter Ausschluß anderer zu. *Ludwig Raiser* hat einmal gesagt, daß es im Wettbewerbsrecht Spielregeln, aber keine festen Positionen gibt.[37]

In dieser kategorischen Form wird freilich die Lehre vom Zuweisungsgehalt so gut wie nicht mehr vertreten. Dazu hat maßgeblich eine technisch, wirtschaftlich und gesellschaftlich immer komplexer werdende Entwicklung beigetragen, die in zunehmendem Maße den Eingriff in fremde Rechtssphären und deren wirtschaftliche Ausbeutung ermöglicht. Es geht vor allem um Eingriffe in das Persönlichkeitsrecht – die *Fälle 2* und *3* bieten Beispiele dafür – aber auch um Eingriffe in das Recht am Gewerbebetrieb, Positionen also, bei denen die klassische Lehre einen Zuweisungsgehalt stets verneint hatte. Der Schutz durch das Deliktsrecht, das ja ein Verschulden des Eingreifers voraussetzt, hat sich in vielen Fällen nicht als ausreichend erwiesen, er bedarf der Ergänzung durch das Bereicherungsrecht.

---

[35] BGHZ 99, 244 – Chanel Nr. 5. Bereits vorher schon konnten bei schuldhafter Zeichenverletzung Ansprüche auf Zahlung einer angemessenen Lizenzgebühr regelmäßig im Wege der dreifachen Schadensberechnung (vgl. dazu S. 95 Fußn. 91) geltend gemacht werden. Aus jüngerer Zeit vgl. etwa *BGH* GRUR 2001, 1156/1158 – Der grüne Punkt.

[36] Vgl. dazu näher *Ingerl/Rohnke,* NJW 1994, 1247; *Starck,* WRP 1994, 698; *v. Gamm,* GRUR 1994, 775; *Schmieder,* NJW 1994, 3335; aus dem heutigen Schrifttum etwa Ingerl/Rohnke, Markengesetz, 2. Aufl. 2003, vor §§ 14–19 Rn. 125.

[37] *Raiser,* JZ 1961, 465/469.

Die herrschende Meinung gibt der Lehre vom Zuweisungsgehalt dadurch festere Konturen, daß sie auf die ausschließliche kommerzielle Verwertungsmöglichkeit der Positionen abstellt, in die eingegriffen wird. Man stellt die Frage, ob der Bereicherungsgläubiger die Möglichkeit hatte, die Position einem sonst ausgeschlossenen Dritten zur wirtschaftlichen Verwertung zu überlassen.[38] Ist dies der Fall, so ist grundsätzlich die Möglichkeit des Bereicherungsausgleichs gegeben, d.h. bei rechtsgrundlosem Eingriff in diese Position hat der Eingreifende die Bereicherung – im allgemeinen in Form von Wertersatz – herauszugeben. So ist in *Fall 49* die kommerzielle Verwertungsmöglichkeit des Gebrauchsmusters gegeben, *A* hat gegen *B* einen Anspruch aus Eingriffskondiktion. In *Fall 50* ist zwar der Umsatz des *A* infolge der wettbewerbswidrigen Werbung des *B* zurückgegangen, bei diesem Umsatz handelt es sich aber nicht um eine Rechtsposition, die er veräußern oder anderen zur Nutzung überlassen konnte. Bereicherungsansprüche sind daher nicht gegeben. Diese Betrachtungsweise hat gegenüber der bloßen Formel vom Zuweisungsgehalt deutliche Vorteile. Einmal ist die Feststellung, ob eine Rechtsposition kommerziell verwertbar ist, leichter zu treffen als die Aussage, ob ein Zuweisungsgehalt besteht. Es handelt sich nicht nur um eine Wertentscheidung, sondern es lassen sich auch empirisch feststellbare Tatsachen zur Beurteilung heranziehen. Zum anderen wird mit dieser Entscheidung nicht das Bereicherungsrecht belastet, sondern sie ist aus der Regelungssystematik und den Wertungen derjenigen Rechtsgebiete zu gewinnen, denen die verletzte Rechtsposition zugehört.[39] Das erlaubt eine sehr viel genauere und differenziertere Aussage als anhand einer notwendig abstrakten bereicherungsrechtlichen Formel. Die Abgrenzung gegenüber den Rechtswidrigkeitslehren bleibt dabei erhalten: Es gibt zahlreiche Positionen, die zwar die Abwehr rechtswidriger Beeinträchtigungen mit der Unterlassungsklage erlauben, die aber keine kommerzielle Verwertungsmöglichkeit bieten und demzufolge als Grundlage von Bereicherungsansprüchen nicht geeignet sind. Ein Beispiel bildet unser *Fall 50*, ein weiteres Beispiel der Fall des Eingriffs in den Gewerbetrieb.[40]

---

[38] Vgl. insb. BGHZ 107, 117/121 – Forschungskosten; MünchKomm/*Lieb,* § 812 Rn. 249ff.; Großkommentar zum UWG/*Köhler,* vor § 13 UWG, B, Rn. 369; Ahrens/*Loewenheim,* Wettbewerbsprozeß, 5. Aufl. 2005, Kap. 70 Rn. 5ff.; Hefermehl/*Köhler*/Bornkamm, Wettbewerbsrecht, 24. Aufl. 2006, § 9 UWG, 3.1ff.; Harte/Henning/*Beckedorf,* UWG, 2004, vor § 8 Rn. 8; *Piper/Ohly,* UWG, 4. Aufl. 2006, § 9 Rn. 39; *Reuter/Martinek,* S. 256ff.; Bamberger/Roth/*Wendehorst,* § 812 Rn. 73; *Schlechtriem,* in: Festschr. f. Hefermehl, 1976, S. 445/453 und 457; *Götting,* Persönlichkeitsrechte als Vermögensrechte, 1995, S. 54ff. und 282; *Büsching,* Der Anwendungsbereich der Eingriffskondiktion im Wettbewerbsrecht, 1992, S. 86f.; *Loewenheim* WRP 1997, 913/915; *Köhler,* NJW 1992, 1477/1480; *ders.,* Festschrift für Lorenz, 2001, S. 167/175ff.; s. zu dem Problemkreis auch *Esser/Weyers,* S. 75ff.; *Helle,* RabelsZ 60 (1996), 448/464ff.; *Enzinger,* GRUR Int. 1997, 96/99.

[39] Vgl. MünchKomm/*Lieb,* § 812 Rn. 209.

[40] Vgl. unten S. 92f.

c) Vermittelnde Auffassungen

Angesichts der Schwierigkeiten, vor denen die Rechtswidrigkeitslehre steht und der Ausfüllungsbedürftigkeit der Lehre vom Zuweisungsgehalt hat man immer wieder versucht, beide Theorien zu kombinieren.

Vom Boden der Rechtswidrigkeitslehre aus haben vor allem *Jakobs, Wilhelm* und *Kellmann* solche Versuche unternommen.

Jakobs geht in Übereinstimmung mit *Schulz* davon aus, daß Anknüpfungspunkt für die Eingriffskondiktion die rechtswidrige Handlung des Bereicherungsschuldners sei, will aber nicht jede Vermögensvermehrung, die auf widerrechtlichem Handeln beruht, als ungerechtfertigte Bereicherung ansehen, sondern nur eine solche, die unter Verletzung der Rechtsgüter eines anderen gemacht worden ist.[41] Darin liegt bereits eine gewisse Annäherung an die Lehre vom Zuweisungsgehalt: auch diese stellt ja die Frage, welche Rechtsgüter einem anderen zustehen (zugewiesen sind).[42]

Auch *Wilhelm* knüpft an die Rechtswidrigkeitslehre von *Schulz* an und versucht wie dieser zu einem einheitlichen System der Bereicherungsansprüche zu gelangen.[43] Anders als *Schulz* ersetzt er aber den handlungsorientierten Rechtswidrigkeitsbegriff durch den Begriff des „rechtswidrigen Habens".[44] Damit will er das Rechtswidrigkeitsurteil nicht im negativen Sinne als Sanktion für verbotenes Handeln verstehen, sondern in „seiner positiven Kehrseite", nämlich in dem Sinne, daß die nutz- oder gewinnbringende Handlung dem Berechtigten zugeordnet ist.[45] Hinter dem Rechtswidrigkeitsurteil verbirgt sich also für *Wilhelm* die Wertung, daß dem Berechtigten ein Gut zugewiesen ist und daß deshalb die Aneignung dieses Gutes durch einen Nichtberechtigten untersagt ist. Durch die Kondiktion werde dann dem Nichtberechtigten, der verbotswidrig über das fremde Gut verfügt hat, der Verfügungserfolg wieder abgenommen und dem Berechtigten zugewiesen.[46] Darin liegt eine noch stärkere Annäherung an die Lehre vom Zuweisungsgehalt als bei *Jakobs,* eben weil *Wilhelm* die Frage stellt, welche Güter einem Berechtigten zugewiesen sind. Unterschiede bestehen aber insofern, als *Wilhelm* in die Frage der Zuweisung von Gütern wieder Rechtswidrigkeits-

---

[41] *Jakobs,* Eingriffserwerb und Vermögensverschiebung in der Lehre von der ungerechtfertigten Bereicherung, 1964, S. 64.

[42] S. zu *Jakobs* auch MünchKomm/*Lieb* § 812 Rn. 242, *Reuter/Martinek,* S. 244.

[43] *Wilhelm,* Rechtsverletzung und Vermögensentscheidung als Grundlagen und Grenzen des Anspruchs aus ungerechtfertigter Bereicherung, 1973, S. 79. Im Gegensatz zu *Jakobs* (Eingriffserwerb und Vermögensverschiebung in der Lehre von der ungerechtfertigten Bereicherung, 1964, S. 155ff.) verzichtet *Wilhelm* aber nicht auf das Kriterium der rechtswidrigen Handlung bei der Leistungskondiktion.

[44] *Wilhelm* (o. Fußn. 43), S. 78f.

[45] *Wilhelm* (o. Fußn. 43), S. 91.

[46] *Wilhelm* (o. Fußn. 43), S. 93.

normen einbezieht. Das zeigt sich besonders deutlich im Bereich des UWG, wo *Wilhelm* bereits aus dem Bestehen der wettbewerblichen Verbotsnormen auf vermögensrechtliche Positionen des Verletzten schließt,[47] während für die Lehre vom Zuweisungsgehalt, wie noch darzustellen sein wird, die Rechtswidrigkeitsfrage gerade irrelevant ist und vielmehr überlegt wird, ob es im UWG dem einzelnen zugewiesene (subjektive) Rechtspositionen geben kann.[48]

Noch weiter geht *Kellmann,* der auf die „rechtswidrige Ausnutzung eines konkreten fremden Rechtsobjekts" abstellt.[49] Neben das rechtswidrige Verhalten tritt also bei ihm die konkrete Gegenstandsbeziehung zu dem einem fremden Rechtskreis zugewiesenen Objekt. Auch *Haines,* der die Frage für Wettbewerbs- und Warenzeichenverletzungen untersucht hat, geht von rechtswidrigem Verhalten aus, stellt aber die Frage, ob die verletzte Rechtsnorm einen individualbegünstigenden Zweck aufweist: Nur dann, wenn eine Norm den einzelnen begünstigen will, also den Zweck hat, „einen einzelnen bei der Mehrung des eigenen Vorteils die beliebige Disposition über einen bestimmten Bereich vorzubehalten", sollen bei ihrer Verletzung Bereicherungsansprüche gegeben sein.[50, 51]

Vom Boden der Lehre vom Zuweisungsgehalt aus haben insbesondere *Kleinheyer* und *Canaris* versucht, Elemente beider Theorien miteinander zu verbinden.

Kleinheyer nimmt nicht mehr Rechtswidrigkeitsmerkmale zum Ausgangspunkt, sondern will Ansprüche wegen Eingriffsbereicherung dann gewähren, wenn die Bereicherung durch die Inanspruchnahme eines dem Bereicherungsgläubiger vorbehaltenen Rechtsguts ermöglicht wurde.[52] Maßgebend ist also für ihn die Benutzung und Verwendung fremder Rechtsgüter – der Sache nach tritt damit der Begriff des Rechtsguts an die Stelle des Zuweisungsgehalts. Ein solches Rechtsgut einer Person nimmt *Kleinheyer* dann an, „wenn und soweit die Rechtsordnung dieser Person gestattet, über die Verwendung dieses Gutes zu bestimmen und sich gegen Zugriffe auf dieses Gut zur Wehr zu setzen, in der Regel also, wenn und soweit ein Unterlassungsanspruch zugebilligt wird".[53] Auf diese Weise gelangt *Kleinheyer* auch zu Bereicherungsansprüchen bei Persönlichkeitsverletzungen und Wettbewerbs- und Warenzeichenverstößen.[54]

---

47 *Wilhelm* (o. Fußn. 43), S. 93.

48 S. zu *Wilhelm* auch MünchKomm/*Lieb* § 812 Rn. 243, *Reuter/Martinek,* S. 244.

49 *Kellmann,* Grundsätze der Gewinnhaftung, 1969, S. 110.

50 *Haines,* Bereicherungsansprüche bei Warenzeichenverletzungen und unlauterem Wettbewerb, 1970, S. 102.

51 S. zu *Kellmann und Haines* auch MünchKomm/*Lieb* § 812 Rn. 244, *Reuter/Martinek,* S. 243 f.

52 *Kleinheyer,* JZ 1970, 471/475.

53 *Kleinheyer,* JZ 1970, 475. Kritisch dazu MünchKomm/*Lieb* § 812 Rn. 248.

54 Ihm folgend: *Koppensteiner/Kramer,* S. 78 f.; *Reeb,* JuS 1973, 92/93.

Canaris will die Lehre vom Zuweisungsgehalt dadurch konkretisieren, daß er sie „mit dem berechtigten Kern der Rechtswidrigkeitstheorie verbindet".[55] Das soll dadurch geschehen, daß der Zuweisungsgehalt durch den Deliktsschutz bestimmt wird. Dieser enthalte ein ausdifferenziertes gesetzliches Regelungsprogramm zur Frage, ob und wieweit ein Gut einer bestimmten Person zugewiesen sei. Damit komme Zuweisungsgehalt grundsätzlich denjenigen Gütern zu, die deliktsrechtlich geschützt seien, und zwar, soweit der Deliktsschutz tatbestandlich reiche. In vielen Fällen wird man damit zu den gleichen Ergebnissen gelangen wie die Auffassung, die auf die kommerzielle Verwertungsmöglichkeit abstellt. Man wird aber doch die Frage stellen müssen, ob wirklich eine solche Parallelität zwischen Deliktsschutz und Kondiktionsschutz besteht und ob hier nicht doch unterschiedliche Wertungsgesichtspunkte hineinspielen, die eine solche Gleichstellung problematisch machen. Was deliktsrechtlich geschützt ist, muß jedenfalls nicht kondiktionsrechtlich geschützt sein.[56] Das zeigt sich gerade im Wettbewerbsrecht, wo in den wenigsten Fällen, in denen Deliktsschutz (namentlich in Form von Unterlassungsansprüchen) besteht, Kondiktionsansprüche geltend gemacht werden können. Für diesen wichtigen Bereich muß *Canaris* denn auch eine Ausnahme von seiner These machen.[57]

d) Wertung

Wie wir bereits gesehen hatten,[58] kann die Rechtswidrigkeit eines Verhaltens keine geeigneten Kriterien für einen Bereicherungsausgleich liefern. Eine konsequente Durchführung der Rechtswidrigkeitslehren würde auch Fälle als ausgleichspflichtig erfassen, in denen ein Ausgleich verfehlt wäre, so daß Korrekturversuche vorgenommen werden müssen und auf Kriterien zurückgegriffen wird, die der Lehre vom Zuweisungsgehalt zumindest sehr nahe stehen. Der Grund liegt darin, daß es im Bereicherungsrecht – anders als im Deliktsrecht – nicht um die Korrektur rechtswidrigen Verhaltens geht, sondern um die Frage, ob eine bestimmte Güterverteilung rechtlichen Bestand haben soll oder rückgängig zu machen ist. Deswegen darf man bei der Eingriffskondiktion nicht nach der Rechtmäßigkeit des Bereicherungsvorganges fragen, sondern nach der Legitimität des Behaltens.[59] Dem entspricht die Lehre vom Zuweisungsgehalt, indem sie an die Verteilung, an die Zuweisung der

---

[55] *Larenz/Canaris*, S. 170f.

[56] *Medicus*, BürgR, Rn. 709.

[57] *Larenz/Canaris*, S. 171 und 175f. *Canaris* begründet diese Ausnahme damit, daß für einen Kondiktionsanspruch die „Entgeltsfähigkeit" der Position, in die eingegriffen wird, gegeben sein müsse. Aber man fragt sich, ob er sich damit nicht doch auf den Boden der Auffassung begibt, die auf die kommerzielle Verwertungsmöglichkeit der Positionen abstellt.

[58] Vgl. oben S. 81.

[59] So zutreffend *Esser/Weyers*, S. 74.

Güter durch die Rechtsordnung anknüpft. Sie geht also vom dogmatisch richtigen Ausgangspunkt aus.

Gewiß bedarf sie der Ausfüllung und Konkretisierung. Die formelhafte Entscheidung von Fällen erlaubt der Begriff des Zuweisungsgehalts nicht. Mit der herrschenden Meinung lassen sich aber dem Zuweisungsgehalt dadurch festere Konturen geben, daß man auf die wirtschaftlichen Verwertungsmöglichkeiten der Positionen abstellt, in die eingegriffen wird.[60] Ein Eingriff in das einem anderen zugewiesene Recht liegt vor, wenn dieser „aufgrund der materiellen Ausgestaltung seiner Rechtsgüter die Möglichkeit gehabt hätte, dem Schuldner den Eingriff und damit den Vermögenserwerb, um dessen Herausgabe bzw. Ersatz es jetzt geht, entgeltlich zu gestatten".[61] Eine solche Gestattungsmöglichkeit setzt voraus, daß der Inhaber des Rechtsguts Dritten die Benutzung bzw. den Eingriff auch untersagen kann – wäre dies nicht der Fall, so bedürfte es auch keiner Gestattung. Im Gegensatz zu Auffassungen, die den Zuweisungsgehalt an das Bestehen von Unterlassungsansprüchen *(Kleinheyer)*[62] oder von Deliktsschutz anknüpfen *(Canaris)*,[63] reicht aber das Vorhandensein von Deliktsschutz oder Unterlassungsansprüchen nicht aus, sondern es muß die wirtschaftliche Verwertungsmöglichkeit hinzukommen. Die Unterschiede zeigen sich namentlich bei Eingriffen in deliktisch geschützte Rechtgüter wie dem Gewerbetrieb[64] und bei Wettbewerbsverstößen.[65] Keinen Zuweisungsgehalt weisen bloße Verwertungschancen auf, deren Nutzung durch Dritte nicht untersagt werden kann, wie sie vor allem im Recht gegen den unlauteren Wettbewerb bestehen.

Damit ist ein Kriterium gewonnen, das auch der Funktion der Eingriffskondiktion, dem Rechtsgüterschutz zu dienen,[66] gerecht wird. Gesteht die Rechtsordnung einem Berechtigten bestimmte Rechtspositionen mit der Möglichkeit zu, über sie ausschließlich entgeltlich zu verfügen und ihre Nutzung einem anderen gegen eine Gegenleistung zu gestatten, so liegt der Normalfall der Nutzungsüberlassung darin, daß sie mit Einwilligung des Berechtigten, d.h. auf vertraglicher Basis erfolgt. Geschieht die Fremdnutzung ohne Einwilligung des Berechtigten, also durch einen Eingriff, so ist es die Aufgabe des Bereicherungsrechtes, das Ergebnis einer vertragsmäßigen Überlassung herzustellen, indem nämlich an die Stelle des vertraglichen Gegenleistungsanspruchs der Bereicherungsanspruch tritt. *Weyers*[67] hat hier von „dekretiertem Vertragsersatz bei Monopolverletzung" gesprochen. Ein gewisser Wertungs-

---

60 Vgl. oben S. 85.
61 MünchKomm/*Lieb*, § 812 Rn. 250.
62 Vgl. oben S. 87.
63 Vgl. oben S. 88.
64 Dazu unten S. 92f.
65 Dazu unten S. 93f.
66 Vgl. oben S. 75.
67 *Esser/Weyers*, S. 79.

spielraum wird, besonders in Grenzfällen, immer bleiben. Aber das spricht nicht gegen diese Lehre. Letzten Endes sind die Vertreter aller Theorien auf ausfüllungsbedürftige Formeln angewiesen.

e) Fallgruppen[68]

Wir hatten gesehen, daß die Fälle des Eingriffs in das *Eigentum* oder in *Immaterialgüterrechte* keine Probleme aufwerfen. Für die Lehre vom Zuweisungsgehalt handelt es sich um die klassischen Fälle, in denen ein Recht dem einzelnen zum Haben und Nutzen zugewiesen ist, so daß Bereicherungsansprüche bestehen.[69] Zum gleichen Ergebnis gelangt die Rechtswidrigkeitstheorie, da der Eingriff eine rechtswidrige Handlung darstellt, ebenso die vermittelnden Auffassungen. In unseren *Fällen 48* und *49* hat also *B* gegen *A* einen Anspruch aus Eingriffskondiktion.

Komplizierter ist die Situation bei Eingriffen in das *Persönlichkeitsrecht*. Wir erinnern uns an die *Fälle 2* und 3[70] und nehmen folgenden Fall hinzu:

Fall 53 (nach *OLG München* NJW-RR 1996, 539): *A* ist Schriftstellerin, Fotojournalistin, Schauspielerin, Maskenbildnerin und Kosmetikerin; früher war sie auch als Fotomodell tätig. 1978 wirkte sie in ihrer Tätigkeit als Fotomodell bei einem Werbefoto mit. Dieses Foto zeigte sie nur mit einem Pelz bekleidet telefonierend hinter einem Schreibtisch. Es wurde im Jahre 1979 in einer Werbeanzeige verwendet. Im Jahre 1989 veröffentlichte *A* einen Bildband mit dem Titel „EROTIK", in dem das erwähnte Foto wiedergegeben war. Die Illustrierte *B* veröffentlichte 1991 unter dem Titel „Die neuen Seitensprünge in Deutschland" einen Artikel über Telefonsex, in dem großformatig das Foto der *A* wiedergegeben war. Im oberen Teil des Bildes, über dem Kopf der Klägerin, findet sich folgender Text: „Der Mensch, der das Rad erfand, erfand die Liebe per Telekom. Er wählt eine Nummer, und in seinem Kopf materialisiert sich die Traumfrau, Nackte im Pelz". *A* macht geltend, sie hätte der Veröffentlichung des Fotos, zumal im Zusammenhang mit Telefonsex, unter keinen Umständen zugestimmt. Durch die Bildveröffentlichung sei sie dem Verdacht ausgesetzt worden, Telefonsex zu betreiben. Dies habe ihr heftige Vorwürfe eines die Herausgabe eines Buches von ihr vorbereitenden Verlages und Telefonanrufe aus ihrem Bekanntenkreis eingebracht, in denen sie gefragt worden sei, ob sie es nunmehr nötig habe, Telefonsex zu betreiben.

Während die Vertreter der Lehre vom Zuweisungsgehalt früher bei der Gewährung von Bereicherungsansprüchen bei Verletzungen des Persönlichkeitsrechts sehr zurückhaltend waren und betonten, daß das Persönlichkeitsrecht seinem Inhaber keine bestimmte wirtschaftliche Nutzung ausschließlich zuweise,[71] hatte der *BGH* schon 1956 im *Paul Dahlke*-Fall *(Fall 2)* einen Bereicherungsanspruch bejaht, ohne sich allerdings mit der hier besprochenen Problematik näher auseinanderzusetzen. Heute steht man ganz überwiegend auf dem Standpunkt, daß jedenfalls bei besonderen Ausformungen des Persönlichkeitsrechtes wie dem Na-

[68] S. dazu auch Staudinger/*Lorenz* Vorbem. § 812 Rn. 60ff.
[69] S. z.B. *BGH* GRUR 2001, 1158 – Der grüne Punkt.
[70] Vgl. oben S. 1.
[71] Vgl. vor allem *Mestmäcker*, JZ 1958, 521/525; *Raiser*, JZ 1961, 465/471.

mensrecht (§ 12) oder dem Recht am eigenen Bild (§ 22 KUG) eine kommerzielle Verwertung weithin üblich sei und insoweit auch ein Zuweisungsgehalt und damit Bereicherungsansprüche im Verletzungsfalle bestehen müßten.[72] Dem läßt sich nur zustimmen. Auch verschiedentlich deutlich gewordene Bedenken, als rein ideell angesehene Rechtsgüter einem Vermarktungsprozeß zuzuführen, sollten davon nicht abhalten – im Schadensersatzrecht, etwa bei der Verletzung von Persönlichkeitsrechten oder bei Ersatzansprüchen für vertanen Urlaub, vertane Freizeit und dgl. sind vergleichbare Probleme jedenfalls überwunden worden. Wirtschaftliche Entwicklungen, die gegen die Rechtsordnung nicht verstoßen und in anderen Rechtsbereichen sogar ausrücklich anerkannt sind, sollten auch bereicherungsrechtlich nicht negiert werden. Bestimmte Ausformungen des Persönlichkeitsrechts sind heute Gegenstand des Wirtschaftsverkehrs geworden.[73] Wo eine wirtschaftliche Nachfrage und damit ein Marktwert für bestimmte Persönlichkeitsinformationen besteht, sollte der Berechtigte gegen die unbefugte Verwertung auch bereicherungsrechtlich geschützt werden. Die Überlegungen, die zum Schutz des allgemeinen Persönlichkeitsrechts im Deliktsrecht geführt haben,[74] müssen im Bereicherungsrecht gleichfalls berücksichtigt werden. Der deliktsrechtliche Schutz reicht nicht immer aus. Er setzt Verschulden des Verletzers voraus und dieses ist oft schwer zu beweisen. Der *BGH* hat diese Konsequenzen denn auch gezogen. In der *Fall 3* zugrundeliegenden Entscheidung geht er jedenfalls ganz selbstverständlich davon aus, daß die Verletzung des Rechts am eigenen Bild Bereicherungsansprüche auslösen kann und beruft sich dazu auf seine ständige Rechtsprechung.[75]

Fall 53 wirft die Frage auf, ob ein Bereicherungsanspruch auch dann besteht, wenn der Betroffene selbst keinesfalls bereit gewesen wäre, sein Persönlichkeitsrecht zu vermarkten. Mit Recht wird das ganz überwiegend bejaht.[76] Der Bereicherungsschuldner ist um die Nutzungsmög-

---

72 *BGH* NJW 1992, 2084/2085; BGHZ 81, 75/81 f.; *OLG Hamburg* NJW-RR 1999, 1204; *LG München I* NJW-RR 2002, 617; MünchKomm/*Lieb,* § 812 Rn. 262 f.; Staudinger/*Lorenz,* Vorb. § 812 Rn. 61 f.; Jauernig/*Stadler,* § 812 Rn. 54; *Larenz/ Canaris,* S. 173 f.; *Reuter/Martinek,* S. 266 ff.; Bamberger/Roth/*Wendehorst,* § 812 Rn. 76; *Schlechtriem,* in: Festschr. f. Hefermehl, 1976, S. 445 ff.; *Schwerdtner,* Das Persönlichkeitsrecht in der deutschen Zivilrechtsordnung, 1977, S. 241 f.; *Rümker,* Das Tatbestandsmerkmal „ohne rechtlichen Grund" im Bereich der Eingriffskondiktion, 1972, S. 59; *Jakobs,* Eingriffserwerb und Vermögensverschiebung in der Lehre von der ungerechtfertigten Bereicherung, 1964, S. 103 ff.; *Hubmann,* UFITA 39 (1963), 223/230 f.; vgl. auch bereits *Wilburg,* Die Lehre von der ungerechtfertigten Bereicherung nach österreichischem und deutschem Recht, 1934, S. 43 ff.

73 Dazu eingehend *Schlechtriem,* in: Festschr. f. Hefermehl, 1976, S. 445/453 und 457; *Götting,* Persönlichkeitsrechte als Vermögensrechte, 1995, S. 7 f.; *Esser/Weyers,* S. 76 f.; *Helle,* RabelsZ 60 (1996), 448 ff.

74 BGHZ 13, 334; 20, 345; 26, 349; 81, 75; *BGH* NJW 2004, 762; NJW 2005, 2844.

75 *BGH* NJW 1992, 2084/2085.

76 *OLG Hamburg* NJW-RR 1999, 1204/1205; *OLG München* NJW-RR 1996, 539/540; MünchKomm/*Lieb,* § 812 Rn. 263; *Schlechtriem,* in: Festschr. f. Hefer-

lichkeit bereichert – unabhängig davon, ob der Bereicherungsgläubiger einer Nutzung zugestimmt hätte oder nicht.[77] Auch bei Eingriffen in das Eigentum oder in Immaterialgüterrechte stellt man bereicherungsrechtlich nicht die Frage, ob der Eigentümer bzw. der Schutzrechtsinhaber einer Nutzung zugestimmt bzw. eine Lizenz erteilt hätte. Zudem ist gerade in Fällen, in denen der Betroffene selbst keinesfalls einer Nutzung durch Dritte zugestimmt hätte, ein Schutz des Persönlichkeitsrechts vonnöten. Der Anspruch richtet sich dann, da die unerlaubte Nutzung als solche ja nicht herausgegeben werden kann, in Anwendung des § 818 II auf eine angemessene Nutzungsentschädigung (Lizenzgebühr).[78]

Eine größere Zurückhaltung ist bei Eingriffen in das *Recht am Gewerbebetrieb* angebracht. Ein Zuweisungsgehalt wird hier überwiegend verneint.[79] *Lieb* hat zutreffend darauf hingewiesen, daß gerade diejenigen Rechtssätze, die zum Schutz des unternehmerischen Tätigkeitsbereiches rechtsfortbildend entwickelt worden sind, fast ausschließlich reine Verhaltens- und keine Zuweisungsnormen in dem Sinne sind, daß sie bestimmte Nutzungs- und Verwertungsmöglichkeiten dem Unternehmer vorbehalten bzw. die Verfügung darüber durch entgeltliche Gestattung erlauben würden.[80] Das zeigt auch

Fall 54 (nach BGHZ 71, 86): *A* ist Inhaber eines Patents. *B* erblickt in diesem Patent eine Verletzung seines eigenen, ähnlichen Patents und erhebt gegen *A* eine Klage wegen Patentverletzung. Gleichzeitig schreibt *B* die Abnehmer des *A* an und verwarnt sie, weiterhin die nach dem Patent des *A* hergestellten Produkte zu vertreiben, anderenfalls werde er gegen sie wegen Patentverletzung vorgehen. Die Abnehmer des *A* stellen daraufhin den Bezug der Produkte bei *A* ein. Nachdem die Patentverletzungsklage des *B* gegen *A* in allen Instanzen erfolglos geblieben ist, verlangt *A* von *B* 500.000 Euro. Da sich das für einen Schadensersatzanspruch erforderliche Verschulden des *B* nicht nachweisen läßt, stützt sich *A* auf Bereicherungsrecht.

---

mehl, 1976, S. 445/464; *Kleinheyer,* JZ 1970, 471/476; *Götting,* Persönlichkeitsrechte als Vermögensrechte, 1995, S. 54ff., 282; *Bötticher,* AcP 158 (1959/1960), 385/403ff.; *Helle,* RabelsZ 60 (1996), 448/465.

[77] Das hat das *OLG München* in der *Fall 53* zugrundliegenden Entscheidung ganz zutreffend herausgearbeitet, vgl. NJW-RR 1996, 539/540; s.a. *OLG Hamburg* NJW-RR 1999, 1204/1205.

[78] Dazu näher unten S. 139.

[79] Vgl. BGHZ 71, 86/98; BGHZ 107, 117/121 – Forschungskosten; im Schrifttum etwa MünchKomm/*Lieb,* § 812 Rn. 260; Erman/*Westermann,* § 812 Rn. 70; Jauernig/*Stadler,* § 812 Rn. 55; *Esser/Weyers,* S. 76; Bamberger/Roth/*Wendehorst,* § 812 Rn. 76; *Rümker,* Das Tatbestandsmerkmal „ohne rechtlichen Grund" im Bereich der Eingriffskondiktion, 1972, S. 59f.; *Mestmäcker,* JZ 1958, 521/526; differenzierend *Reuter/Martinek,* S. 268ff., 270; für einen Bereicherungsausgleich (mit Differenzierungen im einzelnen) Staudinger/*Lorenz,* Vorbem. § 812 Rn. 72; *Jakobs,* Eingriffserwerb und Vermögensverschiebung in der Lehre von der ungerechtfertigten Bereicherung, 1964, S. 114ff.; *Koppensteiner/Kramer,* S. 81f.; *Kleinheyer,* JZ 1970, 471/476; s.a. RGRK/*Heimann-Trosien,* vor § 812 Rn. 34.

[80] MünchKomm/*Lieb,* § 812 Rn. 260.

Unberechtigte Schutzrechtsverwarnungen stellen nach allgemeiner Ansicht einen Eingriff in das Recht am Gewerbebetrieb dar.[81] Da Schadensersatzansprüche ausscheiden, stellt sich die Frage, ob *A* mit der Eingriffskondiktion gegen *B* vorgehen und dessen durch die Belieferung der Abnehmer des *A* erhöhten Gewinn kondizieren kann. Das würde vorausgesetzen, daß es sich beim Recht am Gewerbebetrieb um eine Position mit Zuweisungsgehalt handelt. Der *BGH* hat das in der *Fall 54* zugrundeliegenden Entscheidung verneint: „Die Beklagte hat nicht in einen der Klägerin zugewiesenen Rechtsbereich eingegriffen. Deren Recht zur gewerblichen Betätigung ist zwar durch Gesetz geschützt. Dem Gewerbetreibenden ist damit aber nicht ein bestimmter Tätigkeitsbereich mit festen Chancen und Erwerbserwartungen wie ein absolutes Recht zugewiesen; vielmehr hat jeder Gewerbetreibende dasselbe Recht der gewinnbringenden Tätigkeit. Deshalb sind das Recht zur gewerblichen Tätigkeit, das Recht am Unternehmen und das Recht am eingerichteten und ausgeübten Gewerbebetrieb nicht als eine Rechtsposition mit einem Zuweisungsgehalt anzuerkennen. Der Kundenkreis, in den die Beklagte eingegriffen hat, gehört zwar zum eingerichteten und ausgeübten Gewerbetrieb der Klägerin, er stand ihr aber im Rechtssinne nicht allein zu. Es fehlt somit an der Beeinträchtigung einer Rechtsposition mit einem Zuweisungsgehalt. Damit scheidet § 812 I BGB als Anspruchsgrundlage aus."[82]

Im Grundsatz ähnlich ist es bei Verstößen gegen das *Recht gegen unlauteren Wettbewerb*. Auch im Wettbewerbsrecht gibt es – anders als bei den absoluten Rechten – keine Positionen, die ihrem Inhaber die Berechtigung verleihen, sie ausschließlich zu haben und zu nutzen und andere von der Nutzung auszuschließen. Vielmehr soll in einer Wettbewerbswirtschaft der Wettbewerber seine Leistung in Konkurrenz, im Kampf mit seinen Mitbewerbern anbieten, so daß sich die beste Leistung auf dem Markt durchsetzen kann. Dazu gehört es auch, in Tätigkeits- und Absatzbereiche von Mitbewerbern eindringen zu können. Das Recht gegen den unlauteren Wettbewerb will lediglich verhindern, daß dies mit unlauteren Methoden geschieht. Seine Vorschriften stellen Verhaltensnormen dar und weisen nicht bestimmte Bereiche einem Marktteilnehmer unter Ausschluß anderer zu. *Ludwig Raiser* hat einmal gesagt, daß es im Wettbewerbsrecht Spielregeln, aber keine festen Positionen gibt.[83] Es handelt sich also, um mit dem *BGH* zu sprechen, um bloße Verwertungschancen, nicht aber um geschützte Rechtspositionen, die es ihrem Inhaber gewährleisten, daß ohne seine Zustimmung ihre Nutzung durch Dritte zu unterbleiben hat.[84]

---

[81] BGHZ 62, 29/33 – Maschenfester Strumpf; *BGH GSZ* GRUR 2005, 882; aus dem Schrifttum statt vieler Palandt/*Sprau,* § 823 Rn. 132.

[82] BGHZ 71, 86/98; bestätigt in BGHZ 107, 117/121 – Forschungskosten.

[83] *Raiser,* JZ 1961, 465/469.

[84] Vgl. BGHZ 107, 117/121 – Forschungskosten.

Allerdings sollte die Eingriffskondiktion im Recht gegen den unlauteren Wettbewerb nicht von vornherein ausgeschlossen werden. Auch im Wettbewerbsrecht gibt es Positionen, bei denen ihr Inhaber die Benutzung anderen untersagen und sie ihnen gegen Entgelt gestatten kann. Zwar dürfte es zu weit gehen, bereits bei der Verletzung von Wettbewerbsnormen mit individualbegünstigendem Zweck, d.h. von Normen, bei denen der Verletzte einen Eingriff durch seine Duldung rechtmäßig machen kann, Bereicherungsansprüche zu gewähren.[85] Mit Recht wird dagegen eingewandt, daß bei der bloßen Individualbegünstigung einer Norm noch keine hinreichende Verfestigung zu einer dem Immaterialgüterrechtsschutz angenäherten Position vorliege, die die Anwendung von Bereicherungsrecht rechtfertige.[86] Der Kerngedanke der Lehre vom Zuweisungsgehalt, daß nämlich die Usurpation der einem anderen zugewiesenen Position den Bereicherungsausgleich legitimiert, würde verlassen, der Anwendungsbereich der §§ 812ff. unangemessen ausgedehnt. Auch die Behinderung im Wettbewerb kann durch Duldung rechtmäßig gemacht werden, von einer Position mit Zuweisungsgehalt läßt sich hier aber sicher nicht sprechen. Zudem ergeben sich Abgrenzungsschwierigkeiten, nicht zuletzt daraus, daß das Recht gegen den unlauteren Wettbewerb auch dem Schutz des Mitbewerbers dient. Bei den *Ausbeutungstatbeständen* dürften Ansprüche aus Eingriffskondiktion grundsätzlich möglich sein. Dazu gehört die Ausbeutung fremder Leistung, namentlich die wettbewerbswidrige Nachahmung, die Ausbeutung fremden Rufs und die Ausbeutung fremder Geschäfts- und Betriebsgeheimnisse (einschließlich der Fälle der §§ 17 und 18 UWG).[87] Der Bundesgerichtshof führt aus, daß der Zuweisungsgehalt der geschützten Rechtsposition einem Verbotsanspruch des Rechtsinhabers entspreche, in dessen Macht es stehe, die Nutzung des Rechtsguts einem sonst ausgeschlossenen Dritten zur wirtschaftlichen Verwertung zu überlassen. Der Eingriffskondiktion unterliege demnach ein solcher vermögensrechtlicher Vorteil, den der Dritte nur unter Verletzung einer geschützten Rechtsposition und der alleinigen Verwertungsbefugnis des Rechtsinhabers erlangen konnte. Die geschützte Rechtsposition müsse

---

[85] So *Haines,* Bereicherungsansprüche bei Warenzeichenverletzungen und unlauterem Wettbewerb, 1970, S. 93ff.; vgl. auch Staudinger/*Lorenz,* Vorb. § 812 Rn. 71 mit weiteren Nachweisen.

[86] Hefermehl/*Köhler/Bornkamm,* Wettbewerbsrecht, 23. Aufl. 2006, § 9 UWG, Rn. 3.2.; MünchKomm/*Lieb,* § 812 Rn. 259; Ahrens/*Loewenheim,* Der Wettbewerbsprozeß, 5. Aufl. 2005, Kap. 70 Rn. 8.; *Teplitzky,* Wettbewerbsrechtliche Ansprüche, 9. Aufl. 2006, Kap. 40 Rn. 7; vgl. auch die Kritik bei *Büsching,* Der Anwendungsbereich der Eingriffskondiktion im Wettbewerbsrecht, 1992, S. 73ff., 82f.

[87] Dazu näher *Loewenheim,* WRP 1997, 913ff. insb. 916; Ahrens/*Loewenheim,* aaO. (Fußn. 86) Rn. 5ff., insb. 9 mit weiteren Nachweisen; ebenso Hefermehl/*Köhler/* Bornkamm, aaO. (Fußn. 86); mit Unterschieden im einzelnen auch *Teplitzky,* aaO. (Fußn. 86); *Fournier,* Bereicherungsausgleich bei Eingriffen in Wettbewerbspositionen im Sinne des § 1 UWG (1998) S. 148ff.

es dem Gläubiger gewährleisten, daß ohne seine Zustimmung ihre Nutzung durch Dritte zu unterbleiben habe.[88] Demgegenüber ist bei den *Behinderungstatbeständen* die Möglichkeit der Eingriffskondiktion grundsätzlich zu verneinen. „Vom Zuweisungsgehalt eines Rechtsguts im bereicherungsrechtlichen Sinne werden bloße Erwerbs- und Gewinnchancen nicht erfaßt, mögen sie auch – wie beim Recht am eingerichteten und ausgeübten Gewerbebetrieb – mit einem deliktisch geschützten Rechtsgut verbunden sein".[89] Das gilt namentlich für Diskriminierung, Boykott, Liefer- und Bezugssperren, vergleichende Werbung, unberechtigte Verwarnung und das Ausspannen fremder Arbeitskräfte.[90] Auch in *Fall 50* liegt keine Situation der Ausbeutung einer Leistung oder des Rufs des Lebensmittelmarktes *A* vor. Lebensmittelmarkt *B* hat in keine Rechtsposition des Lebensmittelmarktes *A* eingegriffen, deren Benutzung dieser anderen hätte gestatten können. Es ging vielmehr um bloße Verwertungschancen; Lebensmittelmarkt *B* hat gegen reine Verhaltensnormen, gegen die Gebote des wettbewerblichen fair play verstoßen. In solchen Fällen ist der Verletzte auf Schadensersatzansprüche angewiesen.

Durch die Möglichkeit der sog. dreifachen Schadensberechnung[91] wird eine Anwendung der Eingriffskondiktion im Wettbewerbsrecht nicht überflüssig. Zwar zielt ein Bereicherungsanspruch, bei dem für die Inanspruchnahme einer fremden Rechtsposition nach § 818 II Wertersatz zu leisten ist, ebenso auf die Zahlung einer angemessenen Lizenzgebühr wie die Berechnung des Schadens nach der Lizenzanalogie. Im Gegensatz zum Schadensersatzrecht erfaßt das Bereicherungsrecht aber auch Wettbewerbsverstöße, bei denen es am Verschulden fehlt. Andererseits

---

[88] BGHZ 107, 117/121 – Forschungskosten; s.a. *OLG München* GRUR 2002, 453/454.

[89] BGHZ 107, 117/121 – Forschungskosten; 71, 86/98.

[90] Dazu *Loewenheim,* WRP 1997, 913/916ff.; Ahrens/*Loewenheim,* aaO. (Fußn. 86); Hefermehl/*Köhler*/Bornkamm, aaO. (Fußn. 86); *Teplitzky,* aaO. (Fußn. 86); *Köhler,* Festschrift für Lorenz, 2001, S. 167/174ff.

[91] Nach ständiger Rechtsprechung kann bei schuldhafter Verletzung von Immaterialgüterrechten und vermögenswerten Persönlichkeitsrechten die Schadensberechnung auf dreifache Weise erfolgen: Erstens als Berechnung des konkreten Schadens nach der Differenzmethode, zweitens in Höhe einer angemessenen Lizenzgebühr und drittens als Herausgabe des Verletzergewinns (vgl. dazu etwa Hefermehl/*Köhler*/Bornkamm, Wettbewerbsrecht, 24. Aufl. 2006, § 9 UWG, 1.36ff.). Die Rechtsprechung hat diese Grundsätze in vorsichtiger Form auf bestimmte wettbewerbsrechtliche Sachverhalte übertragen, vgl. *BGH* GRUR 1972, 189ff. – Wandsteckdose II; GRUR 1973, 478/480 – Modeneuheit; GRUR 1977, 539/541 – Prozeßrechner; BGHZ 119, 21 – Tschibo/Rolex II; GRUR 1993, 757/759 – Kollektion Holiday; GRUR 1995, 349/351 – Objektive Schadensberechnung; dazu aus dem Schrifttum insbes. Hefermehl/*Köhler*/Bornkamm, Wettbewerbsrecht, 24. Aufl. 2006, § 9 UWG, 1.36; *Leisse/Traub,* GRUR 1980, 1ff.; *Piper,* GRUR 1996, 147/160; s.a. *Loewenheim,* ZHR 135 (1971), 97ff. sowie JZ 1972, 323ff.

beschränkt sich die Herausgabepflicht grundsätzlich auf die noch vorhandene Bereicherung (§ 818 III).

2. Die Tatbestandsmerkmale der Eingriffskondiktion

Wir hatten oben[92] gesehen, daß die Leistungskondiktion drei Tatbestandsmerkmale aufweist, nämlich „das erlangte Etwas", die Leistung des Gläubigers und den Mangel eines rechtlichen Grundes. Demgegenüber sind bei der Eingriffskondiktion (und das gilt entsprechend für die anderen Nichtleistungskondiktionen) vier Tatbestandsmerkmale zu prüfen: (1) „das erlangte Etwas", (2) der Eingriff („in sonstiger Weise"), (3) das Merkmal „auf dessen Kosten" und (4) das Fehlen des rechtlichen Grundes. Für die Eingriffskondiktion (und die anderen Nichtleistungskondiktionen) ist § 812 I 1 also wie folgt zu lesen: „Wer in sonstiger Weise auf Kosten eines anderen etwas ohne rechtlichen Grund erlangt, ist ihm zur Herausgabe verpflichtet."

a) Das erlangte Etwas

Hinsichtlich des erlangten Etwas gibt es gegenüber der Leistungskondiktion keine Besonderheiten. Es geht hier um dasjenige, was der Bereicherungsschuldner durch den Eingriff erhalten hat, wobei die Gebrauchs- und Nutzungsmöglichkeiten an fremden Rechtspositionen im Vordergrund stehen. Im übrigen gilt das im Rahmen der Leistungskondiktion Gesagte entsprechend.[93]

b) Der Eingriff

Zweitens setzt die Eingriffskondiktion voraus, daß der Bereicherungsschuldner den Bereicherungsgegenstand durch einen Eingriff in eine fremde Rechtsposition (nämlich des Bereicherungsgläubigers) erlangt hat. Das bedeutet zunächst, daß der Bereicherungsgegenstand „in sonstiger Weise" erlangt sein muß, also nicht durch Leistung. Das ergibt sich aus dem Grundsatz des Vorrangs der Leistungskondiktion vor den Nichtleistungskondiktionen.[94] Es ist also immer zuerst zu prüfen, ob eine Leistungskondiktion stattfindet, erst wenn dies verneint wird, kann die Prüfung der Eingriffskondiktion erfolgen – es sei denn, es ist offensichtlich, daß eine Leistungskondiktion nicht vorliegt.

Steht fest, daß eine Leistungskondiktion ausscheidet, so ist zu untersuchen, ob es sich um eine Eingriffskondiktion oder um eine andere Nichtleistungskondiktion (z.B. Verwendungskondiktion) handelt. Auch dies gilt natürlich nur, wenn der Sachverhalt Anlaß zu entsprechenden Überlegungen gibt, beispielsweise nicht in den obigen *Fällen 48–50.*

---

92 Vgl. oben S. 16.
93 Vgl. oben S. 18ff.
94 Vgl. oben S. 76.

Der Eingriff kann sich in unterschiedlichen Formen vollziehen. Zunächst kann es sich um einen Eingriff durch den *Bereicherten* handeln. Ein Beispiel bilden die *Fälle 48–50:* Eingreifer und Bereicherter sind hier identisch. Der Eingriff kann aber auch auf einem Handeln des *Entreicherten,* auf dem Handeln eines *Dritten* oder auf *gesetzlicher Vorschrift* beruhen. Beispiele dafür bilden vor allem die Einbaufälle:[95] Ein Dritter kann das Material einbauen *(Fall 46),* es kann auch der Eigentümer selbst sein. Außerdem beruht in den Einbaufällen die Bereicherung auf gesetzlicher Vorschrift (§ 946), das gleiche gilt für den *Jungbullenfall* (*Fall 47:* Eigentumserwerb nach § 950). Verschiedentlich hat man diese Unterschiede zum Anlaß genommen, um weitere Fallgruppen der Nichtleistungskondiktion zu bilden, etwa das Erlangen durch gesetzliche Vorschrift, durch Handlungen Dritter, aber auch die Bereicherung durch Naturvorgang.[96] Zweckmäßiger erscheint es allerdings, diese Fälle – soweit nicht die Leistungskondiktion Vorrang hat – der Eingriffskondiktion zuzurechnen. Die Fälle sind nur schwer voneinander abzugrenzen und werfen zahlreiche gemeinsame Sachprobleme auf. Ohnehin geht es nicht um unterschiedliche Sachentscheidungen, sondern um die systematische Erfassung von Sachverhalten.

c) „auf dessen Kosten“

Dritte Voraussetzung der Eingriffskondiktion ist, daß die Bereicherung „auf dessen Kosten“, d.h. auf Kosten des Bereicherungsgläubigers erlangt ist. Bei der Leistungskondiktion, das hatten wir oben[97] gesehen, ist dieses Merkmal funktionslos, bei den Nichtleistungskondiktionen hat es dagegen seine Bedeutung behalten. Zwar interpretiert man es im Gegensatz zu früher nicht mehr dahin, daß der Bereicherung des Schuldners eine *Entreicherung* des Gläubigers entsprechen müsse, daß also der Vermögensmehrung auf der einen Seite eine entsprechende Vermögensminderung der anderen Seite gegenüberzustehen habe. Eine solche Interpretation ist unnötig und kann als überholt gelten.[98] Im Gegensatz zum Schadensersatzrecht geht es bei Kondiktionsansprüchen nicht darum, daß eine Vermögensminderung auf Seiten des Gläubigers ausgeglichen wird, sondern daß eine ungerechtfertigte Vermögensmehrung abgeschöpft wird. Es handelt sich um ein Bereicherungsrecht und nicht um ein Entreicherungsrecht.[99] Das zeigen auch die Fälle des Eingriffs in Immaterialgüterrechte, bei denen der Vermögensmehrung beim Eingreifer regelmäßig keine Vermögensminderung des Schutzrechtsinhabers gegenübersteht.

---

[95] Soweit man hier nicht zu einem Vorrang der Leistungskondiktion gelangt.

[96] Vgl. zum Beispiel MünchKomm/*Lieb,* § 812 Rn. 227ff.

[97] Vgl. oben S. 17f.

[98] Staudinger/*Lorenz,* § 812 Rn. 24; *Esser/Weyers,* S. 79; *Koppensteiner/Kramer,* S. 84; *Kleinheyer,* JZ 1970, 471/473f.; *Hüffer,* JuS 1981, 263/264.

[99] *Esser/Weyers,* S. 79.

Außerdem hat man vor allem früher dem Tatbestandsmerkmal „auf dessen Kosten“ das Erfordernis der „Unmittelbarkeit der Vermögensverschiebung“ entnommen, d.h. man verlangte, daß der Gewinn auf der einen und der Verlust auf der anderen Seite durch ein und denselben Vorgang herbeigeführt werden müsse, also ohne Zwischenschaltung eines Drittvermögens. Zum Teil wird auch heute noch angenommen, daß Bereicherungsschuldner nur der sein könne, dem der Eingriff unmittelbar zugute gekommen ist.[100] In vielen Fällen wird das auch so sein; entscheidend für die Frage, gegen wen sich der Bereicherungsanspruch zu richten hat, ist aber letztlich nicht ein wie auch immer geartetes Unmittelbarkeitserfordernis, sondern die materiellen Wertungskriterien wie Risikoverteilung, Vertrauensschutz und Erhalt der Einwendungen, wie wir sie bereits im Rahmen der Leistungskondiktion kennengelernt hatten[101] und wie wir sie auch bei der Abgrenzung von Leistungskondiktion und Nichtleistungskondiktion berücksichtigt hatten.[102]

Die Funktion des Merkmals „auf dessen Kosten“ liegt bei den Nichtleistungskondiktionen vielmehr darin, die Parteien des Bereicherungsverhältnisses zu bestimmen, also eine Beziehung zwischen Bereicherungsgläubiger und Bereicherungsschuldner herzustellen und damit letztlich einer Ausuferung von Kondiktionsansprüchen zu begegnen. Bei der Leistungskondiktion wird, wie wir oben[103] gesehen hatten, diese Aufgabe durch den Leistungsbegriff erfüllt, durch den gleichzeitig die Parteien des Leistungsverhältnisses bestimmt werden. Bei der Eingriffskondiktion wird diese Aufgabe vom Merkmal „auf dessen Kosten“ in Verbindung mit dem Zuweisungsgehalt übernommen. Das Tatbestandsmerkmal „auf dessen Kosten“ wird durch den Begriff des Zuweisungsgehalts ausgefüllt.[104] Ein Eingriff findet „auf Kosten“ eines anderen statt, wenn er in eine Rechtsposition erfolgt, die diesem anderen zugewiesen ist. Dieser ist dann der Bereicherungsgläubiger.

d) Das Fehlen des rechtlichen Grundes

Bei der Leistungskondiktion hatten wir gesehen, daß sich der Leistungsbegriff neben der Bestimmung der Parteien des Leistungsverhältnisses auch auf das Tatbestandsmerkmal des rechtlichen Grundes auswirkt: Da die Leistung eine nicht nur bewußte, sondern auch zweckgerichtete Mehrung fremden Vermögens ist, fehlt es am Rechtsgrund, wenn der mit der Leistung verfolgte Zweck nicht erreicht wur-

---

100 S. etwa Palandt/*Sprau,* § 812 Rn. 35; *Larenz/Canaris,* S. 178; s.a. RGRK/*Heimann-Trosien,* § 812 Rn. 53ff.

101 Vgl. oben S. 27.

102 Vgl. oben S. 79. *Weyers* (*Esser/Weyers,* S. 80) weist darauf hin, daß der Rekurs auf das Unmittelbarkeitserfordernis dazu führe, die materiellen Wertungen eher zu verdecken als sie gebührend zu erörtern.

103 Vgl. oben S. 24.

104 Vgl. beispielsweise die Darstellung bei MünchKomm/*Lieb* § 812 Rn. 234ff.

de.[105] Ähnlich verhält es sich beim Zuweisungsgehalt. Er füllt nicht nur das Tatbestandsmerkmal „auf dessen Kosten" aus und bestimmt damit die Parteien der Eingriffskondiktion, sondern liefert gleichzeitig eine Aussage darüber, ob es für den Eingriff an einem Rechtsgrund fehlt. Hat nämlich jemand in eine Rechtsposition eingegriffen, die einem anderen zugewiesen ist, so hat er etwas in Anspruch genommen, was nach der Rechtsordnung einem anderen gebührt und die Inanspruchnahme ist zunächst einmal rechtsgrundlos. Es bedarf mithin einer besonderen Begründung, eines Behaltensgrundes (etwa der Einwilligung des Berechtigten), um die Inanspruchnahme als rechtlich begründet erscheinen zu lassen. Das entspricht dem Grundgedanken des Bereicherungsrechts, daß sich niemand durch Inanspruchnahme fremder Güter bereichern soll. Liegt dagegen kein Eingriff in eine fremde Rechtsposition mit Zuweisungsgehalt vor, so besteht kein Anlaß, nach dem Fehlen des rechtlichen Grundes zu fragen, eben weil die Inanspruchnahme fremder Güter nicht zur Debatte steht. Der Eingriff kann rechtswidrig sein und Unterlassungs- und Schadensersatzansprüche auslösen, führt aber nicht zu Kondiktionsansprüchen. Das zeigt gleichzeitig, daß – ebenso wie bei der Leistungskondiktion[106] – auch bei der Eingriffskondiktion die Frage nach dem Rechtsgrund keine spezifisch bereicherungsrechtliche ist, sondern sich nach außerbereicherungsrechtlichen Prinzipien beantwortet. Ausschlaggebend ist immer die aus der jeweiligen Rechtsposition selbst zu beantwortende Frage, ob ihrem Inhaber ein bestimmter Bereich zum ausschließlichen Haben und Nutzen zugewiesen ist: „Auf die güterzuordnende Funktion des Eigentums und sonstiger absoluter Rechte stützt sich das Urteil über die Unrechtmäßigkeit der Bereicherung".[107]

Allerdings ergibt sich nicht in allen Fällen aus dem Eigentumserwerb eine endgültige güterzuordnende Zuweisung. Einen ersten Fall dieser Art hatten wir bereits kennengelernt: Aus § 951 folgt, daß es bei §§ 946ff. nur um eine Zuordnung im Interesse sachenrechtlicher Klarheit geht, aber nicht um eine endgültige Güterzuweisung. Auf die Zuordnung nach §§ 946ff. kann sich der neue Eigentümer gegenüber jedem Dritten berufen, im Verhältnis zum früheren Eigentümer ist er aber einem Kondiktionsanspruch ausgesetzt.

Der gutgläubige Eigentumserwerb nach §§ 932ff. (und § 892) stellt dagegen grundsätzlich einen Behaltensgrund dar; eine Ausnahme bildet nur § 816 I 2, wonach der gutgläubige Erwerber einem Bereicherungsanspruch ausgesetzt ist, wenn er das Eigentum unentgeltlich erlangt hat. Es gilt der Satz: der entgeltliche gutgläubige Erwerb ist kondiktionsfest, der unentgeltliche nicht.[108]

---

[105] Vgl. oben S. 55.
[106] Vgl. oben S. 56.
[107] *v. Caemmerer,* S. 353.
[108] Dazu näher unten S. 111.

3. Die Sonderregelung des § 816

Einzelne Fälle der Eingriffskondiktion sind in § 816 besonders geregelt, und zwar Sachverhalte, in denen das Prinzip des Schutzes eines Rechtsinhabers (insbesondere Schutz des Eigentümers) mit dem Prinzip des Schutzes des Rechtsverkehrs in Konflikt gerät. Als Ausgangsfall dient uns

Fall 55: L leiht sich von *V* ein Fahrrad und verkauft und übereignet dieses an den gutgläubigen *E*. Kann *V* das Fahrrad von *E* kondizieren?

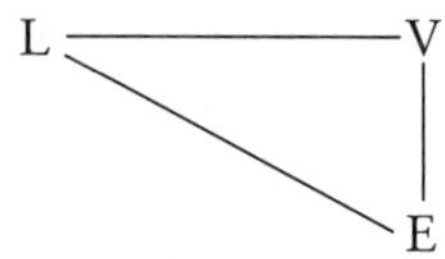

Der Sicherheit und Erleichterung des Rechtsverkehrs mit beweglichen Sachen dient es, den *E* in seinem guten Glauben zu schützen und ihn das Fahrrad behalten zu lassen; dieses Ergebnis kollidiert aber mit dem Prinzip des Eigentumsschutzes, denn ein Eigentumserwerb des *E* kann nur zu Lasten des *V* gehen. Das Gesetz entscheidet diesen Wertkonflikt in § 816 I 1 und 2. Eine vergleichbare Situation regelt § 816 II: Leistet ein Schuldner an einen falschen Gläubiger, so kann es bei Gutgläubigkeit des Schuldners geboten sein, diesen zu schützen (z.B. im Falle einer Forderungsabtretung nach § 407).[109] Das wirkt sich natürlich zu Lasten des wahren Gläubigers aus, und das Gesetz löst diesen Konflikt zwischen Schutz des Schuldners und Schutz des wahren Berechtigten dadurch, daß es dem wahren Berechtigten einen Bereicherungsanspruch gegen den vermeintlichen Berechtigten gewährt.[110] § 816 ist nach herrschender Meinung ein Sonderfall der Eingriffskondiktion, der die Anwendung des § 812 I 1 auf den gleichen Sachverhalt ausschließt.[111]

a) § 816 I 1

§ 816 I 1 regelt, wie *Fall 55* zeigt, einen Sonderfall der Eingriffskondiktion:[112] *L* hat durch die Übereignung des Fahrrads in das Vermögen des *V* eingegriffen und ist daher Bereicherungsschuldner, *V* Bereicherungsgläubiger. Gleichzeitig macht § 816 I 1 den gutgläubigen Erwerb nach § 932 kondiktionsfest: Ein Kondiktionsanspruch des *V* gegenüber *E* ist ausgeschlossen. Dem *V* ist dies zuzumuten, da er den Besitz am Fahrrad

---

[109] Vgl. *Fall 52*, oben S. 81.

[110] Zu § 816 II näher unten S. 115.

[111] Vgl. dazu eingehend *Reuter/Martinek*, S. 282ff., insb. S. 285; s. ferner *BGH* NJW 1970, 2095; *Larenz/Canaris*, S. 180f.; *Medicus*, SchR II, Rn. 637; *Brox/Walker*, S. 481 Rn. 16.

[112] So jedenfalls die h.M.; vgl. z.B. *Medicus*, SchR II, Rn. 637; *Brox/Walker*, S. 481 Rn. 16 Aber das ist nicht unbestritten, vgl. zu dieser Frage näher *Reuter/Martinek*, S. 282ff.; MünchKomm/*Lieb*, § 816 Rn. 1ff.; *Larenz/Canaris*, S. 180f.; Staudinger/*Lorenz*, § 816 Rn. 2.

aus der Hand gegeben und damit auf dessen Publizitätsfunktion verzichtet hat (hat *V* den Besitz nicht aus der Hand gegeben, so kann *E* nach § 935 I grundsätzlich – Ausnahme: § 935 II – kein Eigentum erwerben). V wird damit auf das verwiesen, was *L* durch die Übereignung des Fahrrades an *E* erlangt hat.

aa) Tatbestandsvoraussetzungen. § 816 I 1 weist vier Tatbestandsmerkmale auf. Erstens muß es sich um eine *Verfügung* handeln. Zweitens muß die Verfügung durch einen *Nichtberechtigten* (den Bereicherungsschuldner) erfolgt sein. Drittens muß die Verfügung dem Berechtigten (dem Bereicherungsgläubiger) gegenüber *wirksam* sein. Viertens muß die Verfügung, wie sich aus § 816 I 2 ergibt, *entgeltlich* sein.

Unter *Verfügung* versteht man ein Rechtsgeschäft, durch das ein bestehendes Recht unmittelbar aufgehoben, übertragen, belastet oder inhaltlich verändert wird.[113] So liegt beispielsweise in *Fall 55* die Verfügung in der durch *L* vorgenommenen Eigentumsübertragung (§§ 929, 932). Aus dieser Definition der Verfügung, die eine unmittelbare Einwirkung auf ein Recht verlangt, ergibt sich, daß es sich um Veränderungen der dinglichen Rechtslage handeln muß und daß die Begründung einer schuldrechtlichen Verpflichtung nicht ausreicht.

Trotzdem ist umstritten, ob § 816 I 1 in Fällen der Verpachtung oder Vermietung fremder Sachen analoge Anwendung finden kann. Dazu nehmen wir an, *L* habe in *Fall 55* das Fahrrad an *E* nicht verkauft und übereignet, sondern unbefugt vermietet. Eine unmittelbare Anwendung des § 816 I 1 scheitert schon am Tatbestandsmerkmal der Verfügung. *L* hat keine auf das Recht (Eigentum) des *V* unmittelbar einwirkende Maßnahme getroffen. Gleichwohl versucht ein Teil der Lehre § 816 I 1 in derartigen Fällen analog anzuwenden.[114] Dafür werden im wesentlichen zwei Begründungen vorgetragen: Zum einen: *V* habe gegen den (in der Regel) gutgläubigen *E* im Hinblick auf § 993 I keine Ansprüche,[115] so daß insoweit eine Parallele zu § 816 I 1 vorliege. Zum anderen: *L* habe zwar nicht über das Recht selbst und damit über den Substanzwert der Sache verfügt, wohl aber über deren Gebrauchswert, nämlich die Nutzungsmöglichkeit. Indessen bestehen gegen eine solche Analogie Bedenken. Schon die Gleichheit der Interessenlage ist zweifelhaft, denn die schuldrechtliche Verpflichtung zur Gebrauchsüberlassung, die *L* gegenüber *E* eingeht und die wohl der Verfügung des § 816 I 1 zu entsprechen hätte, ist gegenüber *V* nicht wirksam: Dieser kann jederzeit von *E* Herausgabe des Fahrrads (gegebenenfalls an *L,* § 986 I 2) verlan-

---

[113] Vgl. statt vieler MünchKomm/*Lieb,* § 816 Rn. 13; Palandt/*Sprau,* § 816 Rn. 7; *Larenz/Canaris,* S. 181; *Reuter/Martinek,* S. 293.

[114] *Esser/Weyers,* S. 82; *v. Caemmerer,* S. 358; *Koppensteiner/Kramer,* S. 96.

[115] Zwischen *V* und *E* besteht ein Eigentümer-Besitzer-Verhältnis, aufgrund dessen *V* Herausgabe des Rades verlangen kann (beachte dabei § 986 I 2). Darüber hinaus kann *V* aber nicht von *E* Herausgabe bzw. Ersatz der gezogenen Nutzungen verlangen. Davor wird *E* durch § 993 I a.E. als gutgläubiger Besitzer geschützt.

gen. Darin liegt ein entscheidender Unterschied zu den in den unmittelbaren Anwendungsbereich des § 816 I 1 fallenden Sachverhalten (z.B. *Fall 55*), wo der ursprünglich Berechtigte sein Recht gerade verloren hat. Es fehlt auch an einer Regelungslücke, da in vielen Fällen bereits die §§ 987ff. eingreifen,[116] jedenfalls aber eine Eingriffskondiktion nach § 812 I 1 in Frage kommt.[117] Von der Rechtsprechung und der überwiegenden Meinung im Schrifttum wird eine solche Analogie daher auch abgelehnt.[118]

An einer Verfügung fehlt es nach unserer obigen Definition auch dann, wenn die Einwirkung auf das betroffene Recht nicht auf einem Rechtsgeschäft beruht, also aufgrund des rechtsgeschäftlich geäußerten Willens eintritt, sondern aufgrund eines gesetzlichen Tatbestandes. Hauptbeispiele sind §§ 946ff. Dazu knüpfen wir noch einmal an *Fall 46* an:

Fall 46 (nach BGHZ 56, 228): Baustoffhändler *H* liefert Baumaterial unter Eigentumsvorbehalt an den Bauunternehmer *U* mit der Maßgabe, daß *U* dieses Material erst nach vollständiger Bezahlung verwenden darf. Noch bevor *U* den Kaufpreis an *H* voll bezahlt hat, baut er das Material in das Haus des *E* ein. Diesmal verlangt *H* von *U* Herausgabe des Erlöses für das eingebaute Material.

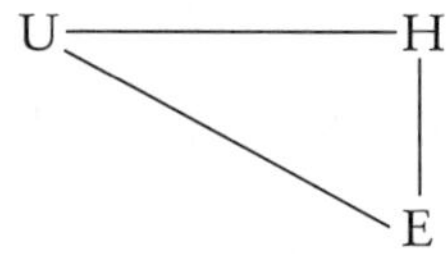

Einer unmittelbaren Anwendung des § 816 I 1 steht entgegen, daß es sich bei dem Einbau des Baumaterials nicht um eine Verfügung im Sinne des § 816 I 1 handelt. Denn der Eigentumserwerb des E vollzog sich nicht aufgrund eines von U und E geäußerten rechtsgeschäftlichen Willens. Auch hier stellt sich aber die Frage einer analogen Anwendung des § 816 I 1. Wir hatten schon oben[119] gesehen, daß Sachverhalte wie *Fall 46* nicht anders behandelt werden können, als wenn *E* rechtsgeschäftlich Eigentum nach §§ 929, 932ff. erwirbt, so daß man § 816 I 1 auf das Verhältnis zwischen ursprünglich Berechtigtem *(H)* und Nichtberechtigtem *(U)* anwendet.[120] Dieses Ergebnis steht auch nicht im Widerspruch zu der Lö-

[116] Vgl. dazu *Medicus*, BürgR, Rn. 716, vgl. aber Rn. 717.

[117] Dazu Palandt/*Sprau*, § 816 Rn. 7; Staudinger/*Lorenz*, § 816 Rn. 6; RGRK/*Heimann-Trosien*, § 816 Rn. 4.

[118] Vgl. vor allem *BGH* NJW 1996, 838/840 mit eingehenden Nachweisen (besprochen durch *Emmerich* in JuS 1996, 648); *BGH* NJW 2002, 60/61; aus dem Schrifttum insbes. Palandt/*Sprau*, § 816 Rn. 7; MünchKomm/*Lieb*, § 816 Rn. 15f.; RGRK/*Heimann-Trosien*, § 816 Rn. 4; Jauernig/*Stadler*, § 816 Rn. 2; *Larenz/Canaris*, S. 182; *Mutter*, MDR 1993, 303/305.

[119] S. 78f.

[120] MünchKomm/*Lieb*, § 816 Rn. 17; *Esser/Weyers*, S. 82; *Larenz/Canaris*, S. 181; *Koppensteiner/Kramer*, S. 95f.; *Rothoeft*, AcP 163 (1964), 215/241; Jauernig/*Stadler*, § 812 Rn. 2 (analoge Anwendung); mit anderer Begründung auch *Reuter/Martinek*, S. 296f., die dann freilich § 816 I 1 unabhängig von der Gut- oder Bösgläubigkeit des *E* anwenden; a.A. RGRK/*Heimann-Trosien*, § 816 Rn. 4.

sung, die wir in *Fall 55* bei der Vermietung des Fahrrades durch *L* an *E* gefunden hatten: Dort hatte der ursprünglich Berechtigte *(V)* sein Recht nicht verloren, während bei *H* ein solcher Rechtsverlust eintritt. Das rechtfertigt in *Fall 46* bei Gutgläubigkeit des *E* eine Anwendung des § 816 I 1, die einerseits dazu führt, daß *H* Ansprüche auf Erlösherausgabe gegen *U* hat, andererseits dazu, daß Bereicherungsansprüche *H* gegen *E* nicht bestehen.[121]

Das zweite Tatbestandsmerkmal des § 816 I 1 besteht darin, daß die Verfügung durch einen *Nichtberechtigten* erfolgt sein muß. In aller Regel ist dieses Merkmal nicht problematisch. Der Verfügende darf weder Inhaber des Rechts noch von dem Berechtigten zur Verfügung ermächtigt (§ 185 I) gewesen sein. Allerdings wird eine solche Ermächtigung nicht durch die nachträgliche Genehmigung nach §§ 185 II, 184 I begründet.[122] Der verfügende Nichtberechtigte ist der Bereicherungsschuldner, gegen den sich der Anspruch richtet.

Drittens muß die Verfügung dem Berechtigten gegenüber *wirksam* sein. Dies beurteilt sich nach den allgemeinen Vorschriften über die Wirksamkeit von Verfügungen eines Nichtberechtigten, also z.B. nach §§ 932ff., 892ff. oder § 366 HGB. Nach heute ganz herrschender Auffassung[123] kann die Wirksamkeit auch dadurch herbeigeführt werden, daß der Berechtigte die Verfügung des Nichtberechtigten nachträglich genehmigt, §§ 185 II, 184 I.[124] Das gibt ihm die Wahl, ob er gegen den Erwerber der Sache oder (etwa weil dieser insolvent oder die Sache untergegangen ist) gegen den Nichtberechtigten vorgehen will. Dies zeigt

Fall 56 (nach BGHZ 56, 131): Der Firma *F* wurde Leder im Wert von 60.000 Euro gestohlen. Einen Teil davon hat *N,* der einen Ledergroßhandel betreibt, angekauft, ohne etwas von dem Diebstahl zu wissen. Er veräußert diese Ware an seinen Kunden *K,* der ein lederverarbeitendes Unternehmen besitzt. Über das Vermögen des *K* ist zwischenzeitlich der Konkurs eröffnet worden.

Fallvariante 56/1: K hat das Leder in seinem Unternehmen noch nicht verarbeitet.

---

[121] Vgl. dazu oben S. 79. Dort auch zu den Fallvarianten der Bösgläubigkeit des *E,* des unentgeltlichen Erwerbs und des Abhandenkommens.

[122] Durch die Genehmigung kann eine zunächst unwirksame Verfügung des Nichtberechtigten wirksam gemacht werden (s. nächster Absatz). Diese Genehmigung hat aber nach einhelliger Ansicht nicht die Folge, daß der Nichtberechtigte nachträglich zum Berechtigten wird, vgl. MünchKomm/*Lieb,* § 816 Rn. 25; Jauernig/*Stadler,* § 812 Rn. 3; Palandt/*Sprau,* § 816 Rn. 9; Staudinger/*Lorenz,* § 816 Rn. 9; Erman/*Westermann,* § 816 Rn. 7; RGRK/*Heimann-Trosien,* § 816 Rn. 6.

[123] RGZ 106, 44/45; BGHZ 56, 131/134; 107, 340/341; *BGH* NJW 1972, 1197/1199; NJW 1983, 446/447; NJW 1986, 2430; NJW 2005, 2698/2699 (zu § 816 II); MünchKomm/*Lieb,* § 816 Rn. 25; Staudinger/*Lorenz,* § 816 Rn. 9; RGRK/*Heimann-Trosien,* § 816 Rn. 6; Palandt/*Sprau,* § 816 Rn. 9; Jauernig/*Stadler,* § 816 Rn. 5; *Larenz/Canaris,* S. 183; *Esser/Weyers,* S. 83; *Fikentscher,* Rn. 1121; *Medicus,* SchR II, Rn. 701; *Brox/Walker,* S. 483 Rn. 20; *Schünemann/Fischer,* JuS 1988, L 66; eingehende Darstellung und Nachweise auch bei *Reuter-Martinek,* S. 299ff.

[124] Siehe auch Fußn. 122.

Fallvariante 56/2: K hat das Leder bereits zu Handtaschen und Bekleidungsstücken verarbeitet.

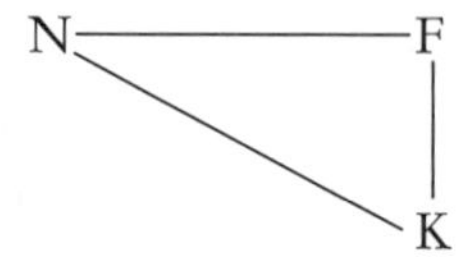

N war zur Veräußerung der Ware an *K*, d.h. zur Verfügung über das Eigentum des *F* nicht berechtigt; er hat im Hinblick auf § 935 nicht gutgläubig Eigentum nach § 932 erworben, da die Ware dem *F* gestohlen war. Auch *K* konnte aus diesem Grunde nicht gutgläubig Eigentum erwerben. Deshalb ist *F* zunächst Eigentümer geblieben und ist es in der *Fallvariante 56/1* noch, in der *Fallvariante 56/2* hat er das Eigentum dann durch die Verarbeitung im Unternehmen des *K* nach § 950 verloren. Wollte *F* also gegen *K* vorgehen, so könnte dies in der *Variante 56/1* nach § 985 geschehen (Herausgabe des Leders), in der *Variante 56/2* nach §§ 951, 812 (Wertersatz nach § 818 II).[125] Angesichts des Konkurses des *K* ist ein solches Vorgehen für *F* allerdings wenig interessant; sinnvoller erscheint es dagegen, von *N* den mit der Veräußerung des Leders an *K* erzielten Erlös herauszuverlangen.

In der *Fallvariante 56/1* ist dies relativ unproblematisch. Zwar ist die Verfügung des *N* im Hinblick auf § 935 dem *F* gegenüber zunächst unwirksam. *F* kann aber die Wirksamkeit der Verfügung herbeiführen, wenn er sie genehmigt (§§ 185 II, 184 I), und dann nach § 816 I 1 gegen *N* vorgehen. Durch eine solche Genehmigung verliert er allerdings seine Ansprüche gegen *K* (dieser hat ja dann wirksam Eigentum am Leder erworben). Er muß deshalb darauf bedacht sein, die Genehmigung erst zu dem Zeitpunkt auszusprechen, zu dem *N* an ihn zahlt. Sonst kann es ihm passieren, daß er durch die Genehmigung seine Ansprüche gegen *K* aufgibt und *N* inzwischen zahlungsunfähig wird. Nach der früheren ständigen Rechtsprechung liegt eine Genehmigung der Verfügung in der Klageerhebung gegen den Nichtberechtigten.[126] Damit würde *F*, wenn er gegen *N* klagt, das geschilderte Risiko in der gesamten Zeit zwischen Klageerhebung und Vollstreckung, möglicherweise also jahrelang, tragen. Das berücksichtigt der BGH in seiner neueren Rechtsprechung, in der er davon ausgeht, dass die Genehmigung durch Erhebung der Zahlungsklage gegen den Nichtberechtigten konkludent erfolgen *könne;* im konkreten Fall hat er eine solche konkludent erteilte Genehmigung

[125] Ebenso wie im *Jungbullenfall*, vgl. *Fall 47* (S. 77).

[126] RGZ 106, 44/45; 115, 31/34; *BGH* LM § 816 Nr. 6; NJW 1968, 326f.; NJW 1972, 1197/1199 (zu § 816 II); NJW 1989, 1349/1350f. (zu § 816 II); BGHZ 106, 381/390. Nach *BGH* NJW-RR 1990, 1200/1201 ist die Annahme einer Genehmigung durch Klageerhebung keineswegs immer gerechtfertigt, da dadurch Ansprüche gegen den Besitzer der Sache verloren gehen können. Zustimmend *OLG Köln* ZIP 1992, 1726/1727 für den Fall einer Kontogutschrift.

abgelehnt, weil damit zu rechnen sei, dass der Erlös beim Nichtberechtigten nicht mehr vorhanden sei.[127] Eine andere Lösung wird in der Literatur vorgeschlagen: eine Verurteilung des Nichtberechtigten zur Erlösherausgabe soll Zug um Zug gegen Erteilung der Genehmigung möglich sein.[128] Auch dies gibt *F* die Möglichkeit, den (wenn vielleicht auch nur schwer oder teilweise durchsetzbaren) Anspruch gegen *K* so lange zu behalten, bis er Zahlung von *N* erlangt hat.

Fraglich ist, ob auch in der *Fallvariante 56/2 F* die Verfügung des *N* genehmigen und sich dadurch einen Anspruch gegen *N* auf Erlösherausgabe verschaffen kann. Dagegen spricht nämlich, daß eine Genehmigung nach § 184 I voraussetzt, daß der Genehmigende zum Zeitpunkt der Genehmigung noch Verfügungsmacht hat.[129] *F* hatte aber durch die Verarbeitung des Leders nach § 950 das Eigentum und damit auch die Verfügungsmacht verloren. Der *BGH* hat sich allerdings über diese konstruktive Schwierigkeit hinweggesetzt und aufgrund einer Interessenabwägung auch in diesem Falle eine Genehmigung zugelassen.[130] § 816 I 1 diene vornehmlich dem Schutz des Eigentums und solle den Eigentümer für den Verlust der Sache in der Form entschädigen, daß er auf alle Fälle den Verfügungserlös des Nichtberechtigten erhalte. In Fällen, in denen der Eigentümer sein Eigentum durch die Verfügung nicht verloren habe (wie in unserer *Fallvariante 56/1*), hätten Rechtsprechung und Lehre diesem Schutzzweck dadurch entsprochen, daß sie die Genehmigung der Verfügung zugelassen hätten, und zwar auch dann, wenn die Sache untergegangen oder nicht auffindbar sei und es damit an der tatsächlichen Verfügungsmacht des Eigentümers fehle. Gerade in solchen Fällen sei nämlich der Eigentümer durch den Herausgabeanspruch nach § 985 nicht ausreichend geschützt und bedürfe des Anspruchs aus § 816 I 1 gegen den Nichtberechtigten. Nichts anderes könne aber gelten, wenn der Eigentümer nicht die tatsächliche, sondern die rechtliche Verfügungsmacht verloren habe, etwa aufgrund der §§ 946ff. Auch in diesem Falle müsse der (frühere) Eigentümer die Wahl haben, ob er (nunmehr nach §§ 951, 812) gegen den Erwerber/Verarbeiter oder nach § 816 I 1 gegen den Nichtberechtigten vorgehen wolle. Es leuchte auch nicht ein, daß der Nichtberechtigte von einem Anspruch aus § 816 I 1 verschont bleiben solle, weil die Sache inzwischen verarbeitet sei.[131] Damit kann *F* also auch in der *Fallvariante 56/2* gegen *N* vorgehen und – je-

---

[127] *BGH* NJW 2005, 2698/2699; *BGH* NJW-RR 1990, 1200/1201; *OLG Köln* ZIP 1992, 1726/1727 für den Fall einer Kontogutschrift).

[128] Palandt/*Sprau*, § 816 Rn. 9; MünchKomm/*Lieb*, § 816 Rn. 26; Staudinger/*Lorenz*, § 816 Rn. 9; Erman/*Westermann*, § 816 Rn. 9; *Larenz/Canaris*, S. 182; *Esser/Weyers*, S. 83; *Koppensteiner/Kramer*, S. 94; eingehend mit weiteren Nachweisen *Reuter/Martinek*, S. 303ff.

[129] BGHZ 107, 340/341f.; Palandt/*Heinrichs*, § 184 Rn. 3.

[130] BGHZ 56, 131/133ff.

[131] Zustimmend Palandt/*Sprau*, § 816 Rn. 9; Staudinger/*Lorenz*, § 816 Rn. 10.

denfalls nach Auffassung des Schrifttums – auf Erlösherausgabe klagen, gegebenenfalls Zug um Zug gegen die Genehmigung der Veräußerung des Leders.[132]

Viertens ist bei der Prüfung des § 816 I 1 stets daran zu denken, daß es sich um eine *entgeltliche* Verfügung handeln muß; unentgeltliche Verfügungen fallen unter § 816 I 2.[133]

bb) Rechtsfolge

Fall 57: Kunsthändler *K* erwirbt von *A* einen Kupferstich von *Piranesi,* den *A* bei dem Sammler *S* entwendet hatte. Durch seine Geschicklichkeit gelingt es *K,* diesen Stich an *E* zu einem über dem Marktwert liegenden Preis zu veräußern. *S* verlangt von *K* Herausgabe des Veräußerungserlöses.

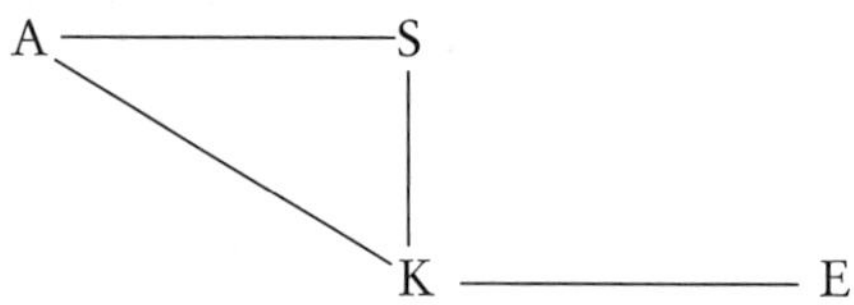

Fall 58 (nach BGHZ 29, 157): Der bei der Weberei *W* angestellte *A* entwendete aus deren Beständen Stoffe und veräußerte sie an die (gutgläubige) Färberei *F.* Diese bearbeitete die Stoffe und veräußerte sie weiter an den Händler *H,* der sie an seine Kunden verkaufte. *W* verlangt von *H* Herausgabe des Erlöses, den er beim Verkauf des Stoffes an seine Kunden erhalten hat.

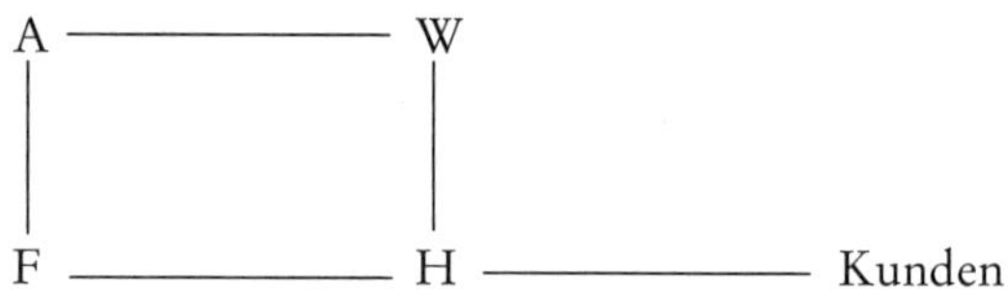

In *Fall 57* konnte *K,* als er den Kupferstich von *A* erwarb, wegen § 935 auch gutgläubig kein Eigentum erwerben. Deshalb verfügte er bei der Veräußerung an *E* als Nichtberechtigter über das Eigentum des *S.* Auch diese Veräußerung war zwar zunächst im Hinblick auf § 935 dem *S* gegenüber nicht wirksam; jedoch konnte *S* die Wirksamkeit durch eine Genehmigung nach §§ 185 II, 184 I herbeiführen. *A* hat also gegen *K* einen Anspruch auf Herausgabe „des durch die Verfügung Erlangten". Die Frage ist nur, worin das Erlangte besteht: Braucht *K* dem *S* nur den Marktwert des Stiches zu ersetzen, oder muß er auch den Gewinn herausgeben, den er durch seine eigene Geschicklichkeit erzielt hat?

Eine ähnliche Problematik weist *Fall 58* auf. Die *W* verlor den Besitz an den Stoffen ohne ihren Willen zum Zeitpunkt der Entwendung;[134] die

---

[132] Auch in der *Variante 56/2* verliert *F* durch eine Genehmigung seine Ansprüche (hier: aus §§ 951, 812) gegen *K.* Denn § 951 setzt einen Rechtsverlust aufgrund der Verarbeitung voraus und dieser Rechtsverlust könnte nicht eintreten, wenn *F* nicht aufgrund der Verarbeitung, sondern bereits aufgrund der (infolge der Genehmigung) wirksamen Verfügung des *N* das Eigentum verloren hätte.

[133] Zu § 816 I 2 unten S. 111.

F konnte also wegen § 935 nicht Eigentum nach §§ 929, 932 erwerben und ein Eigentumserwerb nach § 950 kam nicht in Frage, da der Wert der Verarbeitung (Färbung) erheblich geringer als der Wert der Stoffe war.[135] Auch *H* erwarb also vom Nichtberechtigten und konnte wegen § 935 ebenfalls nicht Eigentümer werden, so daß auch er bei der Veräußerung der Stoffe an seine Kunden als Nichtberechtigter handelte. Damit kann *W* gegen *H* einen Anspruch nach § 816 I 1 geltend machen, wenn er dessen Veräußerung der Stoffe an die Kunden genehmigt. Auch hier stellt sich aber die Frage, was *H* herauszugeben hat: Kann *W* den Gewinn verlangen, der auf den verschiedenen Veräusserungsstufen gemacht worden ist, und – als zusätzliches Problem – kann *W* den Mehrwert beanspruchen, den die Stoffe durch das Färben erlangt haben?

Zwei Auffassungen stehen sich in dieser Frage gegenüber. Die Rechtsprechung und der wohl überwiegende Teil des Schrifttums berufen sich auf den Wortlaut des Gesetzes und argumentieren, „durch die Verfügung" erlangt sei alles, was der Nichtberechtigte als Gegenleistung für die Verfügung erhalten habe, einschließlich eines etwaigen Gewinnes und einer Wertsteigerung. Denn das Recht, die Sache gewinnbringend zu verwerten und ihren Wert durch Bearbeitung zu erhöhen, entspringe den dem Eigentümer zustehenden Befugnissen. Werde es von einem anderen ausgeübt und damit dem Eigentümer entzogen, so sei es nur folgerichtig, wenn das Gesetz dem Eigentümer auch den mit der Verfügung erzielten Gewinn zubillige.[136] In grob unbilligen Einzelfällen könne ein Ausgleich nach § 242 gefunden werden.[137]

Demgegenüber will ein anderer Teil der Literatur den Herausgabeanspruch aus § 816 I 1 auf den objektiven Wert der Sache beschränken, Wertsteigerung und ein eventueller Gewinn sollen also beim Nichtberechtigten verbleiben.[138] Zur Begründung wird unter anderem darauf

---

[134] Das gilt auch dann, wenn *A* Besitzdiener (§ 855) der *W* war. Denn der Besitzverlust für den Besitzherrn tritt dann ein, wenn der Besitzdiener die tatsächliche Gewalt über die Sache für den Besitzherrn nicht mehr ausüben will und dies nach außen erkennbar macht.

[135] Der Wert der Verarbeitung besteht in der Differenz zwischen dem Wert der neuen Sache und dem Wert der Ausgangsstoffe.

[136] RGZ 88, 351/359f.; BGHZ 29, 157/159; WM 1975, 1179/1180f.; NJW 1980, 178; NJW 1997, 190/191; MünchKomm/*Lieb,* § 816 Rn. 28ff.; RGRK/*Heimann-Trosien,* § 816 Rn. 12; Erman/*Westermann,* § 816 Rn. 20; Palandt/*Sprau,* § 816 Rn. 23/24; *Koppensteiner/Kramer,* S. 122; *Larenz/Canaris,* S. 267f.; *Esser/Weyers,* S. 84f.; *Brox/Walker,* S. 483 Rn. 22; Bamberger/Roth/*Wendehorst,* § 812 Rn. 16; *Wieling,* Bereicherungsrecht, S. 59; mit teilweise abweichender Begründung auch *Reuter/Martinek,* S. 321ff. (dort auch eingehende Darstellung dieser Auffassung auf S. 317ff. und weitere Nachweise in Fußn. 145).

[137] BGHZ 29, 157/161; RGRK/*Heimann-Trosien,* § 816 Rn. 12; Palandt/*Sprau,* § 816 Rn. 23/24; *Brox/Walker,* S. 483 Rn. 22.

[138] So insbes. *v. Caemmerer,* S. 357ff.; *Medicus,* BürgR, Rn. 723; *ders.,* SchR II, Rn. 705; *Fikentscher,* Rn. 1123; *Larenz,* in: Festschr. f. v. Caemmerer, 1978, S. 209, 228; s. a. *Kupisch,* in: Festschr. f. Niederländer, 1991, S. 305ff.

hingewiesen, daß dem Inhaber des Rechtsguts nur der objektive Wert, nicht aber der durch einen Dritten gemachte Gewinn zugewiesen sei.[139] Eine weitere Begründung hat *Medicus*[140] gegeben: Man müsse im Verhältnis Nichtberechtigter (*K* bzw. *H*) – Erwerber (*E* bzw. Kunden des *H*) zwischen Kausalgeschäft und Verfügungsgeschäft unterscheiden. Der den Gewinn enthaltende Kaufpreis, den der Erwerber (*E* bzw. Kunden des *H*) gezahlt habe, sei aufgrund des Kausalgeschäftes erlangt, nicht aber aufgrund der Verfügung des Nichtberechtigten. Die Verfügung des Nichtberechtigten (also die Übereignung der Sache durch *K* bzw. *H* an *E* bzw. Kunden des *H*) habe dazu geführt, daß der Nichtberechtigte von seiner gleichfalls auf dem Kausalgeschäft beruhenden Verbindlichkeit gegenüber dem Erwerber befreit worden sei. „Durch die Verfügung erlangt" sei also nicht der vom Erwerber gezahlte Kaufpreis, sondern die Befreiung von einer Verbindlichkeit, und da diese Befreiung nicht in natura herausgegeben werden kann, ist nach § 818 II deren Wert zu ersetzen. Das bedeutet aber gerade nicht Herausgabe des Gewinns.[141]

In *Fall 57* braucht also *K* den Veräußerungsgewinn nur herauszugeben, wenn man der erstgenannten Ansicht (Theorie der Gewinnhaftung) folgt. Schließt man sich der zweitgenannten Theorie der Werthaftung an, so darf *K* den Gewinn behalten.[142] Entscheidend für die Theorie der Gewinnhaftung dürfte neben dem Wortlaut des Gesetzes der Surrogationsgedanke sprechen. An die Stelle des Rechtes tritt – ähnlich wie in § 285 – dasjenige, was der Nichtberechtigte dafür erhalten hat. Darin liegt nicht notwendig ein Wertungswiderspruch zu § 818 II. Denn bei dem Anspruch aus § 816 I 1 handelt es sich – ebenso wie in § 812 – um einen bereicherungsrechtlichen Primäranspruch, und erst wenn dieser nicht erfüllt werden kann, tritt nach § 818 II an seine Stelle der Wert.[143] Letztlich dokumentiert sich darin, daß zum Zuweisungsgehalt eines Rechts auch die Möglichkeit gehört, mit der Sache Gewinn zu erzielen. Nimmt ein anderer diese Möglichkeit unberechtigt für sich in Anspruch, so muß er das auf diese Weise Erlangte herausgeben, auch wenn dabei seine eigene Tüchtigkeit mitgespielt hat.[144]

---

[139] Eingehende Darstellung dieser Auffassung bei *Reuter/Martinek*, S. 316f.

[140] *Medicus*, BürgR, Rn. 723.

[141] Gegen diese Konstruktion *Larenz/Canaris*, S. 267; *Reuter/Martinek*, S. 322.

[142] Das gleiche gilt für etwaige Veräußerungsgewinne in *Fall 58*.

[143] Siehe dazu insbesondere *Reuter/Martinek*, S. 321ff.

[144] Auch die immer wieder angeführten „Tauschfälle" sprechen nicht entscheidend gegen die Theorie der Gewinnhaftung. Damit sind die – praktisch ohnehin nicht sehr bedeutsamen – Situationen gemeint, in denen die vom Erwerber an den Nichtberechtigten erbrachte Gegenleistung nicht in Geld, sondern in einer Sache oder Dienstleistung besteht, mit der der Berechtigte nichts anfangen kann. Dazu das Schulbeispiel der Blinddarmoperation: Der Nichtberechtigte veräußert einen Gegenstand des Berechtigten an einen Chirurgen, der ihm als Gegenleistung eine Blinddarmoperation verspricht. Der Theorie der Gewinnhaftung wird entgegengehalten, sie müsse konsequenterweise den Berechtigten auf die Abtretung des Anspruchs auf die Blinddarmoperation verweisen. Wenn man hier nicht die Heraus-

Die praktische Bedeutung der Streitfrage verringert sich, wenn man mit einer vermittelnden Auffassung den Gewinn aufspaltet in einen Anteil, der auf der Geschäftstüchtigkeit des Nichtberechtigten beruht und den dieser behalten soll und in einen Anteil, der nicht auf diese Tüchtigkeit zurückzuführen und der deshalb herauszugeben ist.[145] Das Problem ist nur, wie man diese Anteile betragsmäßig bestimmen will. In den meisten Fällen dürfte dies kaum möglich sein. Hinweise auf eine Schätzung nach § 287 ZPO[146] oder eine Beweislast des Nichtberechtigten erscheinen wenig befriedigend.

Nun ist aber noch nicht die Frage beantwortet, wie in *Fall 58* die Wertsteigerung der Stoffe durch das Färben zu behandeln ist. Folgt man der Theorie der Gewinnhaftung, so umfaßt der von *H* an *W* herauszugebende Veräußerungserlös auch die durch die Färberei *F* bewirkte Wertsteigerung. W bekommt also (zu Lasten von *F*)[147] mehr, als ihm eigentlich zusteht. Zum gleichen Ergebnis kommt man nach der Theorie der Werthaftung, wenn man vom objektiven Wert der Stoffe zu dem Zeitpunkt ausgeht, zu dem der Nichtberechtigte *H* über sie verfügt hat, und ebenso, wenn man sich *Medicus* anschließt: da das von *H* Herauszugebende nach dem Wert der Verbindlichkeit berechnet wird, von der er frei geworden ist (§ 818 II) und diese Verbindlichkeit in dem Kaufpreis für die gefärbten Stoffe besteht, umfaßt das Herauszugebende auch die Wertsteigerung durch das Färben. Vom *BGH* würde dieses Ergebnis wohl über § 242 korrigiert,[148] andere Vorschläge zielen auf eine Anwendung von § 996 (gegebenenfalls in Verbindung mit § 999 ab).[149] Am besten erscheint es, von einer Verwendungskondiktion[150] auszugehen: *F* hat auf die Sache der *W* Verwendungen gemacht, deren Wert sie nach §§ 812, 818 II von *W* herausverlangen kann.[151]

---

gabe des Erlangten als unmöglich ansehen und damit § 818 II anwenden will (was in der Tat einige Schwierigkeiten aufwirft), muß man sich damit abfinden, daß im Bereicherungsrecht – wie schon § 818 III zeigt – der Bereicherungsschuldner mit den Werten des Bereicherungsgläubigers in einer Weise verfahren kann, daß diesem ein sinnvoller Ausgleichsanspruch nicht verbleibt. Vgl. zu dieser Frage auch *Larenz/Canaris*, S. 270. Umgekehrt hat die Theorie der Werthaftung Schwierigkeiten, wenn der Nichtberechtigte als Gegenleistung für die Verfügung einen geringeren als den objektiven Wert der Sache erhalten hat, vgl. unten S. 110.

145 Vgl. dazu die Nachweise bei MünchKomm/*Lieb* § 816 Rn. 32; *Reuter/Martinek*, S. 320.

146 So *BGH* NJW 1978, 1578.

147 Die Pflicht zur Eigentumsverschaffung an den gefärbten Stoffen aus dem Kaufvertrag mit *H* (§ 433 I 1) ist für *F* unmöglich, so daß *F* den Anspruch auf den Kaufpreis nach § 326 I i. V. mit § 275 I verliert. Daran ändert sich auch durch die Genehmigung seitens der *W* nichts, weil sich diese nur auf die Verfügung des *H* und nicht auf die Verfügung der *F* bezieht.

148 BGHZ 29, 157/161.

149 So z. B. *Reuter/Martinek*, S. 319.

150 Zur Verwendungskondiktion unten S. 116 ff.

151 Dazu *Medicus*, BürgR, Rn. 724.

Im Zusammenhang mit den *Fällen 57* und *58* stellen sich noch weitere Fragen. Zunächst läßt sich der Fall denken, daß der Nichtberechtigte die Sache nicht mit Gewinn oder zum Marktwert, sondern zu einem darunter liegenden Preis veräußert, daß also z. B. in *Fall 57 K* den Kupferstich unterhalb seines Wertes an *E* veräußert hat. Muß der Nichtberechtigte auch hier den Marktwert der Sache herausgeben oder nur das, was er als Gegenleistung tatsächlich erhalten hat? Im Gegensatz zur Veräußerung mit Gewinn ist man sich hier praktisch einig: Der Nichtberechtigte soll nur in Höhe der tatsächlich erzielten Gegenleistung haften.[152] Für die Theorie der Gewinnhaftung ist dies Ergebnis konsequent: So wie der Nichtberechtigte den durch ihn erzielten Gewinn nicht behalten darf, braucht er auch den Verlust nicht zu tragen. Schwierigkeiten hat die Theorie der Werthaftung: sie muß hier von ihrem Grundsatz abweichen, daß der Wert der Sache und nicht der tatsächlich erlangte Veräußerungsgewinn herauszugeben ist. Sie muß sich auf den Grundsatz zurückziehen, daß es sich um ein Bereicherungsrecht und nicht um ein Entreicherungsrecht handelt und daß grundsätzlich nur das herauszugeben ist, was der Bereicherungsschuldner tatsächlich erlangt hat.

Weiter läßt sich die Frage stellen, ob der Nichtberechtigte von seiner Herausgabeverpflichtung gegenüber dem Berechtigten dasjenige abziehen darf, was er selbst für den Erwerb der Sache aufgewendet hat. Kann also beispielsweise in *Fall 58 H* den Herausgabeanspruch um den Betrag mindern, den er der *F* bezahlt hat? Nach nahezu einhelliger Auffassung ist dies zu verneinen.[153] Da die *F* nämlich dem *H* kein Eigentum an den Stoffen verschafft hat, hat sie gemäß §§ 326 I, 275 I keinen Anspruch auf den Kaufpreis; soweit *H* den Kaufpreis bereits gezahlt hat, ist dies ohne rechtlichen Grund erfolgt und *H* kann von *F* den Kaufpreis im Wege der Leistungskondiktion herausverlangen. *H* wird also auf Ansprüche gegen die *F* verwiesen, und auch hier gilt, daß die Inanspruchnahme der *F* und das Risiko von deren Insolvenz dem *H,* der sich die *F* als Vertragspartner ausgesucht hatte, eher zuzumuten ist als der *W,* die überhaupt nichts mit *F* zu tun hatte.

Abschließend soll noch auf folgendes hingewiesen werden: Die *W* hätte sich in *Fall 58* mit dem Anspruch aus § 816 I 1 nicht nur an *H,* sondern ebenso auch an *F* oder *A* halten können, indem sie jeweils deren Verfügung genehmigt hätte. Diese Möglichkeit, sich durch entsprechende Ge-

---

[152] Vgl. etwa *BGH* LM § 816 Nr. 15; MünchKomm/*Lieb,* § 816 Rn. 33; Staudinger/*Lorenz,* § 816 Rn. 23ff.; Erman/*Westermann,* § 816 Rn. 20; Palandt/*Sprau,* § 816 Rn. 23/24; RGRK/*Heimann-Trosien,* § 816 Rn. 12; Soergel/*Mühl,* § 816 Rn. 28; *Brox/Walker,* S. 483 Rn. 22; *Koppensteiner/Kramer,* S. 121.

[153] Vgl. dazu BGHZ 14, 7/9ff.; 55, 176/179f.; LM § 818 Abs. 3 Nr. 16; NJW 1970, 2059; NJW 1971, 612/615; NJW 1976, 1090/1092; MünchKomm/*Lieb,* § 816 Rn. 35; Soergel/*Mühl,* § 816 Rn. 30; RGRK/*Heimann-Trosien,* § 816 Rn. 13; Palandt/*Sprau,* § 816 Rn. 25; Jauernig/*Stadler,* § 816 Rn. 18; *Medicus,* SchR II, Rn. 706; *Esser/Weyers,* S. 112; *Brox,* Rn. 430; *Rengier,* AcP 177 (1977), 418/434ff.

nehmigung jeden Nichtberechtigten aus einer Veräußerungskette herauszugreifen, zeigt erst die volle Bedeutung des § 816 I 1.

b) § 816 I 2

Fall 59: Schüler *S* hat sein Abitur bestanden. Sein Klassenlehrer *K* schenkt ihm zum bestandenen Abitur ein Buch aus seinem Bücherschrank, ohne daran zu denken, daß er sich selbst dieses Buch vor geraumer Zeit bei *V* entliehen hatte.

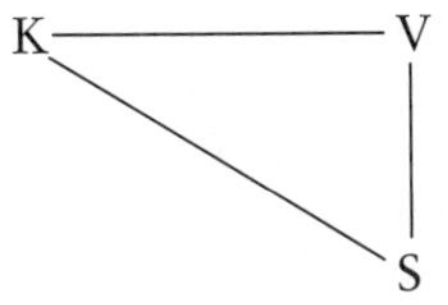

K hat über dieses Buch als Nichtberechtigter verfügt und *S* hat nach §§ 929, 932 gutgläubig Eigentum am Buch erworben. Da die Verfügung aber nicht entgeltlich, sondern unentgeltlich erfolgte, greift hier nicht § 816 I 1, sondern § 816 I 2 ein. Das bedeutet, daß *V* hier keinen Anspruch gegen *K* (auf Herausgabe des durch die Verfügung Erlangten), sondern einen Anspruch gegen *S* (auf Herausgabe der Sache selbst) hat. Der Grund für diese unterschiedliche Regelung ist nicht nur darin zu sehen, daß angesichts der Unentgeltlichkeit der Verfügung *K* gar nichts erlangt hat, was er herausgeben könnte. § 816 I 2 trägt auch der Tatsache Rechnung, daß der unentgeltliche gutgläubige Erwerb weniger schutzwürdig ist als der entgeltliche.[154] Während §§ 929, 932ff. in Verbindung mit § 816 I 1 zu einer endgültigen und auch dem ursprünglichen Eigentümer gegenüber wirksamen sachenrechtlichen Zuordnung führen, ist die sachenrechtliche Zuordnung im Falle des unentgeltlichen Erwerbs nur relativ: Sie wirkt gegenüber allen mit Ausnahme des ursprünglichen Berechtigten. Nur der entgeltliche gutgläubige Erwerb ist kondiktionsfest, der unentgeltliche dagegen nicht.

§ 816 I 2 setzt neben den schon aus 816 I 1 bekannten Tatbestandsmerkmalen voraus,[155] daß der Erwerber unmittelbar einen rechtlichen Vorteil erlangt hat. Das bedeutet, daß der Rechtserwerb des Bereicherungsschuldners *(S)* und der Rechtsverlust des Bereicherungsgläubigers *(V)* durch dasselbe Rechtsgeschäft herbeigeführt sein müssen. Hätte *K* das Buch zunächst an einen Dritten veräußert und das dafür erlöste Geld dann dem *S* als Belohnung für das bestandene Abitur geschenkt, so würde es an der Unmittelbarkeit fehlen und § 816 I 2 käme nicht zur Anwendung. *V* hätte aber in diesem Fall einen Anspruch gegen *S* aus § 822.[156]

---

[154] Das Prinzip des geringeren Schutzes des unentgeltlichen Erwerbs gegenüber dem entgeltlichen Erwerb hat auch in § 988 seinen Ausdruck gefunden.

[155] Also (1) Verfügung, (2) durch einen Nichtberechtigten, (3) Wirksamkeit der Verfügung gegenüber dem Berechtigten (vgl. oben S. 86ff.). Das Tatbestandsmerkmal der Entgeltlichkeit entfällt natürlich, an seine Stelle tritt das Tatbestandsmerkmal der Unentgeltlichkeit.

[156] Dazu unten S. 165.

Das Tatbestandsmerkmal der *Unentgeltlichkeit* in § 816 I 2 bestimmt sich nach allgemeinen Grundsätzen, also beispielsweise so wie bei der Schenkung (§ 516 I). Eine speziell bereicherungsrechtliche Diskussion hat sich aber darüber entfacht, ob der sog. *rechtsgrundlose Erwerb* dem unentgeltlichen Erwerb gleichzustellen ist, mit anderen Worten: ob § 816 I 2 auch dann Anwendung findet, wenn der Nichtberechtigte dem Erwerber den Gegenstand zwar entgeltlich, aber ohne rechtlichen Grund zugewendet hat, so daß er seinerseits einen (Leistungs-)Kondiktionsanspruch gegen den Erwerber hat. Hier stellt sich die Frage, ob der ursprüngliche Berechtigte sich zunächst an den Nichtberechtigten halten und sich dessen Kondiktionsanspruch gegen den Erwerber abtreten lassen muß (Doppelkondiktion) oder ob er in Anwendung des § 816 I 2 direkt gegen den Erwerber vorgehen kann (Einheitskondiktion). Schulbeispiele für diese Problematik sind die sog. Spielbankenfälle:

Fall 60 (nach BGHZ 37, 363; 47, 393): *A* war Angestellter bei *G* und veruntreute dort im Laufe der Zeit Firmengelder in Höhe von 25.000 Euro. Diese verspielte er nach und nach in der an seinem Wohnort befindlichen Spielbank *S*. Als diese Vorgänge bekannt wurden, klagte *G* auf Zahlung von 25.000 Euro gegen *S*.

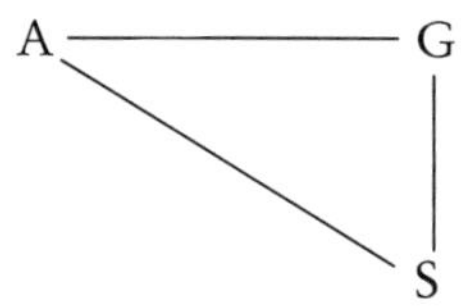

Nach dem oben Gesagten könnte Anspruchsgrundlage § 816 I 2 sein. *A* war hinsichtlich der veruntreuten Gelder Nichtberechtiger.[157] Durch die Verfügung (Übereignung des Geldes an *S*) hat die *S* nach §§ 929, 932 gutgläubig Eigentum erworben; § 935 I steht dem im Hinblick auf § 935 II nicht entgegen. Damit war die Verfügung gegenüber *G* wirksam. Fraglich ist jedoch, ob *S* das Geld auch unentgeltlich von *A* erlangt hatte. Der *BGH* hatte dies in der ersten seiner beiden Spielbankenentscheidungen bejaht, wobei er zur Begründung u.a. die Überlegung heranzog, daß *A* ja nichts gewonnen hätte und ihm deswegen eine Gegenleistung der *S* von wirtschaftlichem Wert nicht zugeflossen sei.[158] Dies ist aber mit Recht auf Kritik gestoßen. Die von der Spielbank erbrachte Gegenleistung bestand in der Chance, beim Spiel zu gewinnen, und diese Gegenleistung ist auch dann erbracht, wenn sich diese Chance nicht realisiert.[159] Unentgeltlichkeit liegt also nicht vor.

---

[157] Wobei davon ausgegangen werden soll, daß keine Vermischung der Firmengelder nach §§ 948, 947 mit dem Geld des *A* eingetreten ist.

[158] BGHZ 37, 364/369.

[159] Vgl. dazu etwa *Schlosser*, JuS 1963, 141/143; *Wiethölter*, JZ 1963, 286/288; *Reuter/Martinek*, S. 340ff. Der *BGH* hat diesen Teil der Begründung in der zweiten Spielbankentscheidung (BGHZ 47, 393/395f.) dann auch wieder zurückgenommen.

Allerdings hatte *A* gegen eine (damals bestehende) Vorschrift verstoßen, die den am Ort der Spielbank wohnenden Personen deren Besuch untersagt.[160] Damit war der Vertrag zwischen *A* und *S* nach § 134 nichtig.[161] Die Übereignung des Geldes hingegen war wirksam,[162] aber angesichts der Nichtigkeit des Kausalgeschäftes rechtsgrundlos. Nun hat man, vor allem im Anschluß an eine zu § 988 ergangene Entscheidung des *RG* von 1940,[163] die Auffassung vertreten, daß der rechtsgrundlose Erwerb dem unentgeltlichen Erwerb gleichzustellen sei, unter anderem mit einem argumentum a maiore ad minus: wenn schon derjenige, der cum causa unentgeltlich erworben habe, der direkten Kondiktion des Berechtigten ausgesetzt sei, so müsse dies erst recht für denjenigen gelten, der sine causa erworben habe.[164] Von der heute ganz herrschenden Meinung[165] wird diese Gleichstellung jedoch mit Recht abgelehnt, und zwar unter Berücksichtigung der materiellen Wertungskriterien, die auch sonst bei der Frage Einheitskondiktion oder Doppelkondiktion den Ausschlag geben. Könnte nämlich *S* von *G* direkt in Anspruch genommen werden, so hätte sie nicht die Möglichkeit, Einwendungen, die ihr gegen *A* zustehen, geltend zu machen. Dies kann *S* nur bei einer Doppelkondiktion: Wenn *G* die Ansprüche des *A* gegen *S* von *A* kondiziert, kann *S* gemäß § 404 ihre Einwendungen gegen *A* auch gegenüber *G* geltend machen. Der Doppelkondiktion ist deswegen auch hier der Vorzug zu geben, die rechtsgrundlose Verfügung kann der unentgeltlichen Verfügung nicht gleichgestellt werden.

---

160 Verbotsgesetz i.S. des § 134, gegen das objektiv verstoßen wurde, war damals § 1 I Nr. 2 SpielbankVO, der ortsansässigen Bewohnern und Personen unter 21 Jahren das Spielen verbot. Mit dieser Vorschrift wollte der Gesetzgeber verhindern, daß die ortsansassigen Einwohner durch die Nähe und die leichte Erreichbarkeit der Spielbank zu häufigen Spielen verleitet werden.

161 Zu Einzelfragen der Anwendung des § 134 im vorliegenden Fall vgl. *Beuthien/Weber*, Schuldrecht II – Ungerechtfertigte Bereicherung und Geschäftsführung ohne Auftrag, 2. Aufl. 1987, S. 101ff.

162 Die Nichtigkeit des Spielvertrages erfaßte angesichts der grundsätzlichen Abstraktheit von Verfügungsgeschäften nicht die Übereignung des Geldes.

163 RGZ 163, 348ff.

164 So vor allem *v. Lübtow*, Beiträge zur Lehre von der condictio nach geltendem und römischen Recht, 1952, S. 160; vgl. zu diesem Argument auch *G. Boehmer*, Grundlagen der bürgerlichen Rechtsordnung II/2, 1952, S. 11ff. Schon früher wurde diese Ansicht vertreten von *Oertmann*, Recht der Schuldverhältnisse, 5. Aufl. (1929), § 816 Anm. 5b. Vgl. zum Diskussionsstand in der älteren Literatur auch Staudinger/*Seufert*, 10/11. Aufl. (1975), § 816 Rn. 8b ff. Zum Diskussionstand siehe auch *Reuter/Martinek*, S. 337ff.; Palandt/*Sprau*, § 816 Rn. 16ff.

165 MünchKomm/*Lieb*, § 816 Rn. 49; Palandt/*Sprau*, § 816 Rn. 19; RGRK/*Heimann-Trosien*, § 816 Rn. 19; Staudinger/*Lorenz*, § 816 Rn. 21; Erman/*Westermann*, § 816 Rn. 10 und 12; Jauernig/*Stadler*, § 816 Rn. 22; *Reuter/Martinek*, S. 337ff., 343ff.; *Medicus*, BürgR, Rn. 390a; *Esser/Weyers*, S. 85f.; *Larenz/Canaris*, S. 184, 204f.; *v. Caemmerer*, in: Festschr. f. Boehmer, 1954, S. 145/154; *Koppensteiner/Kramer*, S. 97f.; a.A. *Grunsky*, JZ 1962, 207ff.

Damit kommen wir in *Fall 60* zu folgender Lösung:[166] *G* hat keinen direkten Anspruch aus § 816 I 2 gegen *S*, wohl aber einen Anspruch aus § 816 I 1 gegen *A*. Damit kann er von *A* kondizieren, was dieser durch seine Verfügung erlangt hat. *A* hat, da der Vertrag zwischen *A* und *S* nichtig war und somit das nichtige Leistungsverhältnis zwischen *A* und *S* rückabgewickelt werden muß, einen Leistungskondiktionsanspruch[167] gegen *S* erlangt, der sich auf Rückübertragung des beim Spiel eingesetzten Geldes richtet.[168] Damit verbindet sich ein weiteres Problem. *A* kann mit der Leistungskondiktion von *S* nicht mehr erhalten, als er vorher besessen hat. Er kann also von *S* nur den Besitz am Geld zurück erhalten, nicht dagegen das Eigentum; dies muß vielmehr direkt an *G* fallen.

Konstruktiv löst die herrschende Meinung dieses Problem mit Hilfe des „Geschäftes, wen es angeht".[169] Das bedeutet, daß *A* das Eigentum mit Wirkung für *G* zu erwerben hätte, so daß, falls *A* seinen Kondiktionsanspruch gegen *S* geltend macht, der Besitz am Geld auf *A* und das Eigentum auf *G* übergehen würde. Diese Konstruktion erfordert zwar einen entsprechenden Willen des *A*, man geht aber davon aus, daß ein etwa entgegenstehender Wille des *A* in analoger Anwendung des § 162 I unbeachtlich ist.[170] Prinzipiell läßt sich dieser Konstruktion folgen. Zu beachten bleibt freilich, daß sie dann entbehrlich wird, wenn *G* nach Abtretung des Kondiktionsanspruchs des *A* gegen *S* an ihn diesen Anspruch unmittelbar gegen *S* geltend macht. Dann nämlich kann *S* das Eigentum unmittelbar auf *G* übertragen.[171]

---

[166] Vgl. auch die eingehende Analyse der Spielbankenfälle bei *Reuter/Martinek,* S. 340ff. und *Beuthien/Weber,* aaO. (oben Fußn. 161).

[167] Dieser Kondiktionsanspruch scheitert nach allgemeiner Ansicht auch nicht an § 817 S. 2 oder § 814, vgl. dazu näher *Beuthien/Weber,* a.a.O. (o. Fußn. 161) S. 105f.; *Schlosser,* JuS 1963, 141/143f.

[168] Was *S* ihrerseits von *A* mit der Leistungskondiktion verlangen kann, hängt davon ab, ob sich die Gewinnchance des *A* realisiert hat. Hat *A* nichts gewonnen, so braucht er auch der *S* nichts zu zahlen, hat er gewonnen, so muß er den Gewinn zurückerstatten.

[169] *v. Caemmerer,* in: Festschr. f. Boehmer, 1954, S. 145/158ff.; *Esser/Weyers,* S. 86; *Reuter/Martinek,* S. 34; *Koppensteiner/Kramer,* S. 99; a.A. *Wiegand,* JuS 1971, 62ff.; *Lopau,* JuS 1971, 233ff.; im Ergebnis ebenso Staudinger/*Lorenz,* § 816 Rn. 22; Soergel/*Mühl,* § 816 Rn. 45.

[170] *Koppensteiner/Kramer,* S. 99.

[171] Ein weiteres Problem liegt in der Frage, was *G* tun kann, wenn *S* ihm gemäß § 404 Einwendungen aus dem Verhältnis *S–A* entgegenhält, beispielsweise, wenn *A* im Spiel gewonnen hat und *S* nur gegen Rückerstattung des Gewinns (vgl. o. Fußn. 168) zu zahlen bereit ist. *G* muß eine Möglichkeit haben, den *A* zur Zahlung an *S* zu veranlassen. Im Schrifttum (MünchKomm/*Lieb,* § 816 Rn. 41; *Reuter/Martinek,* S. 347f.) wird vorgeschlagen, *A* müsse auch die von *S* erhaltene Gegenleistung an *G* herausgeben und dieser könne sie dann an *S* weiterleiten. Diese Lösung bringt aber, wie gerade das Beispiel eines (hohen!) Spielgewinns zeigt, erhebliche Risiken für *S* mit sich (*G* kann mit dem Geld „durchbrennen"). Zweckmäßiger erscheint es, unter dem Gesichtspunkt von Treu und Glauben die *S* zu

c) § 816 II

Fall 61: G_1 hat eine ihm gegen *S* zustehende Forderung an G_2 abgetreten. *S,* der von der Abtretung nichts weiß, zahlt an G_1. Wie kann G_2 an sein Geld kommen?

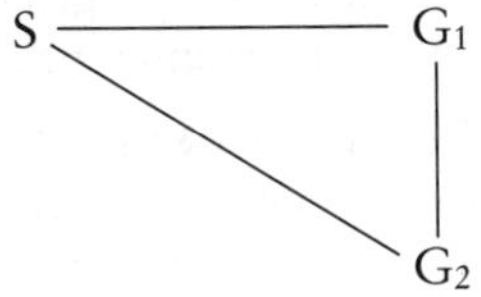

Durch die Abtretung ist G_2 Gläubiger der Forderung geworden (§ 398), so daß *S* eigentlich an ihn hätte zahlen müssen. Da somit kein Rechtsanspruch für die Leistung an G_1 bestand, kann *S* sie mit der Leistungskondiktion von G_1 zurückfordern und dann an G_2 zahlen. Das wäre aber nicht nur ein aufwendiges Verfahren für ihn, sondern würde ihn auch dem Insolvenzrisiko des G_1 aussetzen. Daher will das Gesetz im Falle einer Abtretung den Schuldner, der gutgläubig an den alten Gläubiger leistet, schützen und bestimmt in § 407, daß der neue Gläubiger die Leistung an den bisherigen Gläubiger gegen sich gelten lassen muß. *S* ist also durch seine Leistung an G_1 dem G_2 gegenüber frei geworden.

Die Funktion des § 816 II besteht darin, in solchen Situationen einen Ausgleich zwischen G_1 und G_2 herbeizuführen: G_2 kann von G_1 herausverlangen, was dieser zu Unrecht (von *S*) erhalten hat und was ihm *(G_2)* gebührt hätte. Tatbestandsmäßig setzt § 816 II erstens voraus, daß eine Leistung an einen Nichtberechtigten bewirkt wird und zweitens, daß diese Leistung dem Berechtigten gegenüber wirksam ist. Die Wirksamkeit ergibt sich aus gesetzlichen Normen, die einen entsprechenden Schuldnerschutz anordnen. Hauptanwendungsfall sind §§ 406ff., weitere Fälle finden sich in §§ 566c, 807, 808 II, 893, 969, 1275.[172] Das Fehlen eines rechtlichen Grundes braucht bei § 816 II nicht besonders festgestellt zu werden, da es sich zwangsläufig aus der Nichtberechtigung ergibt.

Das Hauptanwendungsgebiet des § 816 II in der neueren Rechtsprechung waren Konfliktfälle zwischen verlängertem Eigentumsvorbehalt zugunsten von Warenlieferanten und Globalzession von Kaufpreisforderungen zugunsten von Banken – Fälle also, in denen ein Händler die Kaufpreisforderungen, die er für die von ihm verkauften Waren erhält, einerseits dem Lieferanten der Ware im Wege des Eigentumsvorbehalts, andererseits auch einer Kredit gebenden Bank im Wege der Globalzession abgetreten hat.[173] Das Hauptproblem dieser Fälle, nämlich die

---

verpflichten, ihren Anspruch gegenüber *A* geltend zu machen und – wenn sie dies nicht tut – ihr die Geltendmachung des Einwands aus § 404 zu versagen.

[172] Zu weiteren Anwendungsfällen vgl. MünchKomm/*Lieb,* § 816 Rn. 57.

[173] Vgl. dazu näher *M. Wolf,* SachenR, 22. Aufl. (2006), Rn. 738, 722ff.; MünchKomm/*Lieb,* § 816 Rn. 58; Staudinger/*Lorenz,* § 816 Rn. 33; Soergel/*Mühl,* § 816 Rn. 52; RGRK/*Heimann-Trosien,* § 816 Rn. 25; *Reuter/Martinek,* S. 356ff.; *Es-*

Frage, wer berechtigter Gläubiger der Kaufpreisforderung geworden ist (Warenlieferant bzw. Bank), liegt außerhalb des Bereicherungsrechts und soll daher nicht weiter behandelt werden. Hat der Schuldner aber guten Glaubens an den falschen Gläubiger geleistet, so erfolgt der Ausgleich zwischen Bank und Warenlieferanten nach § 816 II.

Ähnlich wie bei § 816 I wird auch bei § 816 II die Frage gestellt, ob der Berechtigte die Wirksamkeit der (unwirksamen) Leistung an den Nichtberechtigten dadurch herbeiführen kann, daß er die Leistung genehmigt. Um die Frage zu verdeutlichen, können wir *Fall 61* abwandeln: *S* hat die Abtretung gekannt, aber durch ein Versehen seines Büros ist die Leistung noch an G_1 erfolgt, so daß die Schutzwirkung des § 407 I nicht eingreift. Die herrschende Meinung[174] hält eine Genehmigung für möglich. Danach hat G_2 die Wahl: Er kann von *S* Erfüllung seiner Forderung verlangen, oder er kann die Leistung des *S* an G_1 genehmigen und dann nach § 816 II gegen G_1 vorgehen. Berechtigte Bedenken gegen diese Lösung werden aber für den Fall geltend gemacht, daß der Schuldner *(S)* insolvent ist. Die Möglichkeit, daß G_2 sich dann an G_1 hält und daß der (ohne die Genehmigung bestehende) Rückforderungsanspruch des *S* gegen G_1 der Konkursmasse verloren geht, widerspricht dem Prinzip des Insolvenzrechts, das noch vorhandene Vermögen des Schuldners zur gemeinschaftlichen Befriedigung aller persönlichen Gläubiger zu verwenden.

IV. Die Verwendungskondiktion

Fall 62:[175] Obstbauer *O* sprüht seine Obstbäume vom Hubschrauber aus mit Schädlingsbekämpfungsmitteln. Versehentlich besprüht er dabei auch den Obstbestand seines Nachbarn *N*. Dadurch bleibt es dem Nachbarn *N* erspart, dies selbst zu tun. Kann *O* von *N* Ersatz der Aufwendungen verlangen, die ihm durch das Sprühen der Bäume des *N* entstanden sind?

O hat keine Ansprüche aus Geschäftsführung ohne Auftrag, da er allenfalls ein fremdes Geschäft in der Meinung geführt hat, daß es sein eigenes sei (§ 687 II). Ansprüche aus einem Eigentümer-Besitzer-Verhältnis scheiden aus, weil *O* keinen Besitz an den Bäumen des *N* hatte. In Betracht kommen nur Bereicherungsansprüche. Dabei kann es sich nicht

---

ser/Weyers, S. 87; *Blaschczok,* JuS 1985, 88ff., jeweils mit weiteren Nachweisen. Ein weiteres Anwendungsfeld liegt im Bereich des Factoring.

[174] Vgl. z.B. *BGH* LM § 816 Nr. 6; NJW 1972, 1197/1199; BGHZ 85, 267/272f.; NJW 1986, 2430; NJW 1989, 1349/1350f.; NJW-RR 1990, 1200/1201; ZIP 1992, 1726/1727; NJW 1995, 1668/1670; NJW 2005, 2698/2699; Soergel/*Mühl,* § 816 Rn. 51; RGRK/*Heimann-Trosien,* § 816 Rn. 26; Erman/*Westermann,* § 816 Rn. 17; Palandt/*Sprau,* § 816 Rn. 21; Jauernig/*Stadler,* § 816 Rn. 14; zurückhaltend MünchKomm/*Lieb,* § 816 Rn. 60; a.A. Staudinger/*Lorenz,* § 816 Rn. 32; *Larenz/Canaris,* S. 186f.; *Koppensteiner/Kramer,* S. 100f.; *Roth,* JZ 1972, 150ff.; differenzierend *Reuter/Martinek,* S. 353ff.; *Esser/Weyers,* S. 87.

[175] Nach *Brox/Walker,* S. 479 Rn. 12.

um eine Leistungskondiktion handeln, weil *O* keine bewußte und zweckgerichtete Vermögensmehrung bei *N* vorgenommen hat und eine Eingriffskondiktion scheitert schon daran, daß *N* nicht in das Vermögen des *O* eingegriffen hat. Vielmehr handelt es sich um einen Fall der Verwendungskondiktion.

1. Die Tatbestandsmerkmale der Verwendungskondiktion

Die Verwendungskondiktion zielt auf den Ersatz von Aufwendungen, die jemand aus eigenen Mitteln und ohne eine Leistung vorzunehmen, auf Sachen des Bereicherungsschuldners gemacht und dadurch dessen Vermögen rechtsgrundlos vermehrt hat. § 812 I 1 ist für die Verwendungskondiktion wie folgt zu lesen: Wer durch Verwendung eines anderen auf dessen Kosten etwas ohne rechtlichen Grund erlangt, ist ihm zur Herausgabe verpflichtet. Damit weist die Verwendungskondiktion ebenso wie die Eingriffskondiktion vier Tatbestandsmerkmale auf:

Erstens muß der Bereicherungsschuldner *„etwas erlangt“* haben. Hierbei ergeben sich keine Besonderheiten gegenüber der Leistungs- bzw. Eingriffskondiktion.[176] Erlangtes Etwas ist die durch die Verwendung eingetretene Vermögensmehrung,[177] in *Fall 62* also die erfolgte Schädlingsbekämpfung.

Zweitens setzt die Verwendungskondiktion voraus, daß der Bereicherungsschuldner dieses „Etwas“ durch eine *Verwendung* des Bereicherungsgläubigers erlangt hat. Darunter sind Aufwendungen eigener Mittel (Geld, Arbeitsleistungen, Naturalien)[178] des Bereicherungsgläubigers auf die Sache des Bereicherungsschuldners zu verstehen. Eine Verwendung liegt auch darin, daß der Bereicherungsgläubiger eigene Sachen mit denen des Schuldners i.S. der §§ 946ff. verbindet, vermischt oder verarbeitet (Beispiel: Der Bereicherungsgläubiger repariert unter Verwendung eigener Materialien eine Sache des Bereicherungsschuldners, die er für seine eigene hält). § 951 verweist dann auf die Verwendungskondiktion.[179] Der Verwendungsbegriff bereitet in aller Regel keine Schwierigkeiten, wichtig ist nur die Abgrenzung gegenüber der Leistung, d.h. gegenüber der bewußten und zweckgerichteten Vermögensmehrung. Liegt eine Leistung vor, so erfolgt (bei Unwirksamkeit des Kausalgeschäftes) die Rückabwicklung mit der Leistungskondiktion, eine Verwendungskondiktion scheidet aus.

---

[176] Vgl. oben S. 19 und 96.

[177] *Larenz/Canaris,* S. 189f.

[178] MünchKomm/*Lieb,* § 812 Rn. 296; *Koppensteiner/Kramer,* S. 101.

[179] Dabei muß die Situation aber so sein, daß der Verwendende derjenige ist, der (etwa im Hinblick auf § 947 II) sein Eigentum verliert. Ist die Situation dagegen umgekehrt, erwirbt also der Verwendende das Eigentum, weil seine Sache die Hauptsache nach § 947 II ist, so liegt kein Fall der Verwendungskondiktion vor, sondern ein Fall der Eingriffskondiktion, durch die der Rechtsverlust des anderen ausgeglichen wird.

Variieren wir *Fall 62* dergestalt, daß *N* das Spritzen seines Baumbestandes mit *O* vertraglich vereinbart hatte, so erhält *O* im Falle der Gültigkeit des Kausalgeschäfts seine Aufwendungen aus dem Werkvertrag, im Falle nichtigen Kausalgeschäftes mit der Leistungskondiktion (§§ 812 I 1, 818 II) ersetzt.

Drittens muß der Bereicherungsschuldner das „Etwas" *auf Kosten* des Bereicherungsgläubigers erlangt haben. Dieses Merkmal bereitet bei der Verwendungskondiktion keine Schwierigkeiten, sein Vorliegen ergibt sich aus der Verwendung eigener Sachen des Bereicherungsgläubigers. Dagegen geht die Verwendung fremder Sachen nicht auf Kosten des Verwendenden und erfüllt nicht den Tatbestand der Verwendungskondiktion.[180]

Viertens darf für die Verwendung kein *rechtlicher Grund* bestehen. Auch dieses Merkmal ist in aller Regel unproblematisch. Ist die Verwendung aufgrund einer rechtlichen Verpflichtung vorgenommen worden, so wird es sich regelmäßig um eine Leistung handeln, so daß schon aus diesem Grund die Verwendungskondiktion ausscheidet.

Danach ergibt sich in *Fall 62* folgendes: *N* hat die Schädlingsbekämpfung bei seinen Bäumen erlangt und zwar dadurch, daß *O* Sachaufwendungen (Betriebskosten des Hubschraubers, Sprühmittel) sowie eigene Arbeit auf die Sachen des *N* verwendet hat. Diese Verwendung erfolgte auf Kosten des *O* und ohne rechtlichen Grund. Damit kann *O* Ersatz der Aufwendungen von *N* verlangen.[181] Erinnert sei auch an *Fall 58* (oben S. 106): dort waren wir zu dem Ergebnis gekommen, daß die Färberei *F* die durch das Färben eingetretene Wertsteigerung der Stoffe im Wege der Verwendungskondiktion von der Weberei W ersetzt erhalten kann.[182]

2. Verwendungskondiktion und Eigentümer-Besitzer-Verhältnis

Fall 63 (nach BGHZ 41, 157): *B* ist unrechtmäßiger Besitzer eines Grundstücks, das dem *A* gehört und errichtet darauf ein Wohnhaus. Kann *B*, wenn *A* das Grundstück nach § 985 herausverlangt, den Wert des Wohnhauses mit der Verwendungskondiktion (§§ 812 I 1, 818 II) verlangen?

Rein bereicherungsrechtlich gesehen scheinen hier keine Schwierigkeiten vorzuliegen. *B* hat Verwendungen auf eine Sache des *A* ohne rechtlichen Grund gemacht, durch die der Wert der Sache erhöht worden ist.

[180] MünchKomm/*Lieb*, § 812 Rn. 300. Nach *Larenz/Canaris*, S. 189 soll das Merkmal „auf dessen Kosten" durch den Begriff der Unmittelbarkeit konkretisiert und daraus abgeleitet werden, daß der den Gegenstand der Bereicherung bildende Vermögenswert bis zum kondiktionsauslösenden Vorgang zum Vermögen des Bereicherungsgläubigers gehört haben muß.

[181] Zur Frage, wie *N* sich gegen unerwünschte Aufwendungen schützen kann, vgl. unten S. 121.

[182] Vgl. oben S. 109.

Insbesondere liegt auch keine Leistung des *B* an *A* vor, selbst dann nicht, wenn *B* seine Nichtberechtigung kannte, weil er dann zwar weiß, daß die Verwendung von Rechts wegen dem *A* zugute kommt, er aber mit dem Hausbau nicht den Zweck der Vermögensvermehrung des *A* verfolgte.[183] Nach Bereicherungsrecht hat *B* also einen Erstattungsanspruch. In allen Fällen, in denen jemand eine Verwendung auf eine in seinem Besitz befindliche fremde Sache macht, ist aber das Verhältnis der Verwendungskondiktion zum Eigentümer-Besitzer-Verhältnis zu beachten. Eine Anwendung der §§ 994ff. führt in *Fall 63* zu folgendem Ergebnis: Der Erstattungsanspruch nach § 994 setzt voraus, daß es sich um notwendige Verwendungen[184] handelt. Notwendig sind Verwendungen, wenn es ihrer bedarf, um die Sache in ihrer Substanz und in ihrer Nutzbarkeit zu erhalten. Diese Voraussetzung lag in *Fall 63* nicht vor, so daß nur ein Ersatz nützlicher Verwendungen nach § 996 in Betracht kam. Nützliche Verwendungen sind solche, die den Wert der Sache erhöhen. Diese Voraussetzung ist hier gegeben, jedoch ist anspruchsberechtigt nach § 996 nur der in bezug auf sein Besitzrecht gutgläubige (und unverklagte) Besitzer. *B* hat also nach §§ 994ff. keinen Erstattungsanspruch, wenn er in bezug auf sein Besitzrecht bösgläubig ist, während das Bereicherungsrecht auch in diesem Fall zu einem solchen Anspruch führt.

Wie diese Diskrepanz zu lösen ist, wird unterschiedlich beurteilt. Die Rechtsprechung und ein Teil des Schrifttums gehen davon aus, daß es sich bei §§ 994ff. um eine erschöpfende Sonderregelung handele, die dem (allgemeineren) Bereicherungsrecht vorgehe.[185] Da B nach §§ 994ff. keine Erstattungsansprüche hat, ist dieser Ansicht zufolge auch die Verwendungskondiktion ausgeschlossen. Von anderer Seite[186] wird demge-

---

183 *Medicus,* BürgR, Rn. 893.

184 Strittig ist freilich, ob in solchen Fällen eine Verwendung vorliegt. Der *BGH* (BGHZ 41, 157/161) hat dies in dem von ihm entschiedenen Fall mit der Begründung verneint, es handele sich um eine Zustandsveränderung, die darauf hinziele, das Anwesen einer ganz anderen Zweckbestimmung zu unterwerfen. Vgl. aber dagegen mit Recht *M. Wolf,* AcP 166 (1966), 188/190ff.; *Medicus,* BürgR, Rn. 877 und in MünchKomm, § 994 Rn. 8ff.; *Haas,* AcP 176 (1976), 1/13ff. Dieses dem Eigentümer-Besitzer-Verhältnis zuzuordnende Problem soll hier nicht weiter verfolgt werden, vielmehr wollen wir davon ausgehen, daß eine Verwendung im Sinne der §§ 994ff. vorliegt.

185 BGHZ 41, 157/158f.; 41, 341/346; 87, 296/301; WM 1973, 560/562; DB 1986, 1563/1565; aus dem Schrifttum z.B. Staudinger/*Gursky,* 13. Aufl. 1993, Vorbem. § 994 Rn. 43f.; ders. JZ 1984, 604/611; *Reuter/Martinek,* S. 698ff., insb. 705; *M. Wolf,* SachenR, 22. Aufl. (2006), Rn. 623; *ders.,* AcP 166 (1966), 188/199ff. (insb. S. 203); *Waltjen,* AcP 175 (1975), 109/132ff.; *Haas,* AcP 176 (1976), 1/16ff.

186 *Medicus,* BürgR, Rn. 897 und in MünchKomm, § 996 Rn. 11; Staudinger/*Lorenz* Vorbem. § 812 Rn. 42f.; *Koppensteiner/Kramer,* S. 208; *Pinger,* Funktion und dogmatische Einordnung des Eigentümer-Besitzerverhältnisses, 1973, S. 108f.; *Jakobs,* AcP 167 (1967), 350/370ff.; *Eike Schmidt* AcP 175 (1975), 165, 172; *Canaris* JZ 1996, 344/346f.

genüber die Spezialität der §§ 994ff. gegenüber dem Bereicherungsrecht bestritten und auf das unbefriedigende Ergebnis aufmerksam gemacht, daß der besitzende Verwender wesentlich schlechter dastehe als der nicht besitzende, da dieser ja nicht durch §§ 994ff. beschränkt wird. In der Tat ist eine solche Ungleichbehandlung ungerechtfertigt, und es ist nicht einzusehen, warum der besitzende Verwender, auch wenn er keine Erstattungsansprüche nach §§ 994ff. hat, nicht die Möglichkeit behalten soll, aus Verwendungskondiktion vorzugehen. Schließlich bestimmt § 951 II 1, daß die Vorschriften über den Verwendungsersatz unberührt bleiben; daraus läßt sich folgern, daß § 951 (und damit §§ 812ff.) neben jenen Vorschriften (§§ 994ff.) anwendbar sein sollen.[187] Der Ausschluß der Verwendungskondiktion durch das Eigentümer-Besitzer-Verhältnis ist letztlich von der Absicht bestimmt, den Eigentümer vor dem Ersatz nicht gewollter Verwendungen zu schützen, die, wie *Fall 62* zeigt, hohe Beträge erreichen können. Dieses Problem nötigt aber nicht dazu, die Verwendungskondiktion hinter §§ 994ff. ganz zurücktreten zu lassen, sondern läßt sich, wie wir sogleich sehen werden, nach den Grundsätzen der aufgedrängten Bereicherung lösen.

3. Die aufgedrängte Bereicherung

Um die Problematik der aufgedrängten Bereicherung zu veranschaulichen, variieren wir *Fall 62*[188] dahin, daß der Nachbar *N* aus grundsätzlichen Erwägungen sein Obst nie zu spritzen pflegt und deshalb das Sprühen der Bäume durch *O* für ihn wertlos ist. Wenn *O* dann trotzdem mit der Verwendungskondiktion gegen ihn vorgehen könnte, müßte *N* für etwas zahlen, was er gar nicht haben wollte. Andere Beispiele dieser Art sind der Fall, daß ein gestohlenes Auto umgespritzt wird oder daß jemand den Zaun seines Nachbarn streicht, den dieser ohnehin abreißen wollte. Auch *Fall 63* läßt sich so denken, daß *A* mit dem auf seinem Grundstück errichteten Wohnhaus nichts anfangen kann.[189] Probleme dieser Art stellen sich immer dann, wenn der Bereicherungsschuldner die Verwendung nicht in natura herausgeben kann, sondern Wertersatz nach § 818 II leisten müßte. Muß er dann in die eigene Tasche greifen, um etwas zu bezahlen, was er gar nicht haben wollte?

Die Lösung solcher Fälle ist umstritten.[190] Soweit es sich um Eigentümer-Besitzer-Verhältnisse handelt, wird teilweise versucht, eine Lösung bereits im Rahmen der §§ 994ff. zu finden, sei es, daß diese Vorschriften als Spezialnormen die Verwendungskondiktion verdrängen sollen,[191] sei

---

[187] *Medicus,* BürgR, Rn. 897.

[188] Vgl. oben S. 116.

[189] Es kann sich sogar um einen Nachteil handeln, wenn *A* auf dem Grundstück ein anderes Gebäude, etwa eine Fabrik errichten wollte, ebenso im *Fall 62,* wenn *O* als Ökobauer sein Obst als ungespritztes Obst verkaufen wollte.

[190] Lies dazu auch die eingehende Darstellung bei *Reuter/Martinek,* S. 542ff.

[191] Vgl. oben S. 119f.

es, daß man bei §§ 994 mit einem engen Verwendungsbegriff[192] arbeitet. Aber abgesehen davon, daß diese Lösungen manchen Einwänden ausgesetzt sind,[193] helfen sie in den Fällen nicht weiter, in denen kein Eigentümer-Besitzer-Verhältnis vorliegt (z.B. *Fall 62*). Es muß also aus dem Bereicherungsrecht selbst heraus eine Antwort gefunden werden. Teilweise ist eine analoge Anwendung des § 814 vorgeschlagen worden.[194] Der darin für die Leistungskondiktion enthaltene Gedanke, daß eine Rückforderung nicht stattfindet, wenn der Bereicherungsgläubiger wußte, daß er zur Leistung nicht verpflichtet war, soll auf die Verwendungskondiktion dergestalt übertragen werden, daß der Verwender seine Aufwendung nicht erstattet verlangen kann, wenn er gewußt hat, daß er fremdes Vermögen mehrt. Aber auch dieser Vorschlag kann, abgesehen von sonstigen Bedenken,[195] diejenigen Fälle nicht lösen, in denen es an einem solchen Bewußtsein fehlt. Er versagt also namentlich dann, wenn, wie in unserem *Fall 62*, ein Versehen vorliegt.

Die herrschende Meinung[196] geht einen anderen Weg. Sie subjektiviert bei der aufgedrängten Bereicherung den Wertbegriff des § 818 II, indem sie nicht auf die objektive Verkehrswertsteigerung abstellt, sondern fragt, ob und inwieweit der Schuldner im Rahmen seiner Vermögensdisposition auch wirklich Nutzen ziehen kann. Das bedeutet, daß der Bereicherungsschuldner nicht „in die eigene Tasche greifen“ muß, sondern nur das herauszugeben hat, was er aus der aufgedrängten Bereicherung zusätzlich an Einnahmen erzielen kann, in *Fall 63* beispielsweise durch die Vermietung des Wohnhauses. Dieser Lösung ist zu folgen, mit ihr läßt sich am ehesten ein angemessener Ausgleich zwischen den Interessen des Bereicherungsläubigers und des Bereicherungsschuldners herstellen. Zwar kann es sein, daß der Bereicherungsgläubiger nichts oder nur einen Teil seiner Aufwendungen ersetzt erhält. Aber wir dürfen nicht vergessen, daß es sich um ein Bereicherungs- und nicht um ein Entreicherungsrecht handelt, und bei der Bereicherung ist für die besondere Konstellation der aufgedrängten Bereicherung eben zu berück-

---

[192] Lies dazu *Medicus,* BürgR, Rn. 877; s.a. oben Fußn. 184.

[193] Zu den Einwänden gegenüber der Spezialität der §§ 994ff. vgl. die Nachweise in Fußn. 186; zur Kritik am engen Verwendungsbegriff vgl. die in Fußn. 184 Genannten.

[194] *Klauser,* NJW 1965, 513/515; *Scheyhing,* AcP 157 (1958/59), 371/389 Fußn. 68.

[195] Das Problem der aufgedrängten Bereicherung tritt immer erst dann ein, wenn eine Naturalrestitution unmöglich geworden ist, die Rechtsfolge des § 814 dagegen tritt unabhängig davon ein, ob das Erlangte herausgegeben werden kann oder nicht. Vgl. dazu MünchKomm/*Lieb,* § 812 Rn. 312; *Reuter/Martinek,* S. 545; *Koppensteiner/Kramer,* S. 166f.; *Pinger,* Funktion und dogmatische Einordnung des Eigentümer-Besitzerverhältnisses, 1973, S. 113.

[196] MünchKomm/*Lieb,* § 812 Rn. 313f. mit weiteren Nachweisen in Fußn. 704; Palandt/*Bassenge,* § 951 Rn. 21; Jauernig/*Stadler,* § 812 Rn. 80; *Medicus,* BürgR, Rn. 899; *Esser/Weyers,* S. 106; *Wieling,* Bereicherungsrecht, S. 72; *Koppensteiner/Kramer,* S. 168; a.A. (aber differenzierend) *Larenz/Canaris,* S. 286ff., insb. S. 293; *Canaris,* JZ 1996, 349.

sichtigen, was der Bereicherte mit der aufgedrängten Bereicherung wirklich anfangen kann. Diese Lösung entspricht auch dem in § 818 III enthaltenen Rechtsgedanken. Dort ist es so, daß der Bereicherungsschuldner vor der Leistung von Wertersatz bewahrt werden soll, wenn die Bereicherung weggefallen oder sich durch berücksichtigungsfähige Aufwendungen gemindert hat.[197] Dem läßt sich der Fall gleichsetzen, daß das erlangte Etwas zwar objektiv noch vorhanden, subjektiv für den Bereicherungsgläubiger aber wertlos ist, weil er keinen Nutzen daraus ziehen kann.

V. Die Rückgriffskondiktion

Fall 64:[198] *S* hat bei *G* einen Fernseher unter Eigentumsvorbehalt gekauft. *D* hat eine vollstreckbare Forderung gegen *S* und möchte den Fernseher pfänden lassen. Um nicht der Drittwiderspruchsklage (§ 771 ZPO) des *G* ausgesetzt zu sein,[199] zahlt *D* an *G* die noch ausstehenden Kaufpreisraten.

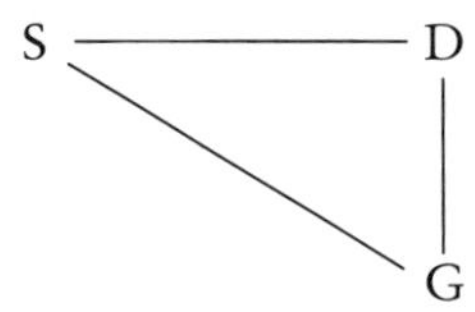

1. Kennzeichnung

Gemäß § 267 kann *D* auch gegen den Willen des *S* die restlichen Kaufpreisraten mit Erfüllungswirkung bezahlen. Die Frage ist aber, auf welchem Wege *D* diese Raten von *S* zurückerhalten kann. Ein Vertragsverhältnis zwischen *D* und *S* bestand ja nicht; eine berechtigte Geschäftsführung ohne Auftrag dürfte bereits am Fremdgeschäftsführungswillen, jedenfalls aber am Interesse und dem wirklichen oder mutmaßlichen Willen des S (§ 683 S. 1)[200] scheitern. Es bleibt nur ein Bereicherungsausgleich.[201] Eine Leistungskondiktion muß ausscheiden, weil im Verhältnis *D–S* keine Leistung vorliegt. *D* verfolgte mit der

---

[197] Dazu näher unten S. 143 f.

[198] Nach *Koppensteiner/Kramer*, S. 103; *Medicus*, BürgR, Rn. 949.

[199] Solange nämlich *G* aufgrund seines Eigentumsvorbehalts noch Eigentümer des Fernsehers ist, kann *G* nach §§ 771 ZPO die Zwangsvollstreckung verhindern. Durch die Zahlung der restlichen Kaufpreisraten bewirkt *D*, daß das Eigentum auf *S* übergeht (Eintritt der aufschiebenden Bedingung beim Eigentumsvorbehalt), so daß *G* nicht mehr nach § 771 ZPO vorgehen kann.

[200] *S* ist ja nicht daran interessiert, daß *D* die Voraussetzung für die erfolgreiche Pfändung seines Fernsehers schafft.

[201] Nimmt man einen Fremdgeschäftsführungswillen an, so kommt man über § 684 S. 1 zur Anwendung von Bereicherungsrecht.

Mehrung des Vermögens des *G* den Zweck, die Schuld des *S* gegenüber *G* zum Erlöschen zu bringen, wollte aber keine Leistung an *S* erbringen.[202] Es kann also nur eine Nichtleistungskondiktion vorliegen: *S* ist „in sonstiger Weise" auf Kosten des *D* bereichert, ohne daß ein rechtlicher Grund für diese Bereicherung besteht. Eingriffskondiktion und Verwendungskondiktion scheiden aus, wir haben es vielmehr mit einem Fall der Rückgriffskondiktion zu tun. Die Rückgriffskondiktion ermöglicht es einem Dritten, der eine fremde Schuld getilgt hat, Ersatz vom Schuldner zu erhalten (Rückgriff beim Schuldner zu nehmen).

2. Abgrenzungsfragen

a) Abgrenzung gegenüber der Leistungskondiktion

Das Hauptproblem der Rückgriffskondiktion liegt in ihrer Abgrenzung zur Leistungskondiktion. Nicht jede Tilgung fremder Schulden führt nämlich zur Rückgriffskondiktion, vielmehr ist ein großer Teil der Fälle auf anderem Wege abzuwickeln.

Zunächst liegt eine Rückgriffskondiktion dann nicht vor, wenn *D* auf Anweisung des *S* dessen Schuld gegenüber *G* getilgt hat. In diesem Fall kann *D* aufgrund der im Deckungsverhältnis *S–D* bestehenden Vertragsbeziehungen Ersatz seiner Aufwendungen verlangen.[203] Sind Dekkungs- oder Valutaverhältnis fehlerhaft, so erfolgt der Ausgleich, wie wir oben[204] gesehen hatten, im Wege der Leistungskondiktion.

Umstritten sind dagegen die Fälle der irrtümlichen Eigenleistung. Dazu folgendes Beispiel:

Fall 65 (nach *BGH* NJW 1986, 2700):[205] Die Versicherungsgesellschaft *V* übernahm die Kosten der Heilbehandlung nach einem Verkehrsunfall, den die Tochter *T* des Beklagten *B* beim Besuch einer Musikunterrichtsstunde erlitten hatte. Als *V* erfuhr, daß sich der Unfall auf dem Weg zu einer privaten Musikschule und nicht – wie zunächst angenommen – auf dem Weg zum Städtischen Gymnasium ereignet hatte, teilte *V* dem *B* mit, daß der Besuch privater Musikschulen nicht dem Unfallversicherungsschutz unterliege und forderte ihn auf, die erbrachten Leistungen in Höhe von 2.000 Euro zurückzuerstatten.

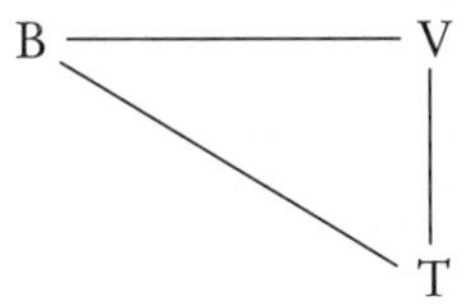

[202] Vgl. zum Leistungsbegriff oben S. 22 ff.
[203] Beispielsweise im Falle des Auftrags nach § 670; ebenso kann durch die Zahlung auf Anweisung eine Forderung des *S* gegen *D* zum Erlöschen gebracht werden.
[204] Vgl. oben S. 32.
[205] Die Entscheidung betrifft einen sozialrechtlichen Sonderfall, wird hier aber verallgemeinert. Zur Entscheidung des *BGH* vgl. die Besprechung von *K. Schmidt,* JuS 1987, 142 Nr. 3.

V hatte mit der Zahlung der Kosten der Heilbehandlung eine (bewußte und zweckgerichtete) Leistung an *T* erbracht. Das hatte sie in der irrtümlichen Annahme getan, dazu verpflichtet gewesen zu sein. Da dies nicht der Fall war, hatte sie ohne rechtlichen Grund geleistet. Sie hätte daher mit der Leistungskondiktion die 2.000 Euro von *T* zurückfordern können. Andererseits war *B* aufgrund seiner Unterhaltspflicht zur Zahlung der Kosten verpflichtet, und es lag daher für *V* jedenfalls aus praktischen Erwägungen nahe, sich sogleich an *B* zu wenden. Andere Gründe, sich in solchen Fällen direkt an den tatsächlichen Schuldner *(B)* zu halten, können darin bestehen, daß der Gläubiger, an den irrtümlich geleistet wurde, zahlungsunfähig ist oder die Bereicherung nach § 818 III entfallen ist.

Da die Zahlung an *T* eine Leistungsbeziehung zwischen *V* und *T* begründet, scheidet eine Leistungskondiktion *V–B* aus, und angesichts des Vorliegens eines Leistungsverhältnisses kommt an sich auch eine Nichtleistungskondiktion nicht in Betracht. Die Frage, die sich hier stellt, ist aber, ob *V* die Zweckbestimmung seiner Leistung nachträglich ändern kann, und zwar dergestalt, daß der Zweck ihrer Leistung nicht darin bestand, eine eigene Verpflichtung gegenüber *T* zu erfüllen, sondern auf die Schuld des *B* gegenüber *T* zu leisten. Wäre eine solche nachträgliche Änderung möglich, so läge die Situation ebenso wie in *Fall 64: V* hat eine fremde Schuld (die des *B*) getilgt und kann demzufolge mit der Rückgriffskondiktion von *B* Ersatz verlangen.

Im Schrifttum sind die Meinungen, ob eine solche nachträgliche Änderung der Leistungsbestimmung möglich ist, geteilt. Teilweise wird dies abgelehnt.[206] Man weist vor allem darauf hin, daß im Falle des Konkurses der *T* eine ungerechtfertigte Bevorzugung der *V* gegenüber den anderen Konkursgläubigern eintreten würde, daß Einwendungen des *B* gegenüber der *T*, etwa die Möglichkeit einer Aufrechnung, durch ein direktes Vorgehen der *V* gegenüber *B* beeinträchtigt würden und sieht schließlich keine Möglichkeit, eine solche nachträgliche Änderung der Leistungsbestimmung dogmatisch zu verankern. Die Gegenansicht[207] hält diese Schwierigkeiten für überwindbar, beruft sich auf die Interes-

---

[206] MünchKomm/*Lieb,* § 812 Rn. 90ff.; Staudinger/*Lorenz* § 812 Rn. 60; Erman/*Westermann,* § 812 Rn. 31; *Lorenz,* in: Rechtsvergleichung und Rechtsvereinheitlichung, Festschr. zum fünfzigjährigen Bestehen des Instituts für ausländisches und internationales Privat- und Wirtschaftsrecht der Universität Heidelberg, 1967, S. 267ff.; *ders.,* AcP 168 (1968), 268/306ff.; *Derleder,* AcP 169 (1969), 97/103ff.; kritisch dazu *Medicus,* BürgR, Rn. 951.

[207] *v. Caemmerer,* JZ 1962, 385/386; *ders.,* in: Festschr. f. Dölle I, 1963, S. 135/147ff.; *Reuter/Martinek,* S. 473ff.; RGRK/*Heimann-Trosien,* § 812 Rn. 31; Palandt/*Sprau,* § 812 Rn. 59; Jauernig/*Stadler,* § 812 Rn. 75; *Larenz/Canaris,* S. 192f.; *Ehmann,* NJW 1969, 1833/1835; *Flume,* JZ 1962, 281/282; *Schlechtriem,* NJW 1966, 1795/1796; *Thomä,* JZ 1962, 623/627; *Zeiss,* AcP 165 (1965), 332/337f.; *Stolte,* Jura 1988, 246/249ff.; weitere Nachweise bei MünchKomm/*Lieb,* § 812 Rn. 90ff.

senlage und sieht die dogmatische Basis in einer Analogie zur Aufrechnung, macht freilich zu Recht Einschränkungen, soweit dem Schuldner Einwendungen gegen den Gläubiger abgeschnitten würden.[208] Eine vermittelnde Meinung will schließlich die nachträgliche Änderung der Leistungsbestimmung nur mit Wirkung ex nunc zulassen.[209] Der *BGH* hat in der *Fall 65* zugrundeliegenden Entscheidung jedenfalls für den von ihm zu beurteilenden Fall die nachträgliche Änderung der Leistungsbestimmung für zulässig erachtet und dies damit begründet, daß das Bereicherungsrecht in besonderem Maße dem Grundsatz von Treu und Glauben unterliege und aus diesem Grunde die Versicherungsgesellschaft *(V)* sich mit der Rückgriffskondiktion unmittelbar an den Vater *(B)* halten könne.[210] Im Hinblick auf die Interessenlage ist dem im Ergebnis – auch wenn die Begründung problematisch bleibt – zuzustimmen. Soweit dem Schuldner *(B)* dadurch nicht Einwendungen gegen den Gläubiger *(T)* abgeschnitten werden, sollte die nachträgliche Änderung der Leistungsbestimmung und damit die Rückgriffskondiktion zulässig sein.

Die gleiche Problematik stellt sich bei der Vertauschung von Stromzählern. Dazu

Fall 66 (*KG* NJW 1985, 1714): *K* und *B* wohnten in verschiedenen Wohnungen desselben Mietshauses. Beim Auszug des *K* stellte das Elektrizitätsversorgungsunternehmen *E* fest, daß die Zähler von *K* und *B* vertauscht waren, so daß sie den Stromverbrauch der jeweils anderen Partei anzeigten. *K* hatte aufgrund dieser Tatsache für eine Reihe von Jahren eine zu hohe Stromrechnung (nämlich die des *B*) bezahlt. Er erhielt für die letzten zwei Jahre von *E* eine Erstattung, für die davorliegende Zeit verweigerte *E* eine Zahlung unter Berufung auf die in seinen Strombezugsbedingungen enthaltene Verjährungsklausel. Den von *E* nicht erstatteten Betrag verlangt *K* von *B*.

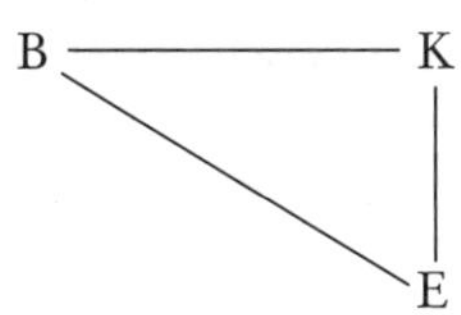

Das *LG* hatte einen Anspruch des *K* gegen *B* aus Eingriffskondiktion bejaht.[211] Das mußte schon deswegen falsch sein, weil *B* nicht in eine Position mit Zuweisungsgehalt des *K* eingegriffen hatte, sondern allenfalls in eine solche des *E* – der von *B* verbrauchte Strom stand nämlich nicht dem *K*, sondern dem Elektrizitätsversorgungsunternehmen zu;[212]

---

208 Vgl. dazu vor allem *Reuter/Martinek*, S. 473 ff.

209 *Koppensteiner/Kramer*, S. 41; *Schnauder*, Grundfragen zu Leistungskondiktion bei Drittbeziehungen, 1981, S. 183 ff.; *Wilhelm*, Rechtsverletzung und Vermögensentscheidung als Grundlagen und Grenzen des Anspruchs aus ungerechtfertigter Bereicherung, 1973, S. 175.

210 *BGH* NJW 1986, 2700 f.

211 Die Entscheidung des *Landgerichts* ist nicht veröffentlicht, wird aber insoweit im Urteil des *KG* wiedergegeben.

212 Dazu eingehend *Martinek*, JuS 1985, 596 ff. In einem Fall, der sich von dem des *KG* dadurch unterschied, daß der Beklagte erst hinter dem Zähler des Klägers

im übrigen hatte das *Landgericht* den Leistungsbeziehungen zwischen *E* und *B* nicht Rechnung getragen: *B* hatte den von ihm verbrauchten Strom durch Leistung des *E* (und nicht durch einen Eingriff) erhalten und brauchte sich angesichts des Vorrangs der Leistungskondiktion nicht auf eine Eingriffskondiktion seitens des *K* einzulassen.[213] Folgerichtig lehnte das *KG* Eingriffskondiktionsansprüche ab. Damit stellte sich die Frage der Rückgriffskondiktion. *K* hatte zwar mit seinen Stromrechnungen jeweils eine eigene Schuld beglichen und nicht i.S. des § 267 die Schuld des *B* erfüllt. Hätte er aber die Zweckbestimmung seiner Zahlung nachträglich geändert, so wäre in der Tat – ebenso wie in *Fall 65* – grundsätzlich eine Rückgriffskondiktion in Betracht gekommen. Im konkreten Fall mußte die Rückgriffskondiktion freilich aus einem anderen Grunde scheitern. *B* war nämlich für die letzten zwei Jahre – also für den Zeitraum, für den *E* an *K* eine Erstattung geleistet hatte – von *E* auf Nachzahlung der Stromgebühren in Anspruch genommen worden. Für einen weiter zurückliegenden Zeitraum schlossen die Strombezugsbedingungen der *E* eine Nachforderung aus. Könnte nun *K* den *B* für diesen weiter zurückliegenden Zeitraum in Anspruch nehmen, so würde *B* im Ergebnis seiner diesbezüglichen Einwendung gegenüber *E* beraubt – ein Resultat, das durch die nachträgliche Änderung der Leistungsbestimmung gerade nicht ermöglicht werden soll.[214] *K* bleibt damit an den länger als zwei Jahre zurückliegenden Stromkosten hängen, was letztlich Ausdruck der in den Strombezugsbedingungen enthaltenen Regelung ist, daß nach zwei Jahren mit Erstattungsansprüchen Schluß sein soll.

b) Abgrenzung gegenüber der Geschäftsführung ohne Auftrag

Eine Rückgriffskondiktion scheidet aber auch dann aus, wenn im Verhältnis *S–D* eine berechtigte Geschäftsführung ohne Auftrag vorliegt. Dazu

Fall 67: D zahlt für seinen verreisten Freund *S* dessen fällige Hausratsversicherungsprämie an die Versicherung *G*, damit der Versicherungsschutz nicht verloren geht.

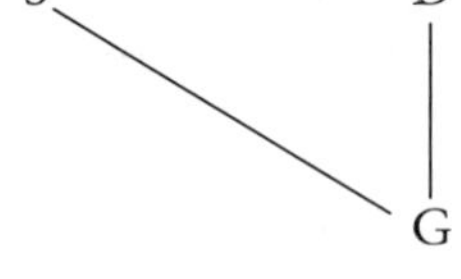

Strom abgenommen hatte, war vom *LG Aachen* (NJW 1984, 2421; dazu auch *K. Schmidt*, JuS 1985, 61 Nr. 7) gleichfalls eine Eingriffskondiktion für zulässig erachtet worden – angesichts der Rechtslage beim Stromlieferungsvertrag ebenso zu Unrecht, vgl. *Martinek*, JuS 1985, 596ff.

[213] Ebenso *Martinek*, JuS 1985, 596/600f.

[214] Zutreffend *Martinek*, JuS 1985, 596/601. Das *KG* hatte sich u.a. auf Verjährung gestützt.

D hat hier ein Geschäft des *S* mit Fremdgeschäftsführungswillen und im Interesse und dem mutmaßlichen Willen des *S* entsprechend besorgt. Er kann daher Ersatz seiner Aufwendungen nach §§ 683 S. 1, 670 von *S* verlangen; gleichzeitig stellt die berechtigte Geschäftsführung ohne Auftrag einen rechtlichen Grund für die Vermögensmehrung des *S* (Befreiung von der Prämienforderung) dar, der einen Bereicherungsanspruch ausschließt.[215]

[215] Lies dazu *Fikentscher,* Rn. 1136. Zu der Situation, daß die Forderung im Valutaverhältnis *G–S* nicht bestand, etwa weil *S* die Versicherungsprämie bereits bezahlt hatte, ohne daß *D* dies wußte, vgl. *Fall 28* (oben S. 47).

4. Teil. Der Umfang des Bereicherungsanspruchs

I. Übersicht

Während §§ 812–817 die Frage regeln, ob ein Bereicherungsanspruch besteht, wird in §§ 818–820 der Umfang des Bereicherungsanspruchs näher bestimmt. Zwar ergibt sich bereits aus §§ 812ff., daß grundsätzlich das erlangte „Etwas" herauszugeben ist. Dies ist aber in manchen Fällen nicht möglich, etwa weil der erlangte Gegenstand untergegangen ist oder das Erlangte seiner Natur nach nicht herausgabefähig ist, z.B. bei der unberechtigten Nutzung eines fremden Patents. In anderen Fällen ist die Herausgabe des erlangten Gegenstandes nicht ausreichend oder aber auch zu weitgehend, und zwar deswegen, weil jedenfalls nach der Konzeption des Gesetzgebers der Bereicherte prinzipiell nur das, aber auch alles das herausgeben soll, um was er bereichert ist, mit anderen Worten: nach Herausgabe der Bereicherung grundsätzlich weder einen Vermögensvorteil noch einen Vermögensnachteil haben soll. Hat er also beispielsweise Nutzungen aus dem erlangten Gegenstand gezogen oder hat er Aufwendungen gehabt, so stellt sich die Frage, wie dies zu berücksichtigen ist. Der Regelung solcher Probleme dienen die §§ 818–820. Dabei wird die Herausgabepflicht einerseits erweitert, andererseits beschränkt. Sie wird erweitert um die vom Bereicherten gezogenen Nutzungen (§ 818 I), sie wird beschränkt auf die noch vorhandene Bereicherung (§ 818 III). Kann das Erlangte nicht herausgegeben werden, so ist, falls an seine Stelle ein Surrogat (z.B. ein Schadensersatzanspruch wegen Zerstörung der Sache) getreten ist, dieses herauszugeben (§ 818 I), im übrigen ist Wertersatz zu leisten (§ 818 II). Soweit die Bereicherung weggefallen ist, entfällt auch der Bereicherungsanspruch (§ 818 III). Auf den Wegfall der Bereicherung kann sich aber nur der gutgläubige Bereicherungsschuldner berufen. Wer nicht gutgläubig ist, unterliegt einer verschärften Bereicherungshaftung (§§ 818 IV, 819, 820).

Obwohl dieses gesetzgeberische Konzept im Ansatz einigermassen klar zu sein scheint, hat es doch viele Fragen offengelassen, prinzipieller Art ebenso wie im Detail. Im Prinzipiellen geht es in erster Linie um die Grundkonzeption des gesamten Bereicherungsrechts: Basiert dieses Rechtsgebiet auf dem Gedanken, daß lediglich ein beim (gutgläubigen) Bereicherungsschuldner noch vorhandener Vermögenszuwachs abgeschöpft werden soll, daß es sich also um eine auf die noch vorhandene Bereicherung beschränkte Billigkeitshaftung handelt, so daß die Vorschrift des § 818 III als Ausdruck eines allgemeinen Gedankens anzusehen wäre, der auch im übrigen Bereicherungsrecht zu berücksichtigen wäre? Von einer solchen Auffassung ging man, namentlich unter dem

Einfluß *Windscheids,* bei der Konzeption des BGB aus.[1] Auch die Rechtsprechung hat gern vom „obersten Grundsatz des Bereicherungsrechts, ... wonach die Herausgabepflicht des Bereicherten keinesfalls zu einer Verminderung seines Vermögens über den Betrag der wirklichen Bereicherung hinaus führen darf", gesprochen.[2] Ein solches Verständnis führt zu einer weitgehenden Berücksichtigung der Interessen des Bereicherungsschuldners, der dann nämlich in großem Umfang mit der Bereicherung in Zusammenhang stehende Vermögensnachteile bereicherungsmindernd geltend machen kann. Die herauszugebende Bereicherung wird von vornherein nur als ein Saldo zwischen den mit dem Bereicherungsvorgang verbundenen Vor- und Nachteilen gesehen. Oder aber – und diese Sicht setzt sich in zunehmendem Umfange durch – stellt das Bereicherungsrecht primär ein Instrument dar, das der Korrektur fehlgeschlagener Vermögensübertragungen und dem Rechtsgüterschutz dient? Dann steht weniger die Vermögenslage des Bereicherungsschuldners als der durch die Bereicherung erlangte Gegenstand und sein weiteres Schicksal im Mittelpunkt der Betrachtung: um seine Rückübertragung (bzw. bei Unmöglichkeit konkreter Rückgabe um Wertersatz) geht es primär, § 818 III kommt nur eine Korrekturfunktion zu. Im Ergebnis bedeutet das eine stärkere Berücksichtigung der Interessen des Bereicherungsgläubigers, die Abzugsmöglichkeiten des Bereicherungsschuldners sind tendenziell eingeschränkt.[3] Diese Problematik wird von einer weiteren Frage überlagert, ob sich nämlich die Unterscheidung von Leistungskondiktion und Nichtleistungskondiktionen beim Umfang des Bereicherungsanspruchs fortsetzen soll, obwohl sich die in § 812 angelegte Differenzierung von Bereicherung durch Leistung und Bereicherung in sonstiger Weise in § 818 nicht findet.[4]

II. Der Herausgabeanspruch

1. Der primäre Gegenstand des Herausgabeanspruchs

a) Bei der Leistungskondiktion

Primär ist der Herausgabeanspruch auf dasjenige gerichtet, was der Bereicherungsschuldner erlangt hat.[5] Bei der Leistungskondiktion scheint

---

1 Vgl. dazu etwa *Reuter/Martinek,* S. 516ff.; *Esser/Weyers,* S. 92ff.; zur historischen Entwicklung des § 818 s.a. *König,* Ungerechtfertigte Bereicherung – Tatbestände und Ordnungsprobleme in rechtsvergleichender Sicht, 1985, S. 52ff.

2 BGHZ 55, 128/131 und 134 mit weiteren Nachweisen; WM 1978, 708/711; NJW 1984, 2095/2096; BGHZ 118, 383/386; 132, 198/210; im Schrifttum s. etwa *Flume,* in: 50 Jahre Bundesgerichtshof – Festgabe aus der Wissenschaft, 2000, Band I, S. 525/528ff.

3 Vgl. näher *Reuter/Martinek,* S. 516ff.; MünchKomm/*Lieb,* § 818 Rn. 62ff.

4 S. dazu auch unten S. 132 und 140.

5 Allgemeine Ansicht, vgl. z.B. *BGH* NJW 2002, 1340/1341; NJW 1995, 53/55; Palandt/*Sprau,* § 818 Rn. 5.

das problemlos zu sein. Dasjenige, was der Leistende dem Leistungsempfänger verschafft hat, ist zurückzugewähren.[6] In vielen Fällen gibt es hier auch keine Schwierigkeiten: Bei wirksamer, aber rechtsgrundloser Übereignung einer Sache (vgl. z.B. *Fall 5*)[7] ist das Eigentum zurückzuübertragen, hat der Leistungsempfänger mangels Wirksamkeit der Übereignung nur den Besitz erlangt, so ist dieser zurückzugewähren, eine rechtsgrundlos erlangte Forderung ist zurückzuübertragen, von einer zu Unrecht begründeten Verbindlichkeit ist der Bereicherungsgläubiger zu befreien, eine rechtsgrundlos erlangte Grundbuchposition ist zu löschen usw. In anderen Situationen ist dagegen die Rechtsfolge nicht so eindeutig. Das zeigen folgende Fälle:

Fall 68 (nach *BGH* NJW 1952, 417): *A* hat dem *B* eine schriftliche Ehrenerklärung des Inhalts gegeben, daß er ihm ehrenrührige Handlungen nicht unterstelle. Als sich herausstellt, daß die von *A* vermuteten ehrenrührigen Handlungen des *B* doch zutreffen, verlangt *A* im Wege der Kondiktion Rückgabe der Erklärung.

Fall 69 (im Anschluß an *Fall 9*): *S* schuldet dem *G* 1.000 Euro aus Kaufvertrag. Er weist seine Bank *D* an, dem *G* die geschuldete Summe auszuzahlen. Nachdem die Auszahlung erfolgt ist, stellt sich heraus, daß sowohl der Kaufvertrag als auch das Anweisungsverhältnis nichtig waren.

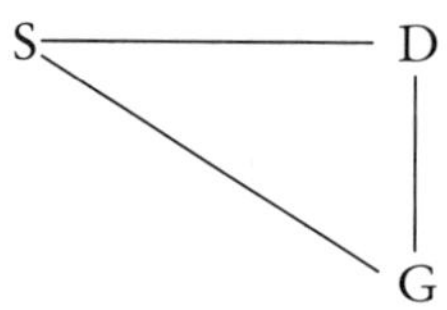

Fall 70: A erbringt dem *B* aufgrund eines nichtigen Dienstvertrages eine Dienstleistung.

In *Fall 68* stellt sich die Frage, ob *A* von *B* die Ehrenerklärung zurückverlangen kann. Der *BGH* hatte dies mit der Begründung verneint, daß das Papier, auf dem die Erklärung des *A* geschrieben war, keinen Vermögenswert darstelle.[8] Demgegenüber geht man heute mit Recht davon aus, daß das erlangte und herauszugebende Etwas keinen Vermögenswert zu haben braucht.[9] Das wird zutreffend mit dem Zweck der Leistungskondiktion begründet: Da diese der Rückabwicklung fehlgeschlagener Schuldverhältnisse diene, müsse das, was Gegenstand eines Schuldverhältnisses sein könne, auch erlangtes und herauszugebendes Etwas im Sinne des Bereicherungsrechts sein können.[10] Gleichzeitig

---

6 Vgl. bereits *v. Caemmerer,* S. 350; s.a. *Larenz/Canaris,* S. 254f. Eine gesetzliche Ausnahme bildet § 951.

7 Vgl. oben S. 16.

8 Vgl. NJW 1952, 417.

9 Vgl. z.B. MünchKomm/*Lieb,* § 812 Rn. 342; Staudinger/*Lorenz,* § 812 Rn. 65; *Larenz/Canaris,* S. 255; s.a. oben S. 19. *Lieb* (aaO.) weist allerdings zutreffend darauf hin, dass Gegenstände ohne Vermögenswert die seltene Ausnahme bilden werden.

10 So z.B. *Reuter/Martinek,* S. 529.

kommt in dieser Position die gegenständliche Orientierung des Bereicherungsrechts zum Ausdruck, die die Rückgabe des geleisteten Gegenstandes und nicht den Ausgleich eines Vermögenssaldos in den Vordergrund stellt.

In *Fall 69* haben wir es mit dem sog. Doppelmangel im Dreiecksverhältnis zu tun; sowohl das Valutaverhältnis als auch das Deckungsverhältnis sind fehlerhaft. In solchen Fällen wird, wie wir an früherer Stelle[11] gesehen hatten, nicht unmittelbar im Verhältnis *D–G* kondiziert (Einheitskondiktion), sondern *D* muß gegenüber *S* und *S* muß gegenüber *G* den Bereicherungsanspruch geltend machen. Das scheint zwar aufwendiger zu sein, der Grund für dieses Vorgehen liegt aber darin, daß *D* nicht dem Einwendungs- und Insolvenzrisiko des *G* ausgesetzt sein soll. Schwierigkeiten bereitet nun die Frage, was Gegenstand des Kondiktionsanspruchs *D* gegen *S* ist. Ein Teil des Schrifttums geht davon aus, daß *D* von *S* den Bereicherungsanspruch des *S* gegen *G* kondizieren, d.h. Abtretung dieses Anspruchs an sich verlangen könne.[12] Das würde aber dazu führen, daß *D* nicht nur dem Einwendungs- und Insolvenzrisiko des *S*, sondern auch dem des *G* ausgesetzt wäre. Denn wenn *D* nach Abtretung den Bereicherungsanspruch des *S* gegen *G* geltend macht, trägt er nicht nur das Risiko der Insolvenz des *G*, sondern *G* kann gem. § 404 auch die ihm gegen *S* zustehenden Einwendungen gegenüber *D* geltend machen. Damit wäre das, was man durch die Wahl der Doppelanstelle der Einheitskondiktion erreichen wollte, wieder zunichte gemacht, und mehr noch: während *D* bei der Einheitskondiktion nur das Einwendungs- und Insolvenzrisiko des *G* tragen würde, hätte er nun zusätzlich noch die Risiken des *S* zu tragen. Daher erscheint es richtiger, als Gegenstand des Bereicherungsanspruchs *D–S* nicht den Bereicherungsanspruch *S–G* anzusehen, sondern dasjenige, was *S* von *G* erlangt hat, also den von *G* an *S* geleisteten Gegenstand.[13] Dann hat nämlich *S* dem *D* den von *G* geleisteten Gegenstand herauszugeben bzw. dessen Wert zu ersetzen (§ 818 II), und das Einwendungs- und Insolvenzrisiko des *G* wird nicht von *D*, sondern von *S* getragen, also richtigerweise von demjenigen, der sich den *G* als Vertragspartner ausgesucht hat. Das setzt allerdings voraus, daß sich *S* gegenüber *D* nicht auf § 818 III berufen kann, wenn sich sein Anspruch gegenüber *G* nicht realisieren läßt. Die Berufung auf § 818 III ist ihm aber deswegen zu versagen, weil er (und nicht *D*) derjenige ist, der durch Aufnahme der vertraglichen Beziehun-

---

[11] Vgl. oben S. 33.

[12] Vgl. *Larenz/Canaris,* S. 205f.; *Koppensteiner/Kramer,* S. 28f.; *Canaris,* in: Festschr. f. Larenz, 1973, S. 799/811ff.; *Berg,* AcP 160 (1961), 505/512f.; *Lorenz,* JZ 1968, 53; *H. P. Westermann,* JuS 1968, 17/21.

[13] So MünchKomm/*Lieb,* § 812 Rn. 48; Staudinger/*Lorenz,* § 812 Rn. 55; *Reuter/Martinek,* S. 521; *Esser/Weyers,* S. 55f.; *König,* Ungerechtfertigte Bereicherung – Tatbestände und Ordnungsprobleme in rechtsvergleichender Sicht, 1985, S. 209f.; *Rengier,* AcP 177 (1977), 418/444; *Pinger,* AcP 179 (1979), 301/319.

gen zu *G* das Risiko von dessen Insolvenz eingegangen ist.[14] In dieser Sicht der Dinge dokumentiert sich wieder die gegenständlich und nicht vermögensrechtlich orientierte Konzeption des Bereicherungsrechts.

In *Fall 70* stellt sich, wie regelmäßig bei Dienst- und Werkleistungen, die Frage, was geleistetes Etwas ist und woran folglich der Herausgabeanspruch anzuknüpfen hat. Ist dies die Dienst- oder Werkleistung selbst oder ist es dasjenige, was der Bereicherungsschuldner aufgrund der Leistung an anderweitigen Aufwendungen erspart hat? Die gleiche Problematik tritt bei Gebrauchsüberlassungsfällen auf, etwa bei der Überlassung einer Sache aufgrund nichtigen Mietvertrags. Auf den ersten Blick scheint die Frage müßig zu sein, weil in derartigen Fällen ohnehin nach § 818 II der Wert der Sache herauszugeben ist und die Wertberechnung von dieser Problematik nicht abhängig zu sein scheint. Die Relevanz der Frage wird aber deutlich, wenn der Bereicherungsschuldner keine eigenen Aufwendungen erspart hat. Beantwortet man sie im erstgenannten Sinne, so sind geleistetes Etwas die Dienst- oder Werkleistungen bzw. die Gebrauchsüberlassung, und da die Herausgabe in natura nicht möglich ist, muß nach § 818 II der Wert ersetzt werden. Sieht man dagegen das erlangte Etwas von vornherein nur in der Ersparnis eigener Aufwendungen, so hat der Leistungsempfänger mangels eigener Ersparnis gar nichts erlangt, und es wäre konsequent, aus diesem Grunde einen Bereicherungsanspruch zu versagen. Dieses offenbar unbefriedigende Ergebnis wird freilich meist nicht vertreten; es zu vermeiden, bereitet aber, wie die entsprechenden Bemühungen in Rechtsprechung und Schrifttum zeigen, deutliche Schwierigkeiten.[15]

Praktische Bedeutung haben diese Zusammenhänge vor allem im *Flugreisefall* des *BGH*[16] gewonnen. Der *BGH* hatte von seiner Ausgangsposition her, daß die Lufthansa mit dem Transport von Hamburg nach New York dem Minderjährigen *M* eine Leistung erbracht hatte, angenommen, daß das erlangte Etwas nur in den von *M* ersparten Flugkosten liegen könne. Da *M* aber die Reise nie angetreten hätte, falls er sie hätte bezahlen müssen, hatte er nichts erspart und, wie der *BGH* zunächst auch folgert,[17] nichts erlangt. Dieser Konsequenz konnte sich der *BGH* dann nur durch die von *Lieb*[18] als „verwegen" bezeichnete Kon-

---

14 Dazu näher mit Nachweisen MünchKomm/*Lieb,* § 812 Rn. 49; *Rengier,* AcP 177 (1977), 418/444; *Pinger,* AcP 179 (1979), 301/320; s. a. *Canaris,* in: Festschr. f. Larenz, 1973, S. 799/814 ff., der allerdings im Ansatz von einer Kondiktion der Kondiktion ausgeht.

15 Vgl. zu diesem Problemkreis näher und mit weiteren Nachweisen MünchKomm/*Lieb,* § 812 Rn. 357 ff. und § 818 Rn. 46; Soergel/*Mühl,* § 818 Rn. 17 ff.; *Reuter/Martinek,* S. 530 ff. Was in den unterschiedlichen Positionen wieder zum Ausdruck kommt, ist die Kontroverse zwischen einer gegenständlich und einer vermögensrechtlich orientierten Sicht des Bereicherungsrechts.

16 BGHZ 55, 128; zum Sachverhalt vgl. oben Fall 7 (S. 20).

17 BGHZ 55, 128/132.

18 In: MünchKomm, § 812 Rn. 358.

struktion entziehen, daß sich der bösgläubige „Leistungsempfänger" nicht darauf berufen könne, er habe eine Leistung nicht erhalten.[19] Zwanglos löst sich das Problem dagegen, wenn man die Dienstleistung der Lufthansa, also den Transport von Hamburg nach New York als erlangtes Etwas ansieht. Dann richtet sich nämlich der Bereicherungsanspruch nach § 818 II auf den Wert dieses Transports, und die Frage, ob die Reise für *M* einen Luxus darstellte, den er sich sonst nicht geleistet hätte, ist dort zu lösen, wo sie hingehört, nämlich im Rahmen des § 818 III (Wegfall der Bereicherung).

b) Bei der Eingriffskondiktion

Ebenso wie bei der Leistungskondiktion ist auch bei der Eingriffskondiktion davon auszugehen, daß der Bereicherungsschuldner primär das herauszugeben hat, was er durch den Eingriff erlangt hat.[20] Hat *A* eine Flasche Wein versehentlich nicht aus seinen eigenen Beständen, sondern aus denen des *B* geholt,[21] so hat er diese Flasche zurückzugeben, solange er sie noch nicht ausgetrunken hat. In vielen Fällen der Eingriffskondiktion wird freilich eine gegenständliche Herausgabe nicht möglich sein, etwa weil der erlangte Gegenstand verbraucht ist (der Wein ist ausgetrunken), oder weil von vornherein die Natur des Erlangten eine gegenständliche Herausgabe verbietet (z.B. beim Eingriff in fremde Immaterialgüterrechte). Dann greift § 818 II ein, und dort stellt sich die Frage, wie der Wert des Erlangten (in unseren Beispielen also der Wert der Flasche Wein bzw. der Wert der Nutzungsmöglichkeit des Immaterialgüterrechts) zu bemessen ist.[22] Zu den umstrittensten Problemen in diesem Bereich gehört die Frage, ob mit der Eingriffskondiktion auch der Gewinn herausverlangt werden kann, den der Bereicherungsschuldner mit dem rechtsgrundlos erlangten „Etwas" erzielt hat. Dazu

Fall 71 (nach BGHZ 68, 90 und 82, 299; vgl. auch bereits *Fall 49*): *B,* der Inhaber einer Fensterfabrik ist, benutzt bei der Herstellung von Fensterrahmen ein Kunststoffhohlprofil, das als Gebrauchsmuster für *A* geschützt ist. Er verkauft die Fensterrahmen mit erheblichem Gewinn. Kann *A* von *B* mit der Eingriffskondiktion nur den Wert der Nutzung des Gebrauchsmusters, d.h. die übliche Lizenzgebühr verlangen, oder ist B auch zur Herausgabe des von ihm erzielten Gewinns verpflichtet?

Die Rechtsprechung und die überwiegende Meinung im Schrifttum stehen mit Recht auf dem Standpunkt, daß sich der Herausgabeanspruch bei der Eingriffskondiktion nur auf Wertersatz nach § 818 II richtet und nicht auf den Verletzergewinn.[23] Diese Position war vor allem durch die

---

19 BGHZ 55, 128/134ff.

20 S. zur primären Herausgabepflicht bei der Leistung oben S. 129f.

21 Vgl. Fall 48, oben S. 79.

22 Insbesondere geht es hier um das Problem, ob der Wertbegriff des § 818 II objektiv oder subjektiv zu verstehen ist. Vgl. dazu näher unten S. 139ff.

23 Vgl. dazu insb. BGHZ 82, 299/307f.; *BGH* NJW-RR 2001, 1332/1333, GRUR 2002, 287/788; jeweils mit weiteren Nachweisen; aus dem Schrifttum etwa Münch-

grundlegenden Arbeiten *v. Caemmerers* begründet worden, der auf die Unterschiede zwischen Bereicherungsrecht und Recht der Geschäftsführung ohne Auftrag (das eine Gewinnherausgabe gemäß §§ 687 II, 681 S. 2, 667 vorsieht) hingewiesen hatte.[24] Allerdings mehren sich die Stimmen, die eine Gewinnhaftung befürworten. Das wird teilweise mit einem subjektiven Wertbegriff im Rahmen des § 818 II begründet, teilweise geht man auch davon aus, der Gewinn sei eine Nutzung i.S. des § 818 I und deswegen herauszugeben.[25] Darauf wird an späterer Stelle noch näher einzugehen sein.[26]

2. Nutzungen und Surrogate

Mit der Pflicht zur Herausgabe von Nutzungen und Surrogaten sind in § 818 I zwei ihrer Rechtsnatur nach sehr unterschiedliche Ansprüche zusammengefaßt. Beim Anspruch auf die Herausgabe von Nutzungen handelt es sich um einen Nebenfolgeanspruch, der den Hauptanspruch ergänzt und erweitert. Der Anspruch auf die Herausgabe von Surrogaten ist dagegen systematisch dem Fallbereich des § 818 II zuzurechnen, da er eine Regelung für den Fall der Unmöglichkeit der Herausgabe des primär Erlangten darstellt. Die Herausgabe von Surrogaten geht dem Wertersatz vor. Soweit also an die Stelle des primär Erlangten ein Surrogat getreten ist, ist dieses herauszugeben und § 818 II nicht anzuwenden; erst wenn das Surrogat nicht herausgegeben werden kann, greift § 818 II wieder ein.[27]

a) Nutzungen

Nutzungen sind nach § 100 BGB die Früchte einer Sache oder eines Rechts sowie die Vorteile, welche der Gebrauch der Sache oder des Rechts gewährt.[28] Zu den Früchten gehören nach § 99 III auch die Erträge, welche eine Sache oder ein Recht vermöge eines Rechtsverhältnisses gewährt. Daher zählen zu den Nutzungen auch Zinsen und sonstige Erträge, die dem Bereicherungsschuldner aus einer Anlage des erlangten Geldbetrages zugeflossen sind.[29] Der Anspruch auf die Herausgabe von

---

Komm/*Lieb,* § 818 Rn. 44f.; Staudinger/*Lorenz,* § 818 Rn. 27; beide mit eingehenden Nachweisen; s. ferner Palandt/*Sprau,* § 812 Rn. 18; Jauernig/*Stadler,* § 818 Rn. 21.

[24] *v. Caemmerer,* S. 356ff.

[25] Vgl. dazu die Nachweise bei MünchKomm/*Lieb,* § 818 Rn. 44f.; Staudinger/*Lorenz,* § 818 Rn. 27.

[26] Vgl. unten S. 136f. und 140. Bei der Eingriffskondiktion nach § 816 I 1 geht man dagegen überwiegend davon aus, daß die Herausgabepflicht auch den Gewinn umfaßt, vgl. oben S. 107.

[27] Vgl. z.B. *BGH* NJW 1995, 53/55; s.a. NJW 2002, 1340/1341; Im Schrifttum dazu MünchKomm/*Lieb,* § 818 Rn. 6.

[28] Lies zu diesem Abschnit auch *Flume,* Gedächtnisschrift für Brigitte Knobbe-Keuk, 1997, S. 111ff.

[29] S.a. *BGH* NJW 1998, 2354/2355.

Nutzungen bezieht sich, soweit nicht §§ 818 IV, 819 eingreifen,[30] nur auf Nutzungen, die der Bereicherungsschuldner tatsächlich gezogen hat.[31] Nicht gezogene Nutzungen braucht er nicht zu vergüten (auch ein Wertersatzanspruch nach § 818 II besteht insofern nicht). Sieht sich beispielsweise der Verkäufer einer Sache, der den Kaufpreis bereits erhalten hat, aufgrund der Nichtigkeit des Kaufvertrags einem Kondiktionsanspruch hinsichtlich der Kaufpreissumme ausgesetzt, so hat er Zinsen nur dann zu zahlen, wenn er den Kaufpreis tatsächlich verzinslich angelegt hatte.[32] Es kommt auch nicht darauf an, ob der Bereicherungsschuldner Nutzungen hätte ziehen können und ob er dies schuldhaft unterlassen hat.[33] Anders ist es jedoch, wenn der Bereicherungsschuldner das Geld zur Tilgung von Schulden verwandt hat, die dadurch ersparten Zinszahlungen hat er nach § 818 I als Vorteile aus dem Gebrauch des Geldes herauszugeben.[34] Ist die Herausgabe der Nutzungen in natura nicht möglich, so greift auch insoweit § 818 II ein. Hat z.B. der Bereicherungsschuldner das rechtsgrundlos erhaltene Auto gefahren, so ist nach § 818 I, II der Wert der Fahrleistungen dem Bereicherungsgläubiger zu erstatten.[35] Wer einen Gegenstand geleast hat, muß für seine Benutzung nach § 818 I, II Wertersatz leisten.[36]

Inhalt und Grenzen des Anspruchs sollen an folgendem Fall noch verdeutlicht werden:

---

30 Vgl. insoweit z.B. *OLG Hamm* ZIP 1989, 45/47. Näher zu §§ 818 IV, 819 unten S. 159ff.

31 BGHZ 102, 41/47f.; *BGH* NJW 1998, 2354/2355; MünchKomm/*Lieb* § 818 Rn. 7; Palandt/*Sprau,* § 818 Rn. 9. Nach *BGH* NJW 2004, 1315/1317 und der Rechtsprechung des *BverwG* (vgl. z.B. NJW 2004, 873; NJW 1998, 1201) soll jedoch bei einem öffentlich-rechtlichen Erstattungsanspruch gegen eine Behörde eine Verzinsung wegen tatsächlich gezogener Nutzungen nicht in Betracht kommen, weil der Staat öffentlich-rechtlich erlangte Einnahmen in der Regel nicht gewinnbringend anlege, sondern über die ihm zur Verfügung stehenden Mittel im Interesse der Allgemeinheit verfüge (anders noch *BayObLG* NJW 1999, 1194/1195; *OLG Frankfurt* NJW 1998, 2354). Dem ist weder im Ergebnis noch in der Begründung zu folgen, dagegen auch *Schlechtriem* JZ 1998, 959.

32 Handelt es sich bei dem Bereicherungsschuldner um ein Kreditinstitut, so kommt dem Bereicherungsgläubiger die Vermutung zugute, daß rechtsgrundlos erlangte Geldbeträge im Rahmen des Bankbetriebes eingesetzt werden und wirtschaftlicher Nutzen daraus gezogen wird, *BGH* NJW 1997, 933/935; *OLG Stuttgart* ZIP 1996, 2162/2164; *OLG Hamm* NJW-RR 1988, 1004/1006; s.a. Staudinger/*Lorenz,* § 818 Rn. 11.

33 *BGH* NJW 1968, 197; MünchKomm/*Lieb* § 818 Rn. 7.

34 *BGH* NJW 2003, 3271; NJW 2000, 740/741; NJW 1998, 2354/2355 mit eingehender zustimmender Anm. von *Schlechtriem* in JZ 1998, 957ff.; NJW 1998, 3268/3269; NJW 1999, 2890/2891; BGHZ 118, 383/386f.; *BGH* NJW-RR 2004, 542/545; *BayObLG* NJW 1999, 1194/1195; *OLG Frankfurt* NJW 1998, 2354; *OLG Hamm* NJW-RR 2001, 1440.

35 Vgl. z.B. *LG Gießen* NJW-RR 1995, 687.

36 Vgl. z.B. BGHZ 109, 139/146.

Fall 72: A nimmt bei der Bank *B* einen Kredit in Höhe von 10.000 Euro mit einer Laufzeit von 2 Jahren auf. Nach 6 Monaten stellt sich heraus, daß der Darlehensvertrag nichtig ist. Welche Rückforderungsansprüche hat die Bank?

Daß die Bank mit der Leistungskondiktion die Darlehenssumme von 10.000 Euro zurückfordern kann, ist unproblematisch. Angesichts der Nichtigkeit des Darlehensvertrags hatte sie dem A diesen Betrag ohne rechtlichen Grund zur Nutzung überlassen. Hinsichtlich der in den ersten 6 Monaten angefallenen Zinsen könnte man daran denken, sie als Nutzungen anzusehen und eine Herausgabepflicht nach § 818 I zu bejahen. Nutzungen sind nach § 100 Früchte und Gebrauchsvorteile, Darlehenszinsen stellen gemäß § 100 solche Früchte dar. Gleichwohl ergibt sich der Anspruch der Bank auf Zahlung der Zinsen nicht erst aus § 818 I, sondern bereits aus § 812 I 1. Bei Darlehen wie bei anderen Gebrauchsüberlassungsverträgen stellt nämlich die Einräumung der Nutzungsmöglichkeit eine Hauptpflicht und damit die eigentliche vertragliche Leistung dar. Sie ist daher bereits das „erlangte Etwas" im Sinne des § 812 und wird folglich schon vom Hauptanspruch des § 812 I 1 und nicht erst durch den Nebenfolgeanspruch des § 818 I erfaßt.[37] Das ist nicht zuletzt deswegen von Bedeutung, weil mit dem Nutzungsherausgabeanspruch nur die tatsächlich gezogenen Nutzungen verlangt werden können,[38] während es beim Anspruch nach § 812 I 1 auf den objektiven Wert ankommt und nicht darauf, ob der herauszugebende Gegenstand tatsächlich genutzt wurde.[39] Hat in *Fall 72 A* das Darlehen also gar nicht genutzt, so hat die Bank *B* gleichwohl einen Anspruch auf Zahlung der Zinsen, weil sich dieser Anspruch auf § 812 I 1 stützen kann, wohingegen sie keinen Anspruch hätte, wenn sie nur einen Nutzungsherausgabeanspruch nach § 818 I geltendmachen könnte.

Beim *Kunststoffhohlprofil-Fall*[40] ging es um die Frage, ob sich der Bereicherungsanspruch des *A* nicht nur auf Zahlung der üblichen Lizenzgebühr, sondern auch auf Herausgabe des von *B* erzielten Gewinns richtet. Im Schrifttum wird teilweise versucht, über den Nutzungsbegriff einen solchen Gewinnherausgabeanspruch zu begründen.[41] Die ganz überwiegende Meinung lehnt dies aber mit guten Gründen ab.[42] Die eigentliche

---

[37] MünchKomm/*Lieb,* § 818 Rn. 12ff. Zur Anwendung des § 817 S. 2 in Fällen sittenwidriger Kreditverträge vgl. oben S. 71.

[38] S. oben S. 134f.

[39] S.a. MünchKomm/*Lieb,* § 818 Rn. 12 und Rn. 146; dort auch zur Haltung der Rechtsprechung in dieser Frage.

[40] *Fall 71,* oben S. 133.

[41] *Esser/Weyers,* S. 105f.; *Koppensteiner/Kramer,* S. 156; *Larenz/Canaris,* S. 278f., jedoch nur bei Bösgläubigkeit; s. zu dieser Frage auch MünchKomm/*Lieb,* § 818 Rn. 18–24.

[42] Vgl. vor allem *BGH* GRUR 2001, 1156/1158; NJW-RR 2001, 1332/1333; BGHZ 99, 244/248; 82, 299/308; im Schrifttum etwa Staudinger/*Lorenz,* § 818 Rn. 27; Soergel/*Mühl,* § 818 Rn. 24; *Reuter/Martinek,* S. 540f., 556f.; *König,* in: Festschr. f.v. Caemmerer, 1978, S. 179/188.

Problematik liegt allerdings – und hierauf beruht zum guten Teil auch die Kontroverse – in der noch weitgehend ungeklärten Abgrenzung von Nutzungen und Gewinn. Bisher ist man nur teilweise zu übereinstimmenden Ergebnissen gelangt. Soweit eine Gewinnherausgabe nach § 818 I befürwortet wird, will man nicht jeglichen Gewinn damit erfassen, sondern denjenigen Gewinn ausnehmen, der auf dem eigenen Kapital und Arbeitseinsatz des Bereicherungsschuldners beruht.[43] Auch ist man sich im wesentlichen darüber einig, daß der objektive Ertragswert eines Unternehmens als nach § 818 I herauszugebende Nutzung (und nicht als nicht herausgabepflichtiger Gewinn) anzusehen ist.[44] Im übrigen ist hier aber noch vieles offen, jedenfalls fehlen zuverlässige Abgrenzungsmaßstäbe. Tendenziell wird man zwischen dem Ertrag des Bereicherungsgegenstandes (herauszugebende Nutzung) und den Ergebnissen eigener Leistung des Bereicherungsschuldners (nicht herauszugebender Gewinn) zu unterscheiden haben.[45]

b) Surrogate

Die Herausgabepflicht erstreckt sich auch auf die Surrogate. Was damit gemeint ist, ist in § 818 I definiert. Einmal handelt es sich um das, was der Bereicherungsschuldner aufgrund der bestimmungsgemäßen Verwendung eines erlangten Rechts erwirbt. Schulbeispiel ist die kondizierbare Forderung: hat der Bereicherungsschuldner sie bereits eingezogen, so muß er die eingezogene Summe herausgeben. Ein weiteres Beispiel bildet die Verwertung eines rechtsgrundlos erlangten Sicherungsrechts: herauszugeben ist, was der Bereicherungsschuldner aufgrund der Verwertung erhalten hat. Zum anderen handelt es sich um die Situation, daß der erlangte Gegenstand, der den primären Inhalt des Bereicherungsanspruchs bildet, zerstört, beschädigt oder dem Bereicherungsschuldner entzogen wird. In diesem Falle hat der Bereicherungsschuldner das herauszugeben, was er aufgrund der Zerstörung, Beschädigung oder Entziehung erlangt, also beispielsweise Schadenersatzansprüche gegen den Schädiger oder Versicherungsansprüche. Umstritten ist, ob auch das sog. commodum ex negotiatione als Surrogat herauszugeben ist. Dazu

Fall 73 (nach BGHZ 75, 203): *A* will von *B* einen gebrauchten Haubenkipper erwerben und gibt dafür einen Lastzug in Zahlung, den er dem *B* bereits übereignet. Als der Kaufvertrag zwischen *A* und *B* letztlich nicht zustande kommt, verlangt *A* Rückübereignung des Lastzuges. *B* kann dem jedoch nicht nachkommen, da er den Lastzug

---

[43] Vgl. dazu MünchKomm/*Lieb*, § 818 Rn. 23; vgl. auch die Einschränkungen bei *Reuter/Martinek*, S. 539ff.

[44] Vgl. dazu MünchKomm/*Lieb*, § 818 Rn. 25f.; Staudinger/*Lorenz*, § 818 Rn. 12; Soergel/*Mühl*, § 818 Rn. 25; *Esser/Weyers*, S. 102; *Schwintowski*, JZ 1987, 588/593; a. A. *Reuter/Martinek*, S. 538ff.; vgl. auch BGHZ 7, 208/218.

[45] Jauernig/*Stadler*, Rn. 8; vgl. aus dem Spezialschrifttum insbesondere *Ballerstedt*, in: Festschr. f. Schilling, 1973, S. 289/294ff.

bereits an *C* veräußert hat. Kann *A* von *B* das verlangen, was dieser von *C* für den Lastzug erhalten hat?

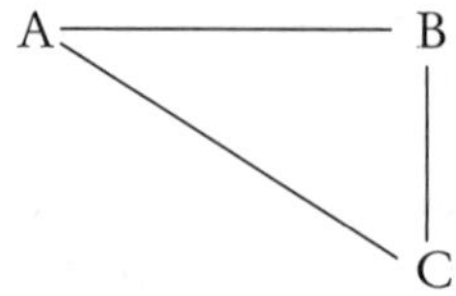

Man mag geneigt sein, bei dieser Fallkonstellation an § 816 I 1 zu denken (Herausgabe des durch die Verfügung Erlangten). Da aber *B* von *A* das Eigentum am Lastzug erworben hatte und somit als Berechtigter verfügt hat, scheiden Ansprüche aus dieser Vorschrift aus. Ausgangspunkt ist vielmehr ein Leistungskondiktionsanspruch nach § 812 I 1. Da das Erlangte (der Lastzug) in natura nicht mehr herausgegeben werden kann, bleibt zu überlegen, ob § 818 I (Herausgabe des Surrogats) oder § 818 II (Wertersatz) eingreift.[46] Dabei ergeben sich unterschiedliche Resultate dann, wenn der Wert des Surrogats von dem nach § 818 II zu bestimmenden Wert abweicht. Die ganz herrschende Meinung geht davon aus, daß das Surrogat nicht das sog. commodum ex negotiatione umfaßt, d.h. nicht dasjenige, was der Bereicherungsschuldner durch Rechtsgeschäft über den Bereicherungsgegenstand erlangt hat.[47] Eine Mindermeinung will dagegen den Surrogatsbegriff auf das commodum ex negotiatione erstrecken.[48] Schon der Gesetzeswortlaut spricht aber nicht für eine Einbeziehung des commodum ex negotiatione: dieses ist eben durch Vertrag und nicht „aufgrund des erlangten Rechts" oder „als Ersatz für die Zerstörung, Beschädigung oder Entziehung des erlangten Gegenstandes" erworben. Auch die Entstehungsgeschichte der Vorschrift weist in diese Richtung.[49] Die von der Mindermeinung angeführten Argumente greifen demgegenüber nicht durch.[50] *Fall 73* ist also so zu lösen, daß *A* von *B* nur den Wert des Lastzuges ersetzt verlangen

[46] Entscheidet man sich für das Surrogat, so ist für Wertersatz kein Raum mehr, vgl. oben S. 134.

[47] RGZ 101, 389/391; BGHZ 24, 106/110 f.; 75, 203/206; 112, 288/294 f.; *BGH* NJW 2004, 1314; Staudinger/*Lorenz,* § 818 Rn. 17; Erman/*Westermann,* § 818 Rn. 14; Palandt/*Sprau,* § 818 Rn. 14; Jauernig/*Stadler,* § 818 Rn. 11; Soergel/*Mühl,* § 818 Rn. 28; RGRK/*Heimann-Trosien,* § 818 Rn. 12; *Larenz/Canaris,* S. 266 f.; *Brox/Walker,* S. 490 Rn. 4; *Reuter/Martinek,* S. 550 ff.; *Wieling,* Bereicherungsrecht, S. 68. Vgl. aber zur Problematik auch unten Fall 88 (S. 167 ff.).

[48] So vor allem *Esser/Weyers,* S. 101; MünchKomm/*Lieb,* § 818 Rn. 31 für die Eingriffskondiktion, nicht aber für die Leistungskondiktion; *Koppensteiner/Kramer,* S. 127 für den Fall, daß das commodum ex negotiatione in Geld besteht, nicht jedoch für die Tauschfälle; s. dazu auch *Medicus,* SchR II, Rn. 616 a. E. 676.

[49] Vgl. dazu *Larenz,* in: Festschr. f. v. Caemmerer, 1978, S. 209/212; *Larenz/Canaris,* S. 266; *Reuter/Martinek,* S. 550; *König,* in: Bundesminister der Justiz (Hrsg.), Gutachten und Vorschläge zur Überarbeitung des Schuldrechts, Bd. II, 1981, S. 1515/1544.

[50] Zu ihrer Widerlegung vgl. etwa Staudinger/*Lorenz,* § 818 Rn. 17; Soergel/*Mühl,* § 818 Rn. 28; *Larenz/Canaris,* S. 266 f.; *Reuter/Martinek,* S. 550 ff.

kann (§ 818 II), nicht aber das, was dieser von *C* als Veräußerungserlös erhalten hat.[51]

3. Wertersatz

Kann der Bereicherungsschuldner den ursprünglich erlangten Gegenstand nicht herausgeben, so hat er nach § 818 II den Wert zu ersetzen. Die Unmöglichkeit der Herausgabe kann einmal, wie das Gesetz sagt, auf der „Beschaffenheit des Erlangten" beruhen. Beispiele dafür bilden Dienstleistungen, Gebrauchsüberlassungen, Errichtung von Gebäuden auf fremdem Grund und Boden usw. Eine erhebliche Rolle spielt § 818 II bei Eingriffen in fremde Immaterialgüterrechte. Hat jemand unerlaubterweise ein fremdes Patent oder ein fremdes Urheberrecht benutzt, so kann diese Nutzung angesichts der „Beschaffenheit des Erlangten" nicht herausgegeben werden und es ist Wertersatz zu leisten, regelmäßig in Höhe der üblichen Lizenzgebühr. § 818 II greift aber auch dann ein, wenn der Bereicherungsschuldner subjektiv zur Herausgabe außerstande ist, etwa weil er den erlangten Gegenstand weiterveräußert hat.[52] Wir erinnern uns aber, daß die Pflicht zur Herausgabe des Surrogats dem Wertersatz vorgeht;[53] ist also an die Stelle eines zerstörten Gegenstands ein Ersatzanspruch getreten, so richtet sich die Herausgabepflicht auf diesen Ersatzanspruch und eine Unmöglichkeit der Herausgabe im Sinne des § 818 II liegt nicht vor. Für die Berechnung des Wertes ist der Zeitpunkt maßgebend, zu dem der Bereicherungsanspruch entstanden ist.[54]

Sehr umstritten ist, ob die Bestimmung des Wertes nach objektiven oder nach subjektiven Gesichtspunkten zu erfolgen hat, ob also der objektive Verkehrswert maßgeblich ist oder ob es auf die Vermögensverhältnisse des Bereicherungsschuldners ankommt, also darauf, welche Vorteile gerade ihm erwachsen sind. Zur Veranschaulichung des Problems greifen wir auf den *Haubenkipper*-Fall *(Fall 73)*[55] zurück und stellen uns drei Varianten vor:

---

[51] In der *Fall 73* zugrundeliegenden Entscheidung BGHZ 75, 203 kam der *BGH* nur deshalb zu einem anderen Ergebnis, weil die Voraussetzungen der §§ 818 IV, 819 erfüllt waren.

[52] Nach der Rechtsprechung soll Unmöglichkeit auch dann vorliegen, wenn ein Grundstück nach der Übereignung an den Bereicherungsschuldner bebaut oder ein bebautes Grundstück wesentlich umgestaltet wurde, weil es damit wirtschaftlich betrachtet ein anderer Gegenstand geworden sei (*BGH* NJW-RR 1988, 584/585; NJW 1981, 2687/2688 mit weiteren Nachweisen zur älteren Rechtsprechung); s. a. Staudinger/*Lorenz,* § 818 Rn. 21. Das ist deswegen bedenklich, weil der Bereicherungsschuldner ein legitimes Interesse an der Rückgabe des Grundstücks haben kann, vgl. dazu MünchKomm/*Lieb,* § 818 Rn. 36; *Larenz/Canaris,* S. 274). Zur Unmöglichkeit eines bereits in das Unternehmen des Bereicherungsschuldners eingegliederten Kundenstamms vgl. *BGH* NJW 2002, 1340.

[53] Vgl. oben S. 134.

[54] *BGH* NJW 2003, 1384/1388; NJW 1995, 53/55.

[55] Oben S. 137.

(1) *B* hat den Lastzug an *C* zu einem Preis veräußert, der dem objektiven Verkehrswert entspricht.
(2) *B* hat den Lastzug über Verkehrswert veräußert.
(3) *B* hat ihn unter Verkehrswert veräußert.

Im Falle (1) führen die objektive und die subjektive Wertbestimmung zum gleichen Ergebnis. In den Fällen (2) und (3) ergeben sich hingegen Unterschiede: Während bei objektiver Wertbestimmung auch hier der Verkehrswert zu ersetzen ist, fragt die subjektive Wertbestimmung danach, welchen Wert der Lastzug für *B* gehabt hat. Das ist naturgemäß der Verkaufserlös und nur diesen hätte dann *B* dem *A* herauszugeben.

Die ganz herrschende Meinung geht unter Berufung auf die Entstehungsgeschichte davon aus, daß der Wertbegriff des § 818 II objektiv zu bestimmen ist, daß also der Verkehrswert des nicht herausgebaren Gegenstandes geschuldet wird.[56] Von einer Mindermeinung wird dagegen eine subjektive Wertbestimmung befürwortet.[57] Dahinter steht letztlich eine Konzeption, die das Grundprinzip des Bereicherungsrechts in der Abschöpfung des beim Bereicherungsschuldner noch vorhandenen Vermögenszuwachses erblickt und § 818 III als Ausdruck eines zentralen Gedankens versteht, der bereits bei § 818 II zu berücksichtigen sei.[58] Die herrschende Meinung sieht dagegen in § 818 II eine „mehr rechtstechnisch zu verstehende Umwandlung des Anspruchs auf das Erlangte in einen Wertfolgeanspruch".[59] Sie bestimmt zunächst, was der Bereicherungsschuldner primär erlangt hat (einschließlich Nutzungen, gegebenenfalls Surrogate). Ist insoweit eine Herausgabe nicht möglich, so tritt an die Stelle des primär Erlangten dessen objektiver Wert. Erst dann wird die Frage nach dem Wegfall der Bereicherung (§ 818 III) gestellt. Dadurch kann sich gegebenenfalls der Umfang des Herauszugebenden mindern. Eine Pflicht zur Gewinnherausgabe ergibt sich aber aus § 818 II nicht. Es bleibt also (wenn wir von einer Prüfung des § 818 III zunächst einmal absehen)[60] in allen drei oben gebildeten Varianten des *Haubenkipper*-Falls dabei, daß *B* dem *A* den objektiven Wert des Lastzugs zu ersetzen hat.[61] Ebenso sind die Fälle des Eingriffs in frem-

[56] *BGH* NJW-RR 2002, 180/181; BGHZ 132, 198/207; 117, 29/31; 112, 288/295; 99, 244/248; 82, 299/307; Palandt/*Sprau,* § 818 Rn. 18; Jauernig/*Stadler,* § 818 Rn. 14; MünchKomm/*Lieb,* § 818 Rn. 45; Staudinger/*Lorenz,* § 818 Rn. 26ff.; Soergel/*Mühl,* § 812 Rn. 33; RGRK/*Heimann-Trosien,* § 818 Rn. 18; Bamberger/Roth/*Wendehorst,* § 812 Rn. 27; *Larenz/Canaris,* S. 276; *Medicus,* BürgR, Rn. 719; *ders.,* SchR II, Rn. 678; *Reuter/Martinek,* S. 568; *Larenz,* in: Festschr. f. v. Caemmerer, 1978, S. 209ff.

[57] So insbesondere Erman/*Westermann,* § 818 Rn. 17; *Esser/Weyers,* S. 103ff.; *Wieling,* Bereicherungsrecht, S. 69; *Koppensteiner,* NJW 1971, 1769/1772; *Koppensteiner/Kramer,* S. 155ff.; *Hagen,* in: Festschr. f. Larenz, 1973, S. 867/883.

[58] Vgl. dazu oben S. 128f.

[59] Soergel/*Mühl,* § 818 Rn. 31 mit Nachweisen.

[60] Dazu unten S. 143.

[61] Vgl. dazu auch BGHZ 112, 288/295.

de Immaterialgüterrechte (*Fall 71* – Kunststoffhohlprofil)[62] auf dieser Grundlage zu lösen: Als objektiver Wert der Inanspruchnahme des fremden Rechts ist die übliche Lizenzgebühr zu zahlen.

Von dem Grundsatz, daß der Wertbegriff des § 818 II objektiv zu bestimmen ist, muß eine Ausnahme gemacht werden. Dazu erinnern wir uns an die Fälle der sog. aufgedrängten Bereicherung: *B* errichtet auf dem Grundstück des *A* ein Gebäude, mit dem dieser nichts anfangen kann, *B* streicht den Zaun seines Nachbarn *A*, den dieser ohnehin abreißen wollte, *B* spritzt das dem *A* gestohlene Auto um.[63] Die Problematik dieser Fälle liegt darin, daß *A* mangels Herausgabefähigkeit des Erlangten dem *B* an sich Wertersatz nach § 818 II zu leisten hätte, daß er aber mit dem Erlangten nichts anfangen kann, mit anderen Worten, daß ihm eine Bereicherung „aufgedrängt" wurde, die ihm nichts nützt. Offensichtlich wäre es unbillig, den „Bereicherten" in solchen Fällen zum Wertersatz zu verpflichten. Nun könnte man zwar an eine Lösung über § 818 III denken, dergestalt, daß die Bereicherung zwar nicht, wie diese Vorschrift es an sich voraussetzt, nachträglich weggefallen ist, daß man aber den Fall, daß eine Bereicherung von vornherein nicht eingetreten ist, dem gleichsetzt. Eine solche Lösung hätte aber bereits den Nachteil, daß der Bereicherungsschuldner die Beweislast für die Voraussetzungen des § 818 III trägt und daß man denjenigen, dem eine Bereicherung aufgedrängt wurde, einer solchen Last nicht aussetzen kann. Die herrschende Meinung geht daher, wie wir oben[64] gesehen hatten, den Weg, daß sie ausnahmsweise in den Fällen der aufgedrängten Bereicherung den Wertbegriff des § 818 II subjektiviert und die Frage stellt, ob und inwieweit der Bereicherungsschuldner im Rahmen seiner Vermögensdisposition aus der Bereicherung auch wirklich Nutzen ziehen kann. Die damit verbundene Bevorzugung der Interessen des Bereicherungsschuldners vor denen des Bereicherungsgläubigers ist damit zu rechtfertigen, daß dem Bereicherungsschuldner die Bereicherung vom Bereicherungsgläubiger aufgedrängt wurde. Das bedeutet in unseren Beispielsfällen, daß der nach § 818 II zu bemessende Wert gleich Null ist, *B* also keinen Wertersatz zu leisten hat.

Zum Abschluß noch ein Fall, der ein erhebliches Echo gefunden hat:

Fall 74 (nach BGHZ 112, 376): Die Brauerei *B* übereignete dem Gastwirt *G* ein Gaststättengrundstück gegen die Verpflichtung, das von ihm *(G)* verkaufte Bier nur von ihr *(B)* zu beziehen. *G* belastete das Grundstück mit zwei Grundschulden im Nennbetrag von zusammen 110.000 Euro. Einige Zeit später widerrief er (wirksam) den Bierlieferungsvertrag. Die Brauerei *B* verlangt Rückübereignung des unbelasteten Grundstücks.

Der Bierlieferungsvertrag bildete den rechtlichen Grund für die Übereignung des Grundstücks. Da dieser rechtliche Grund weggefallen war,

---

[62] Vgl. oben S. 133.
[63] Vgl. oben S. 120.
[64] Vgl. oben S. 121.

hatte die Brauerei einen Bereicherungsanspruch aus § 812 I 1 gegen *G* auf Rückübereignung des Grundstücks. Die Frage war nur, ob *G* das Grundstück im belasteten Zustand zurückgeben konnte oder ob dies lastenfrei zu geschehen hatte.

Der *BGH* ging davon aus, daß der Anspruch aus § 812 I 1 BGB auf Herausgabe der rechtsgrundlosen Bereicherung in Natur gehe und keine Pflicht des Bereicherungsschuldners begründe, Veränderungen, die der Bereicherungsgegenstand zwischenzeitlich erfahren habe, wieder zu beseitigen. Dementsprechend werde gemäß § 818 I im Falle der Zerstörung und Beschädigung der Sache nicht Wiederherstellung oder Reparatur oder bei Entziehung Wiederbeschaffung geschuldet. Sei der Bereicherungsschuldner zur Herausgabe der Sache infolge zwischenzeitlicher Veräußerung oder aus sonstigen Gründen nicht in der Lage, so habe er nach § 818 II den Wert zu ersetzen. Gleiches gelte für den Fall, daß der Schuldner den Bereicherungsgegenstand mit Grundpfandrechten belastet habe: Er könne dann das Grundstück nicht mehr so herausgeben, wie er es erhalten habe. Die den Bereicherungsgläubiger benachteiligende Veränderung müsse durch Wertersatz ausgeglichen werden.[65]

Im Schrifttum ist diese Entscheidung auf vielfältige Kritik gestoßen.[66] Die Kritik richtet sich bereits gegen den dogmatischen Ausgangspunkt der Entscheidung, daß der Anspruch aus § 812 I BGB auf „Herausgabe der rechtsgrundlosen Bereicherung in Natur" gehe. Sieht man das Herauszugebende – wie wir es getan haben[67] – in dem erlangten Gegenstand (dem erlangten Etwas), so muß man zu dem Ergebnis kommen, daß der Herausgabeanspruch zunächst das Grundstück in unbelastetem Zustand zum Gegenstand hat, denn ohne Belastungen hat es der Bereicherungsschuldner auch erlangt.[68] An diese grundsätzliche Pflicht zur Rückgewähr des lastenfreien Gegenstandes schließt sich dann die weitere (beim Umfang der Bereicherung zu prüfende) Frage an, ob ein Fall von § 818 II vorliegt, d.h. ob die Belastung des erlangten Gegenstandes mit Grundpfandrechten den Empfänger nach § 818 II, 2. Fall zur Herausgabe außerstande setzt. Wenn der *BGH* dies bejaht, indem er die Belastung mit Grundpfandrechten den Fällen der Zerstörung, Beschädigung, Entziehung und zwischenzeitlicher Veräußerung des erlangten Gegenstandes an die Seite stellt, in denen der Bereicherungsschuldner jeweils nur Wertersatz nach § 818 II BGB schulde, so überzeugt das nicht. Diese Argumentation läßt außer acht, daß bei Zerstörung, Beschädigung, Ent-

---

65 BGHZ 112, 376/380f.

66 Vgl. dazu insbesondere MünchKomm/*Lieb,* § 818 Rn. 40ff. mit weiteren Nachweisen; Staudinger/*Lorenz,* § 818 Rn. 4; *Reuter,* in: Festschr. f. Gernhuber, 1993, S. 369ff.; *Canaris,* NJW 1991, 2513ff.; *Gursky,* JR 1992, 95; *Kohler,* NJW 1991, 1999ff.

67 Siehe oben S. 18f. und 129f.

68 *Reuter,* in: Festschr. f. Gernhuber, 1993, S. 369/378; *Kohler,* Die gestörte Rückabwicklung gescheiterter Austauschverträge, 1989, S. 651.

ziehung und Veräußerung der erlangte Gegenstand endgültig nicht mehr in seinem ursprünglichen Zustand zurückgegeben werden kann. Die Belastung mit Grundpfandrechten stellt dagegen nur ein vorübergehendes Leistungshindernis dar, so daß man nicht von einer Unmöglichkeit der Herausgabe sprechen kann.[69]

Vorzuziehen ist vielmehr folgende Lösung:[70] Hat der Bereicherungsschuldner das erlangte Grundstück nach Eintritt der Rechtshängigkeit oder Bösgläubigkeit mit einem Grundpfandrecht belastet, so haftet er gem. §§ 818 IV, 819 I BGB nach den allgemeinen Vorschriften.[71] Da es sich bei dem Grundpfandrecht um ein nur vorübergehendes Leistungshindernis handelt, hat er dem Bereicherungsgläubiger nach §§ 818 IV, 819 I, 292, 286 I BGB den Verzugsschaden zu ersetzen. Dieser umfaßt den Schaden, den der Gläubiger dadurch erleidet, das ihm das Grundstück zur Beschaffung von Liquidität durch eine (erstrangige) Beleihung des Grundstücks nicht zur Verfügung steht und ihm dadurch Mehrkosten entstanden sind. Wurde die Belastung dagegen vor Eintritt der Rechtshängigkeit oder Bösgläubigkeit vorgenommen, hat der Bereicherungsschuldner das vorübergehende Leistungshindernis nicht zu vertreten. Er muß zwar das Grundstück zurückgeben, hat aber bezüglich der Beseitigung der Grundpfandrechte ein sich aus § 818 III BGB ergebendes Leistungsverweigerungsrecht, bis er ohne Opfer aus eigenem Vermögen dazu in der Lage ist.[72]

III. Der Wegfall der Bereicherung

1. Grundlagen

Die Regelung des § 818 III, die die Bereicherungshaftung bei Wegfall der Bereicherung ausschließt, gehört zu den wichtigsten und umstrittensten Vorschriften des gesamten Bereicherungsrechts. Wir hatten schon gesehen, daß sich hier zwei Konzeptionen gegenüberstehen.[73] Nach der einen Auffassung kommt in § 818 III der „oberste Grundsatz des Bereicherungsrechts“ zum Ausdruck, „wonach die Herausgabepflicht des Bereicherten keinesfalls zu einer Verminderung seines Vermögens über den Betrag der wirklichen Bereicherung hinaus führen darf.[74] Die Bereicherung wird von vornherein nur als Wertdifferenz verstanden, die sich aus „einer Gegenüberstellung der erlangten Vorteile und erlittenen

---

[69] MünchKomm/*Lieb* § 818 Rn. 42; Erman/*Westermann,* § 818 Rn. 15; *Canaris,* NJW 1991, 2513/2514; das zeigt sich besonders bei den akzessorischen Sicherungsrechten wie z.B. der Hypothek (s. *Canaris,* NJW 1991, 2513/2514).

[70] Dazu besonders *Reuter,* in: Festschr. f. Gernhuber, 1993, S . 369/380ff.; *Kohler,* Die gestörte Rückabwicklung gescheiterter Austauschverträge, 1989, S. 649ff.

[71] Vgl. dazu S. 159.

[72] *Reuter,* in: Festschr. f. Gernhuber, 1993, S. 369/381.

[73] Vgl. oben S. 128f.

[74] Vgl. die Nachweise in Fußn. 2 auf S. 129.

Nachteile als Überschuß zugunsten des Empfängers ergibt",[75] also als „Überschuß der Aktiv- über die Passivposten" beim Bereicherungsschuldner.[76] Das hat dazu geführt, daß der (gutgläubige) Bereicherungsschuldner sich nicht nur darauf berufen konnte, daß das Erlangte ersatzlos weggefallen sei, sondern daß er auch zahlreiche andere Vermögensnachteile abziehen durfte, sofern sie nur ursächlich auf dem Bereicherungsvorgang beruhten. Diese Bevorzugung des Bereicherungsschuldners gegenüber dem Bereicherungsgläubiger rechtfertigte sich aus einem entstehungsgeschichtlich[77] begründeten Verständnis des Bereicherungsrechts, das einen Anspruch nur aus Billigkeitsgründen zu gewähren und demzufolge den Bereicherungsschuldner weitgehend zu schützen hatte. Die zentrale Aufgabe des Bereicherungsrechts wurde nicht in der Rückgängigmachung der rechtsgrundlosen Vermögensverschiebung erblickt, sondern in der Abschöpfung der Vermögensmehrung beim Bereicherten. Diese Ansicht war früher ganz herrschende Meinung und wird auch heute noch vielfach vertreten.[78] Demgegenüber gewinnt im neueren Schrifttum eine Auffassung an Boden, die im Anschluß an die Arbeiten *v. Caemmerers*[79] das Bereicherungsrecht nicht als Billigkeitshaftung, sondern als Mechanismus zum Ausgleich rechtsgrundloser Vermögensverschiebungen versteht, durch den im Bereich der Leistungskondiktion fehlgeschlagene Güterbewegungen rückabgewickelt und im Bereich der Eingriffskondiktion Rechtsgüter vor ungerechtfertigter Inanspruchnahme geschützt werden sollen. Von daher gesehen verdienen nicht die Interessen des Bereicherungsschuldners Vorrang vor denen des Bereicherungsgläubigers; § 818 III ist kein oberstes Prinzip des Bereicherungsrechts, das bereits den Begriff der Bereicherung beeinflußt. Vielmehr ist zwischen dem Erlangten und der Bereicherung zu unterscheiden;[80] im Vordergrund der Betrachtung steht das Erlangte, das zunächst – unter Berücksichtigung von Nutzungen, Surrogaten und Wertersatz – zu bestimmen ist, und erst dann ist § 818 III zu berücksichtigen, dessen Funktion gegenüber der traditionellen Ansicht auf eine Korrekturmöglichkeit zugunsten des Bereicherungsschuldners reduziert wird.[81] Das führt im Ergebnis dazu, § 818 III restriktiv auszulegen und seinen Anwendungsbereich einzuschränken.[82]

---

[75] BGHZ 1, 75/81; 9, 333/335; *BGH* NJW 1999, 2891; NJW 2001, 1863/1864.

[76] RGRK/*Heimann-Trosien,* § 812 Rn. 22.

[77] Zur Entstehungsgeschichte vgl. insbesondere Staudinger/*Lorenz,* Vorb. § 812 Rn. 1 ff.; *Reuter/Martinek,* S. 516 ff.

[78] Vgl. aus der Rechtsprechung etwa *BGH* NJW 2001, 1863/1864; NJW 1999, 2891; BGHZ 132, 198/210; 118, 383/386; 55, 128/131; 1, 75/81; im Schrifttum etwa *Esser/Weyers,* S. 107 f.; *Larenz/Canaris,* S. 258 und 296.

[79] *v. Caemmerer,* S. 376 ff.; dazu auch oben S. 10 f.

[80] Vgl. bereits oben S. 18 f.; instruktiv auch Erman/*Westermann,* § 818 Rn. 2.

[81] MünchKomm/*Lieb,* § 818 Rn. 64.

[82] Zum ganzen vgl. auch MünchKomm/*Lieb,* § 818 Rn. 62–68 mit zahlreichen Nachweisen.

Wie dies im einzelnen zu geschehen hat, darüber gehen die Ansichten freilich weit auseinander. Es würde den Rahmen dieser Darstellung sprengen, hier auf Einzelheiten einzugehen; nur einige Hinweise sind möglich. *Flessner*[83] hat auf rechtsvergleichender Grundlage eine Reihe von Zurechnungskriterien entwickelt, die im Einzelfall zur Beantwortung der Frage herangezogen werden sollen, ob ein Negativposten beim Bereicherungsschuldner bereicherungsmindernd zu berücksichtigen ist. *Rengier*[84] beschränkt den Anwendungsbereich des § 818 III auf Fälle, in denen der erlangte Gegenstand aus Gründen, die in der Sphäre des Bereicherungsgläubigers liegen, weggefallen ist, im übrigen verweist er den Bereicherungsschuldner auf außerbereicherungsrechtliche Ansprüche. *Flume*[85] stellt auf das Kriterium der willentlichen vermögensmäßigen Entscheidung des Bereicherungsschuldners ab: Nachteile und Aufwendungen, die auf einer solchen Entscheidung beruhen, sollen nicht abzugsfähig sein. Überwiegend nimmt man an, daß sich ein einheitliches Prinzip nicht finden lasse. *Lieb*[86] geht im Ansatz von Vertrauensschutzerwägungen aus, will sie aber durch eine Reihe weiterer, wertender Erwägungen ergänzen, um zu einer angemessenen Risikoverteilung zwischen Bereicherungsgläubiger und Bereicherungsschuldner zu gelangen. *Reuter/Martinek*[87] sehen in § 818 III eine „offene Norm", die „nicht aus sich selbst heraus abschließend ausgelegt werden kann, sondern dem Einfluß von gesetzlichen Wertungen innerhalb und außerhalb des Bereicherungsrechts zugänglich bleiben muß". Das führt sie insbesondere zu einer unterschiedlichen Betrachtung von Leistungskondiktion und Eingriffskondiktion. Insgesamt läßt sich die Situation wohl am besten mit den Worten von *Reuter* kennzeichnen: „Die generelle Abzugsfähigkeit aller Minderungen im Kausalzusammenhange mit dem Empfangen und Haben aus dem fremden Vermögen gilt inzwischen allgemein als übertrieben. Wie man sachgerechterweise statt dessen verfahren sollte, ist indessen nach wie vor offen".[88]

2. Der Wegfall des Erlangten

Bei den Fällen, in denen die Anwendung des § 818 III zu Schwierigkeiten führt, können wir zwei Fallgruppen unterscheiden. Einmal geht es um die Fälle, in denen das Erlangte nicht mehr vorhanden ist und sich aus diesem Grunde die Frage stellt, ob eine Bereicherung noch vorliegt. Zum anderen handelt es sich um Sachverhalte, in denen der Bereicherungsschuldner im Hinblick auf das Erlangte bestimmte Aufwendungen gemacht oder bestimmte Vermögenseinbußen erlitten hat, bei denen zu überlegen ist, ob sie bereicherungsmindernd geltend gemacht werden können. Wir wenden uns zunächst dem Wegfall des Erlangten zu. Dazu folgendes Beispiel:

Fall 75: B bestellt bei einem Blumengeschäft einen größeren Blumenstrauß, der ihm in seine Wohnung gebracht werden soll. Infolge eines Irrtums des Boten wird der Strauß versehentlich bei der *A* abgegeben, die davon ausgeht, es handele sich um eine Aufmerksamkeit ihres Freundes. Sie stellt die Blumen in ihr Wohnzimmer; nachdem sie verwelkt sind, wirft sie sie fort.

---

83 *Flessner,* Wegfall der Bereicherung, Rechtsvergleichung und Kritik, 1970, S. 103ff.

84 *Rengier,* AcP 177 (1977), 418ff.

85 *Flume,* in: Festschr. f. Niedermeyer, 1953, S. 103/154f.; *ders.,* NJW 1970, 1161/1163.

86 MünchKomm/*Lieb,* § 818 Rn. 76.

87 *Reuter/Martinek,* S. 587f.

88 *Reuter/Martinek,* S. 577.

Fallvariante: Die *A* ist am gleichen Abend bei Bekannten eingeladen, denen sie sowieso Blumen hätte mitbringen müssen. Sie erspart sich deren Kauf, indem sie den für *B* bestimmten Blumenstrauß mitbringt.

Die Frage ist, ob das Blumengeschäft Bereicherungsansprüche gegen die *A* geltend machen kann.[89] Die Voraussetzungen einer Leistungskondiktion liegen vor. Die *A* hat durch Leistung etwas erlangt, nämlich das Eigentum an den Blumen (§ 929).[90] Dies geschah ohne rechtlichen Grund, da zwischen dem Blumengeschäft und der *A* kein Kaufvertrag bestand. Sie ist also zur Herausgabe des Erlangten verpflichtet. Da das nach dem Fortwerfen der Blumen nicht mehr möglich ist und sie auch kein Surrogat (§ 818 I) erlangt hat, schuldet sie nach § 818 II Wertersatz. Damit stellt sich die Frage, ob sie sich gemäß § 818 III auf den Wegfall der Bereicherung berufen kann. Nach dem Fortwerfen der Blumen (Dereliktion, § 959) ist das erlangte Eigentum nicht mehr im Vermögen der *A* vorhanden. Sie ist nicht mehr bereichert und braucht gemäß § 818 III keinen Wertersatz zu leisten. Anders ist es aber in der *Fallvariante,* in der die *A* die Blumen zu einer Einladung mitbringt, zu der sie ohnehin welche mitgebracht hätte. Hier hat sie nämlich den Betrag erspart, den sie sonst für Blumen ausgegeben hätte. Um diesen Betrag ist ihr Vermögen bereichert und diesen Betrag muß sie als Bereicherung (Wertersatz, § 818 II) herausgeben. Hätte sie für die mitzubringenden Blumen weniger ausgegeben als der ursprünglich für *B* bestimmte Strauß wert war, so ist sie auch in diesem Fall nur um den ersparten Betrag bereichert und kann die Differenz nach § 818 III dem Bereicherungsanspruch des Blumengeschäfts entgegenhalten.

Allerdings muß die Ersparnis von Aufwendungen ursächlich auf der Bereicherung beruhen. Diese Voraussetzung war in der *Fallvariante* von *Fall 75* erfüllt, weil die *A* ohne den irrtümlich abgegebenen Blumenstrauß Blumen hätte kaufen müssen.

Zum Wegfall der Bereicherung ein weiteres Beispiel:

Fall 76 (nach *BGH* NJW 2003, 3271): Mit notariellem Vertrag erwirbt *A* von *B* ein Grundstück zu einem Kaufpreis von 200.000 Euro. Nachdem sich herausgestellt hat, dass *B* bei Abschluss des Vertrags geschäftsunfähig war, verlangt er von *A* Grundbuchberichtigung. *A* ist dazu nur Zug um Zug gegen Rückzahlung des Kaufpreises

---

[89] Das Blumengeschäft kann von *B* nicht Bezahlung verlangen, da es seinerseits seine vertraglichen Verpflichtungen (Lieferung der Blumen) nicht erfüllt hat. Es handelt sich um eine Bringschuld, bei der Erfüllung erst eintritt, wenn die Blumen bei *B* abgegeben worden sind.

[90] Der Bote hat als Vertreter des Blumengeschäftes der *A* ein Angebot zum Eigentumsübergang gemacht, *A* hat dieses Angebot angenommen. Gleichzeitig hat der Bote als Besitzdiener (§ 855) auf Anweisung des Blumengeschäftes den Besitz übertragen. Sein Irrtum über die Person des Empfängers führt nicht zu Unwirksamkeit, sondern nur zur Anfechtbarkeit der Übereignung (§ 119 I – Inhaltsirrtum, § 166 I). Hätte der Bote – was auch denkbar ist – das Angebot zum Eigentumsübergang nicht selbst gemacht, sondern ein entsprechendes Angebot des Blumengeschäftes überbracht, so käme eine Anfechtung nach § 120 in Betracht.

bereit. *B* beruft sich auf den Wegfall der Bereicherung (des gezahlten Kaufpreises). Das Geld sei in seinem Vermögen nicht mehr vorhanden. Sein Betreuer habe es anderweitig verausgabt und für Aufwendungen des täglichen Bedarfs sowie für die Begleichung von Arzt- und Krankenhausrechnungen ausgegeben. Näheres lasse sich nicht mehr aufklären.

Angesichts der Nichtigkeit des Kausalgeschäfts (Grundstückskaufvertrag) hat *B* einen Anspruch auf Grundbuchberichtigung. *A* hat angesichts der Geschäftsunfähigkeit des *B* nicht wirksam Eigentum am Grundstück erlangt (die nach § 873 I BGB erforderliche Einigung konnte mangels Geschäftsfähigkeit des *B* nicht zustande kommen) und damit ist die Eintragung des *A* als Eigentümer im Grundbuch unrichtig. Das Grundbuch muss also berichtigt werden. Dazu ist die Bewilligung des Betroffenen *(A)* erforderlich (§ 19 GBO). Diese Bewilligung kann *A* mit dem dinglichen Grundbuchberichtigungsanspruch (§ 894 BGB) sowie mit dem sog. obligatorischen Grundbuchberichtigungsanspruch nach § 812 BGB verlangen.[91] Wir wollen hier davon ausgehen, dass *B* den Anspruch aus § 812 I 1 (Leistungskondiktion) geltend gemacht hat, und dass *A* gleichfalls gegen *B* auf Rückzahlung des Kaufpreises aus § 812 I 1 (ebenfalls Leistungskondiktion) vorgeht. Bei der Rückabwicklung gegenseitiger Verträge nach Bereicherungsrecht findet die Saldotheorie[92] Anwendung, die dazu führt, dass bei ungleichartigen Leistungen (hier: Berichtigungsbewilligung = Willenserklärung, Rückzahlung des Kaufpreises = Geldforderung) die Leistungen Zug um Zug zurückzugewähren sind.[93] Die Verpflichtung zur Rückzahlung des Kaufpreises entfällt aber für *B*, wenn die Bereicherung nach § 818 III nicht mehr vorhanden ist. Bei der Verwendung von Geld für Aufwendungen des täglichen Bedarfs stellt sich immer die Frage, wieweit hierdurch eigene Aufwendungen erspart worden sind. Die Rechtsprechung geht mit Recht davon aus, dass der Verbrauch von Geld zur Bestreitung des allgemeinen Lebensbedarfs zum Wegfall der Bereicherung führen kann, das setze jedoch voraus, dass das empfangene Geld restlos für die Lebensbedürfnisse aufgewendet worden und nicht in anderer Form, etwa durch Bildung von Ersparnissen, durch Anschaffungen oder auch durch Tilgung von Schulden, noch im Vermögen vorhanden sei.[94] Die Feststellung dieser Umstände, gerade für die Vergangenheit, bereitet in der Praxis in der Regel Schwierigkeiten, und meist hängt die Entscheidung dann von der Beweislastverteilung ab. Grundsätzlich obliegt dem Bereicherungsschuldner (hier *B*) die Darlegung der den Wegfall der Bereicherung begründenden Umstände.[95] Davon hat der BGH auch für den Fall der Geschäftsunfähigkeit des Bereicherungsschuldners keine Ausnahme ge-

---

[91] Herauszugebendendes „Etwas" ist hier die Grundbuchposition, vergl. auch oben S. 19.

[92] Zur Saldotheorie s. unten S. 155.

[93] Vgl. unten S. 156.

[94] *BGH* NJW 2003, 3271 *(Fall 76);* NJW 1984, 2095; NJW 1992, 2415.

[95] *BGH* NJW 2003, 3271 *(Fall 76);* NJW 1999, 1181; NJW 1992, 2415.

macht. Die Geschäftsfähigkeit habe auf die Regeln der Darlegungs- und Beweislast keinen Einfluss. Der Geschäftsunfähige sei ausreichend dadurch geschützt, dass bei der bereicherungsrechtlichen Rückabwicklung unwirksamer Verträge die Saldotheorie keine Anwendung finde.[96] Da *B* nicht den Nachweis führen konnte, dass er nichts erspart hatte, die Begleichung von Arzt- und Krankenhausrechnungen, die er sonst anderweitig hätte bezahlen müssen, vielmehr für Ersparnisse sprach, konnte er sich auf den Wegfall der Bereicherung nicht berufen.

Um ersparte Aufwendungen durch die Begleichung von Schulden geht es auch in folgendem Fall:

Fall 77 (nach BGHZ 118, 383): *A* hat sich im Rahmen seines Scheidungsverfahrens zu einer monatlichen Unterhaltszahlung in Höhe von 1.200 Euro an seine Frau *B* verpflichtet. Später wird der Unterhalt – auch für einen zurückliegenden Zeitraum – durch rechtskräftiges Urteil herabgesetzt. *A* verlangt von *B* 6.000 Euro zuviel gezahlten Unterhalt als ungerechtfertigte Bereicherung. *B* beruft sich auf einen Wegfall der Bereicherung. Dem hält *A* entgegen, sie habe mit dem Geld Schulden abbezahlt und auf diese Weise Aufwendungen erspart. *B* erwidert, sie hätte die Schulden auf jeden Fall abbezahlt, also auch dann, wenn A ihr nicht zuviel Unterhalt gezahlt hätte.

Die Befreiung von Verbindlichkeiten, die durch die Tilgung von Schulden mittels rechtsgrundlos erlangten Geldes eintritt, stellt an sich einen bleibenden Vermögensvorteil dar, der einem Wegfall der Bereicherung grundsätzlich entgegensteht. Der rechtsgrundlos erhaltene Betrag setzt sich gewissermaßen in der bestehenbleibenden Schuldbefreiung fort.[97] Hätte aber der Bereicherungsschuldner die Schulden auf jeden Fall getilgt, so steht er nicht anders da als jemand, der die Schulden mit einem anderen als dem rechtsgrundlos erhaltenen Betrag, etwa mit von dritter Seite geschenktem Geld zahlt und das rechtsgrundlos Erhaltene ersatzlos verbraucht. Beide Fälle können nicht unterschiedlich behandelt werden; die Bereicherung ist nicht ursächlich für die Schuldentilgung, weil diese auch ohne die Bereicherung erfolgt wäre.[98]

Wir fassen zusammen: Ein Wegfall der Bereicherung liegt dann nicht vor, wenn und soweit der Bereicherungsschuldner durch die Weitergabe des Erlangten eigene Aufwendungen erspart hat. Ebenso ist es beim Verbrauch von Sachen. Wer zum Beispiel Lebensmittel verzehrt oder Heizmaterial verfeuert, ist insoweit noch bereichert, als er dadurch eigene Ausgaben nicht zu machen brauchte. Auch das Ausgeben von Geld, dessen Herausgabe bereicherungsrechtlich geschuldet wird, ist so zu behandeln. Wer es für Dinge ausgibt, die er ohnehin gekauft hätte, ist in Höhe des Ersparten bereichert; anders dagegen in dem Schulbeispiel,

---

96 Lies dazu die Entscheidung *BGH* NJW 2003, 3271 *(Fall 76);* vgl. zur Anwendung der Saldotheorie auf Geschäftsunfähige näher unten S. 156.

97 S. oben S. 135.

98 BGHZ 118, 383/388f.; ferner *BGH* NJW 1998, 2433; vgl. auch *BVerwGE* 15, 15/18 (Schuldentilgung durch einen Beamten mit überzahltem Gehalt); ferner *OLG Hamm* NJW-RR 1991, 155 (Wegfall der Bereicherung durch Glücksspiel) sowie die Anmerkung dazu von *K. Schmidt,* JuS 1991, 330f.

daß das Geld für eine Luxusreise verwendet wird, die sonst nicht unternommen worden wäre. Diese Grundsätze haben auch im *Flugreisefall* des *BGH* Anwendung zu finden. Wir hatten oben[99] gesehen, daß der Minderjährige *M* die Beförderung durch die Lufthansa von Hamburg nach New York erlangt hatte und zwar mangels eines Beförderungsvertrages ohne rechtlichen Grund. Da die Herausgabe wegen der Beschaffenheit des Erlangten nicht möglich ist, richtet sich der Bereicherungsanspruch auf Wertersatz (§ 818 II). Nunmehr stellt sich die Frage, ob *M* sich auf § 818 III berufen kann. Da er durch den Flug nichts erspart hat, dieser vielmehr eine „Luxusreise“ für ihn war, ist er an sich nicht mehr bereichert. Nur ist ihm möglicherweise im Hinblick auf §§ 819 I, 818 IV versagt, sich auf § 818 III zu berufen, was wiederum deswegen problematisch ist, weil *M* minderjährig war. Auf die damit verbundenen Fragen wird an späterer Stelle einzugehen sein.[100]

Wir erinnern uns in diesem Zusammenhang daran, daß im Fall der Weiterveräußerung des herauszugebenden Gegenstandes der Veräußerungserlös (das commodum ex negotiatione) nicht als Surrogat nach § 818 I herausverlangt werden kann, sondern nur ein Anspruch auf Wertersatz nach § 818 II besteht.[101] Entspricht nun der Veräußerungserlös dem Wert, so ergeben sich keine weiteren Probleme. Wie aber ist es, wenn der Veräußerungserlös unter dem Wert liegt? Kann der Bereicherungsschuldner sich dann in Höhe dieser Differenz auf § 818 III berufen? Die Frage ist mit der herrschenden Meinung[102] zu bejahen. Betrug also beispielsweise im oben behandelten *Haubenkipper*-Fall[103] der Wert des Lastzuges 20.000 Euro, hat *B* ihn aber für 18.000 Euro an *C* veräußert, so kann er sich gegenüber dem auf 20.000 Euro gerichteten Wertersatzanspruch des *A* (§ 818 II) in Höhe von 2.000 Euro auf den Wegfall der Bereicherung berufen. Ebenso kann er sich auf § 818 III berufen, wenn und soweit er den Veräußerungserlös für „Luxusausgaben“ verwendet hat.

Fall 78: A mietet von *B* für die Zeit seines Urlaubs eine Segelyacht. Er übernimmt die Yacht, kann aber wegen dringender geschäftlicher Verpflichtungen den Segeltörn nicht antreten. Wie sich hinterher herausstellt, ist der Vertrag nicht wirksam zustandegekommen. *A* gibt die Yacht zurück, meint aber, er sei angesichts der Nichtigkeit

---

[99] Vgl. oben S. 21f.

[100] Vgl. unten S. 161f.

[101] Vgl. oben S. 138f.

[102] Staudinger/*Lorenz,* § 818 Rn. 35; Palandt/*Sprau,* § 818 Rn. 37; Jauernig/*Stadler,* § 818 Rn. 29; ; *Larenz/Canaris,* S. 301. Zum gleichen Ergebnis kommt, wer den Veräußerungserlös als Surrogat nach § 818 I ansieht (MünchKomm/*Lieb* § 818 Rn. 31, 100). Der Bereicherungsschuldner braucht auch dann nur den (niedrigeren) Veräußerungserlös herauszugeben, nämlich als Surrogat nach § 818 I. Ein Wertersatz nach § 818 II, bei dem die Differenz zwischen dem Wert und dem niedrigeren Veräußerungserlös bereicherungsmindernd zu berücksichtigen wäre (§ 818 III), entfällt dann.

[103] *Fall 73,* oben S. 137.

des Mietvertrages nicht zur Zahlung des Mietpreises verpflichtet und auch nicht bereichert, da er den Segeltörn gar nicht habe antreten können.

Als Grundlage für den Bereicherungsanspruch kommt eine Leistungskondiktion in Frage. Das erlangte Etwas besteht in Gebrauchsüberlassungsfällen in den überlassenen Gebrauchsvorteilen, in der Einräumung der Möglichkeit, die Sache zu nutzen. Hier lag also das Erlangte darin, daß *B* dem *A* die Yacht zur Nutzung während seines Urlaubs zur Verfügung gestellt hatte. Dies war durch Leistung geschehen und angesichts der Unwirksamkeit des Mietvertrages ohne rechtlichen Grund. Da die für den Urlaub vereinbarte Nutzungsmöglichkeit nach dessen Ablauf nicht mehr herausgegeben werden konnte, richtete sich der Inhalt des Bereicherungsanspruchs gemäß § 818 II auf Wertersatz.[104] Damit stehen wir vor der Frage, ob *A* dem *B* bereicherungsmindernd entgegenhalten kann, daß er die Nutzungsmöglichkeit nicht wahrgenommen habe und deswegen nicht bereichert sei. Man könnte versucht sein, eine Parallele zu den Fällen zu ziehen, in denen jemand einen herauszugebenden Gegenstand ohne Ersparnis eigener Aufwendungen verschenkt hat oder herauszugebendes Geld für Luxusgegenstände ausgegeben hat. Hier liegen die Dinge aber anders. Die Gegenüberstellung des § 818 III mit §§ 818 IV, 819 und 820 zeigt, daß es bei § 818 III darum geht, den gutgläubigen Bereicherungsschuldner angesichts seines Vertrauens auf die Rechtsbeständigkeit seines Erwerbs in einem gewissen – wenn auch im einzelnen höchst umstrittenen[105] – Umfang vor Vermögensnachteilen zu schützen. Das Vertrauen des *A* konnte sich nun aber nicht darauf beziehen, für den Fall, daß er die Yacht zwar übernommen hatte, den Segeltörn aber nicht antreten konnte, die Miete nicht bezahlen zu müssen. Wäre der Mietvertrag nämlich wirksam gewesen, so hätte in dieser Situation die Zahlungsverpflichtung auch bestanden. Eine Anwendung des § 818 III würde also die Zwecke dieser Vorschrift verfehlen; die Rechtsgrundlosigkeit der Leistung kann nicht dazu führen, daß der Bereicherungsschuldner besser dasteht als bei wirksamem Grundgeschäft.

3. Bereicherungsmindernde Vermögensnachteile

Die Fragen, die sich mit der Berücksichtigung von Vermögensnachteilen verbinden,[106] lassen sich an einem in der Literatur viel erörterten Beispielsfall erläutern.

Fall 79: *A* kauft von *B* einen Hund. Nachdem sich herausgestellt hat, daß der Kaufvertrag nichtig ist, verlangt *B* Herausgabe des Hundes. *A* ist dazu nur bereit gegen Erstattung bestimmter Aufwendungen, die er gehabt hat. Dabei handelt es sich um die Kosten für Fütterung, Pflege des Hundes und Hundesteuer, Ersatz für einen Teppich,

---

[104] Beachte, daß in solchen Fällen nicht etwa § 818 I (Herausgabe von Nutzungen) anzuwenden ist, dazu näher *Fall 72,* oben S. 136.

[105] Vgl. oben S. 143 ff.

[106] Lies zu diesem Abschnitt auch *Flume,* Gedächtnisschrift für Brigitte Knobbe-Keuk, 1997, S. 111 ff.

den der Hund zerbissen hat und die Kosten, die *A* für den Erwerb des Hundes aufgebracht hat.

B hat, wie nicht mehr näher ausgeführt zu werden braucht, einen Bereicherungsanspruch (Leistungskondiktion) auf Herausgabe des Hundes (und, bei Wirksamkeit der Übereignung, auf Rückübertragung des Eigentums). Soweit *A* sich demgegenüber auf § 818 III berufen kann, führt dies dazu, daß er den Hund nur Zug um Zug gegen Ersatz seiner Aufwendungen herauszugeben braucht.[107] *A* macht drei in diesem Zusammenhang typische Vermögensnachteile geltend: Verwendungen auf den Bereicherungsgegenstand, Schäden, die durch ihn angerichtet sind, und Erwerbskosten.

Die Rechtsprechung hatte in ständiger Entscheidungspraxis die Abzugsfähigkeit solcher Vermögensnachteile danach beurteilt, ob sie kausal auf dem rechtsgrundlosen Erwerb beruhen.[108] Diese Abgrenzung war konsequent, wenn man davon ausging, daß § 818 III dem Zweck diene, den (gutgläubigen) Bereicherungsschuldner keinesfalls auf mehr als den Überschuß der Aktiv- über die Passivposten haften zu lassen, also jegliche Minderung seines Vermögens zu verhindern.[109] Eine solche Vermögensminderung läßt sich in der Tat in letzter Konsequenz nur vermeiden, wenn der Bereicherungsschuldner alle durch die Bereicherung veranlaßten Aufwendungen bereicherungsmindernd geltend machen kann. Mit Recht ist allerdings diese Grenzziehung im Schrifttum als wenig sachgerecht angesehen worden. Die Kausalität sei als Abgrenzungskriterium viel zu weit und könne allenfalls eine äußerste Grenze der berücksichtigungsfähigen Nachteile liefern.[110] In der Tat erfaßt die Kausalität, wie wir bei der Besprechung von *Fall 79* sogleich sehen werden, Aufwendungen, deren Abzug unangemessen ist. Unter dem Eindruck der Kritik stellt die Rechtsprechung bei der Leistungskondiktion in neueren Entscheidungen darauf ab, welche Partei nach den Vorschriften über das fehlgeschlagene Geschäft und dem Parteiwillen das jeweilige Entreicherungsrisiko zu tragen habe.[111] Diese Formel ermöglicht sicherlich zutreffende Ergebnisse, läuft allerdings auf eine „konturarme Billigkeitsjudikatur zu Lasten der Rechtssicherheit“[112] hinaus.[113]

---

[107] Angesichts der Ungleichartigkeit der Leistungen kommt hier – anders als bei dem auf Wertersatz gerichteten Bereicherungsanspruch – eine Verrechnung der Posten nicht in Betracht; vgl. dazu unten S. 156.

[108] Vgl. vor allem RGZ 94, 253/254 f.; 114, 342/346; BGHZ 1, 75/81; *BGH* LM § 818 III Nr. 7; WM 1970, 1421/1422; NJW 1981, 277/278.

[109] Vgl. dazu oben S. 144.

[110] Vgl. etwa MünchKomm/*Lieb,* § 818 Rn. 72; Staudinger/*Lorenz,* § 818 Rn. 37; *Larenz/Canaris,* S. 296; Palandt/*Sprau,* § 818 Rn. 30; *Esser/Weyers,* S. 11; *Fikentscher,* Rn. 1169; *Brox/Walker,* S. 493 Rn. 9.

[111] Vgl. *BGH* NJW 1998, 2559/2530; NJW 1990, 314/315; BGHZ 116, 251/256; NJW 1995, 3315/3317; *OLG Hamm* NJW-RR 1993, 590/591.

[112] *Pfeiffer,* in: Anm. zu *BGH* LM § 818 III Nr. 35.

[113] Siehe auch die Kritik bei *Canaris,* JZ 1992, 1114 ff.; *Kohler,* NJW 1992, 3145 ff.; *K. Schmidt,* JuS 1992, 965 f.; *Pfeiffer,* in: Anm. zu *BGH* LM § 818 III Nr. 35.

Im Schrifttum wird meist darauf abgestellt, ob der Bereicherungsschuldner die Aufwendungen gerade im Vertrauen auf die Rechtsbeständigkeit seines Erwerbs gemacht hat.[114] Hierbei handelt es sich in der Tat um den sachlich richtigen Ansatz. Wenn § 818 III den gutgläubigen Bereicherungsschuldner schützen will, so im Hinblick darauf, daß er auf die Rechtsbeständigkeit seines Erwerbs vertraut und in diesem Vertrauen bestimmte Vermögensdispositionen getroffen hat. Legt man diese Kriterien auf *Fall 79* an, so zeigt sich, daß *A* die Fütterungs- und Pflegekosten, aber auch die Hundesteuer als Verwendungen auf die Sache dem Anspruch des *B* bereicherungsmindernd entgegensetzen kann; sie sind von *A* im Vertrauen auf die Rechtsbeständigkeit des Erwerbs gemacht worden.[115] Es kommt – anders als beim Verwendungsersatz im Rahmen des Eigentümer-Besitzer-Verhältnisses – auch nicht darauf an, ob die Verwendungen notwendig oder nützlich waren.[116] Anders ist es bei dem Schaden aufgrund des zerbissenen Teppichs. Wer die Kausalität als Kriterium anlegt, müßte zwar zu einer Abzugsfähigkeit kommen, da sich nicht ernsthaft bezweifeln läßt, daß die Beschädigung des Teppichs auf dem Erwerb des Hundes beruht.[117] Stellt man aber die Frage, ob es sich um einen Vermögensnachteil handelt, der im Vertrauen auf die Rechtsbeständigkeit des Erwerbs eingetreten ist, so kann die Antwort nur in einem Nein bestehen, denn der Hund hätte natürlich den Teppich genauso zerbissen, wenn er aufgrund eines wirksamen Kaufvertrags erworben worden wäre.[118] *A* kann also diesen Schaden dem *B* nicht bereicherungsmindernd entgegenhalten. Bei den Erwerbskosten für den Hund muß man differenzieren. Soweit es sich um die reine Gegenlei-

---

[114] So etwa – mit Unterschieden im Detail – Staudinger/*Lorenz,* § 818 Rn. 38; Erman/*Westermann,* § 818 Rn. 32; Palandt/*Sprau,* § 818 Rn. 39; Jauernig/*Stadler,* § 818 Rn. 33; Soergel/*Mühl,* § 818 Rn. 57; *Larenz/Canaris,* S. 296; *Esser/Weyers,* S. 111; *Fikentscher,* Rn. 1169; *Brox/Walker,* S. 493 Rn. 9; *Reuter/Martinek,* S. 592ff.; *Kohler,* Die gestörte Rückabwicklung gescheiterter Austauschverträge, 1989, S. 139f.; *Beuthien,* Jura 1979, 532/533; im Ansatz auch MünchKomm/*Lieb,* § 812 Rn. 76; im Grundsatz auch *Wieling,* Bereicherungsrecht, S. 72; in der Rechtsprechung *OLG Hamm* NJW-RR 1995, 1010/1012.

[115] Insoweit gelangt man zum gleichen Ergebnis, wenn man die Kausalität als Abgrenzungskriterium zugrundelegt: Pflege- und Fütterungskosten sowie Hundesteuer beruhen ursächlich auf dem rechtsgrundlosen Erwerb.

[116] BGHZ 137, 314/316; dazu Anm. Gursky in JZ 1998, 686; *BGH* ZIP 1999, 659/664; zur Abzugsfähigkeit von Verwendungen auf die Sache vgl. etwa MünchKomm/*Lieb,* § 818 Rn. 84f.; Staudinger/*Lorenz,* § 818 Rn. 37; Erman/*Westermann,* § 818 Rn. 39; Palandt/*Sprau,* § 818 Rn. 41f.; Jauernig/*Stadler,* § 818 Rn. 33; Soergel/*Mühl,* § 818 Rn. 73ff.; *Larenz/Canaris,* S. 298f.; *Esser/Weyers,* S. 112; *Reuter/Martinek,* S. 594.

[117] Vgl. dazu auch Staudinger/*Lorenz,* § 818 Rn. 40.

[118] Vgl. dazu im Schrifttum etwa MünchKomm/*Lieb,* § 818 Rn. 90; Staudinger/*Lorenz,* § 818 Rn. 40; Soergel/*Mühl,* § 818 Rn. 79; Jauernig/*Stadler,* § 818 Rn. 33; *Esser/Weyers,* S. 112; *Larenz/Canaris,* S. 300; *Flume,* in: Festschr. f. Niedermeyer, 1953, S. 103/154f.; *ders.,* NJW 1970, 1161/1163; a.A. Palandt/*Sprau,* § 818 Rn. 44; RGRK/*Heimann-Trosien,* § 818 Rn. 26.

stung, also den Kaufpreis für den Hund handelt, finden die Grundsätze Anwendung, die für die Berücksichtigung der Gegenleistung bei gegenseitigen Verträgen gelten. Danach kann *B* die Herausgabe des Hundes nur Zug um Zug gegen Rückerstattung des Kaufpreises verlangen.[119] Andere Erwerbskosten wie Aufwendungen für Inserate, Frachtkosten, Zoll und dgl. sind hingegen abzugsfähig, da sie im Vertrauen auf die Rechtsbeständigkeit des Erwerbs gemacht wurden.[120]

Für den Bereich der Eingriffskondiktion soll die Problematik noch an folgendem Fall erläutert werden:

Fall 80: D stiehlt das Fahrrad des E und veräußert es für 100 Euro an *A*, der es seinerseits für 120 Euro an *B* weiterveräussert. Da *B* nicht auffindbar ist, klagt *E* gegen *A* auf Herausgabe der 120 Euro. *A* möchte wissen, ob er die an *D* gezahlten 100 Euro davon abziehen kann.

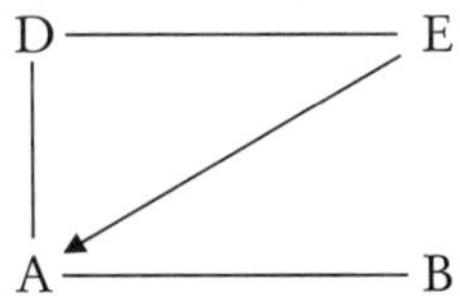

Anspruchsgrundlage ist § 816 I 1. *A* war hinsichtlich des Fahrrades Nichtberechtigter; selbst wenn er gutgläubig im Sinne des § 932 II war, hätte er im Hinblick auf § 935 I 1 kein Eigentum erwerben können. Seine Verfügung über das Fahrrad (Eigentumsübertragung an *B*) war zwar ebenfalls wegen § 935 zunächst unwirksam, jedoch liegt in der klageweisen Geltendmachung eine Genehmigung der Verfügung.[121] E kann also von *A* Herausgabe des Veräußerungserlöses verlangen. *A* kann hier aber die Gegenleistung, die er für den Erwerb des rechtsgrundlos erlangten Gegenstandes aufgewendet hat (und anders als in *Fall 79* auch die sonstigen Erwerbskosten) nicht bereicherungsmindernd nach § 818 III abziehen. Dafür gibt es mehrere Gründe. Zunächst hat der Bereicherungsgläubiger – anders als in *Fall 79* – keinen Vertrauenstatbestand beim Bereicherungsschuldner geschaffen. Vor allem aber führt der Zweck des § 816 I 1 zu diesem Ergebnis. Solange *A* das Fahrrad noch nicht weiterveräußert hatte, war er dem Anspruch des *E* aus § 985 ausgesetzt. Diesem Anspruch hätte er den an *D* gezahlten Kaufpreis nicht entgegenhalten können, vielmehr hätte er sich mit seinem unmittelbaren Vertragspartner *D* auseinandersetzen müssen. Die Eingriffskondiktion ist dem Recht des Güterschutzes zuzuordnen,[122] die Funktion des § 816 I 1 besteht darin, daß er den Eigentumsschutz in den Fällen ergänzt, in denen dieser hinter

---

[119] Vgl. näher unten S. 156.

[120] Im Schrifttum werden weitere Beispiele wie Werbungskosten, Grundbuchkosten, Notarkosten, Makler-und Planungsgebühren, Vermittlungsprovision und gezahlte Mehrwertsteuer genannt, vgl. etwa MünchKomm/*Lieb*, § 812 Rn. 80; Palandt/*Sprau*, § 818 Rn. 42; Staudinger/*Lorenz*, § 818 Rn. 37; *Larenz/Canaris*, S. 298.

[121] Jedenfalls Zug um Zug gegen Erlösherausgabe, dazu näher oben S. 105.

[122] Vgl. dazu oben S. 75.

dem Gutglaubensschutz zurücktritt. Der Eigentümer erhält zum Ausgleich für das verlorene Eigentum einen Anspruch auf den Erlös gegen denjenigen, der ihm durch seine Verfügung das Eigentum entzogen hat. Konnte *A* nun den an *D* gezahlten Kaufpreis vor der Weiterveräußerung des Fahrrades nicht dem Anspruch des *E* entgegensetzen, so darf dies auch nach der Weiterveräußerung nicht möglich sein, da der Anspruch aus § 816 I 1 gewissermaßen an die Stelle des Anspruchs aus § 985 tritt. Auch jetzt muß sich *A* mit *D* auseinandersetzen; es findet hier wieder der Grundsatz Anwendung, daß derjenige das Risiko der Insolvenz eines Beteiligten zu tragen hat, der ihn sich als Vertragspartner ausgesucht hat. Das war *D* und nicht *E*. Diese Grundsätze entsprechen der ständigen Rechtsprechung und der ganz herrschenden Meinung im Schrifttum.[123]

4. Die Berücksichtigung der Gegenleistung bei gegenseitigen Verträgen

Fall 81: V verkauft an *K* ein gebrauchtes Kraftfahrzeug für 10.000 Euro. Der Wagen wird an *K* übereignet, übergeben und von *K* bezahlt. Kurze Zeit später hat *K* einen Unfall, bei dem das Fahrzeug total zerstört wird. Nunmehr stellt sich heraus, daß der Kaufvertrag nicht wirksam zustandegekommen ist.

K hat von *V* Besitz und Eigentum am Fahrzeug durch Leistung ohne rechtlichen Grund (Unwirksamkeit des Kaufvertrags) erlangt; *V* hat also gegen *K* einen Anspruch aus Leistungskondiktion. Die Herausgabe des Erlangten selbst ist angesichts des Totalschadens nicht möglich. Bestünden wegen des Unfalls Ansprüche des *K* gegen einen Dritten, so hätte *K* diese als Surrogat nach § 818 I herauszugeben. Ist dies aber nicht der Fall, wovon wir hier ausgehen wollen, so kann sich *K* gegenüber dem nunmehr auf Wertersatz (§ 818 II) gerichteten Bereicherungsanspruch des *V* auf den Wegfall der Bereicherung (§ 818 III) berufen. *K* wäre also von der Leistungspflicht befreit. Andererseits hat aber *K* gegen *V* einen (Leistungskondiktions)Anspruch auf Rückzahlung des rechtsgrundlos gezahlten Kaufpreises, dem gegenüber *V* keinen Wegfall der Bereicherung geltend machen kann. *V* müßte also den Kaufpreis zurückzahlen, ohne einen Ausgleich für seine Leistung, die Lieferung des Kraftfahrzeugs, zu erhalten. Er trüge das Risiko des Untergangs einer Sache, die sich nicht mehr in seinem Herrschaftsbereich befindet und auf deren Schicksal er keinen Einfluß nehmen kann.

a) Zweikondiktionentheorie und Saldotheorie

Zu diesem Ergebnis gelangt in der Tat die *Zweikondiktionentheorie*, die nach dem Inkrafttreten des BGB herrschende Doktrin war.[124] Sie geht

---

[123] BGHZ 47, 128/130; NJW 1970, 2059; NJW 1971, 612/615; NJW 1995, 3315/3317; vgl. auch bereits BGHZ 9, 333/335f.; 14, 7/9f.; im Schrifttum etwa MünchKomm/*Lieb*, § 818 Rn. 81; Erman/*Westermann*, § 818 Rn. 40; Soergel/*Mühl*, § 818 Rn. 95; Palandt/*Sprau*, § 818 Rn. 43; Jauernig/*Stadler*, § 818 Rn. 36; *Larenz/Canaris*, S. 302ff.; *Esser/Weyers*, S. 112; *Reuter/Martinek*, S. 623.

[124] Vgl. vor allem *Oertmann*, DJZ 1915, 1063ff.; *v. Tuhr*, DJZ 1916, 582/584f.

davon aus, daß auch bei gegenseitigen Verträgen jeder der beiden Vertragspartner einen selbständigen Kondiktionsanspruch hat, der durch das Schicksal der Gegenleistung nicht beeinflußt wird. Diese Theorie führt zu befriedigenden Ergebnissen, solange die beiden Leistungen noch vorhanden sind bzw. ein entsprechendes Äquivalent herausgegeben werden kann. Unbefriedigende Resultate ergeben sich aber, wenn – wie in *Fall 81* – eine Vertragspartei sich auf den Wegfall der Bereicherung nach § 818 III berufen kann. Bei gegenseitigen Verträgen stehen Leistung und Gegenleistung in einem gegenseitigen Abhängigkeitsverhältnis, der sog. synallagmatischen Bindung,[125] die das Schicksal der einen mit dem der anderen verknüpft. Dies kommt unter anderem darin zum Ausdruck, daß die Unmöglichkeit der einen Leistung dazu führt, daß – Nichtvertretenmüssen vorausgesetzt – auch die andere Leistung (Gegenleistung) nicht erbracht zu werden braucht (§ 326 I 1). Da die Leistungskondiktion der Rückabwicklung fehlgeschlagener Leistungsbeziehungen dienen soll,[126] muß das Synallagma bei dieser Rückabwicklung fortwirken, es kann nicht eine Partei weiterhin zur Leistung verpflichtet sein, während die andere frei wird. Das Ergebnis der Zweikondiktionentheorie, nämlich die Leistungspflicht einer Verragspartei bei Freiwerden der anderen Seite, entspricht daher nicht der synallagmatischen Verknüpfung von Leistung und Gegenleistung. Außerdem läuft der Umstand, daß der Verkäufer *(V)* das Risiko des Untergangs der dem Käufer *(K)* gelieferten Sache trägt, der Gefahrtragungsregelung der §§ 446, 447 zuwider. Die Rechtsprechung ist daher schon frühzeitig[127] dazu übergegangen, Leistung und Gegenleistung miteinander zu verrechnen und nur die Differenz (den Saldo) als Gegenstand des Bereicherungsanspruchs anzusehen.

Nach dieser als *Saldotheorie* bezeichneten Ansicht stehen sich also bei der bereicherungsrechtlichen Rückabwicklung gegenseitiger Verträge nicht zwei Kondiktionsanprüche gegenüber, sondern es besteht von vornherein aufgrund der Saldierung beider Leistungen nur ein Kondiktionsanspruch, der sich aus dem Überschuß der einen Leistung über die andere ergibt. War also der von *V* gelieferte Wagen tatsächlich 10.000 Euro wert, so heben sich Leistung und Gegenleistung auf, weder *V* noch *K* können etwas verlangen. Betrug der Wert des Wagens nur 9.000 Euro, so ist der Bereicherungsanspruch des *V* auf Wertersatz in Höhe von 9.000 Euro mit dem Rückforderungsanspruch des *K* in Höhe von 10.000 Euro zu verrechnen, so daß *K* einen Bereicherungsanspruch in Höhe von 1.000 Euro hat. Belief sich der Wert des Fahrzeugs auf 11.000 Euro, so ergibt sich eine Differenz von 1.000 Euro zugunsten des *V*, bezüglich derer sich *K* aber auf den Wegfall der Bereicherung berufen kann, so daß er gemäß § 818 III auch in diesem Falle nichts zu zahlen

---

[125] Vgl. dazu etwa *Esser/Schmidt,* SchuldR I/1, 8. Aufl. (1995), S. 217ff.
[126] Vgl. oben S. 16.
[127] Seit RGZ 54, 137ff.

hat. Die Saldotheorie führt also im Ergebnis zu einer Einschränkung des Anwendungsbereichs des § 818 III, das Risiko des Untergangs der Sache wird weitgehend dem Empfänger der Sachleistung auferlegt. Ihre dogmatische Fundierung findet sie nach heute ganz vorherrschender Auffassung in der geschilderten Nachwirkung des Synallagmas: Die Wirkung des gegenseitigen Vertrages, die Verknüpfung von Leistung und Gegenleistung wirkt bei fehlgeschlagener Leistung in das bereicherungsrechtliche Rückabwicklungsverhältnis hinein. Die Saldotheorie wird vor allem von der Rechtsprechung in ständiger Entscheidungspraxis vertreten,[128] im Schrifttum stößt sie allerdings zunehmend auf Kritik.[129]

Die Saldotheorie ist grundsätzlich auch dann anwendbar, wenn sich nicht gleichartige, sondern ungleichartige Leistungen zur Rückabwicklung gegenüberstehen. Zwar ist dann eine Saldierung nicht möglich. Hat in *Fall 81 K* das Auto nicht gekauft, sondern gegen ein anderes Fahrzeug eingetauscht, so lassen sich der auf Wertersatz (§ 818 II) gerichtete Anspruch des *V* und der auf eine Sachleistung gerichtete Anspruch des *K* nicht miteinander verrechnen. In solchen Fällen führt aber die Anwendung der Saldotheorie dazu, daß jede Vertragspartei ihren Rückgewähranspruch nur Zug um Zug gegen Rückgabe der selbst empfangenen Leistung geltend machen kann, und zwar ohne daß sie sich auf ein Zurückbehaltungsrecht berufen müßte.[130]

b) Korrekturen der Saldotheorie

Die Anwendung der Saldotheorie stößt im Schrifttum in zunehmendem Maße auf Kritik. Es werden Korrekturen verlangt, die zum Teil so weit gehen, daß von der Saldotheorie nur wenig übrig bleibt.

Einig ist man sich darüber, daß die Saldotheorie nicht dazu führen darf, Minderjährigen und anderen nicht voll Geschäftsfähigen die Berufung auf § 818 III zu versagen.[131] Die Regelung der §§ 104ff. verfolgt den Zweck, diese Personen gerade nicht für die Folgen rechtsgeschäftlichen Handelns einstehen zu lassen. Diesem Normzweck würde es zuwiderlaufen, wenn bei der bereicherungsrechtlichen Rückabwicklung eines Leistungsaustausches dem nicht voll Geschäftsfähigen die Berufung auf § 818 III versagt würde, so daß er die von ihm erbrachte Leistung nicht voll zurückfordern könnte. Er hätte dann eben doch für Konsequenzen

---

[128] Vgl. aus neuerer Zeit BGHZ 72, 252/256; 78, 216/222; *BGH* NJW 1988, 3011; NJW 1995, 454/455; NJW 1995, 2627/2628; NJW 1998, 1951/1952; NJW 1999, 1181; NJW 2001, 1127/1130; NJW 2001, 1836/1864; NJW 2002, 1050/1052; NJW 2005, 884/887; *OLG Dresden* NJW-RR 1996, 1013.

[129] Dazu unten Abschnitt b.

[130] *BGH* NJW 2001, 1836/1864; NJW 2001, 1127/1129f.; NJW 1999, 1181; NJW 1995, 2627/2628; NJW 1973, 613/615; NJW 1963, 1870/1871.

[131] BGHZ 126, 105/107f. mit eingehenden Schrifttumsnachweisen; *BGH* NJW 2001, 1863/1864; MünchKomm/*Lieb* § 818 Rn. 105; Staudinger/*Lorenz*, § 818 Rn. 42; Palandt/*Sprau*, § 818 Rn. 49; Jauernig/*Stadler*, § 818 Rn. 43; *Medicus*, BürgR, Rn. 230; *Brox/Walker*, S. 495 Rn. 14. Vgl. auch oben *Fall 76* (S. 146).

seines rechtsgeschäftlichen Handelns einzustehen. Ist in *Fall 81 K* minderjährig, so würde die Anwendung der Saldotheorie dazu führen, daß sein auf Rückzahlung des Kaufpreises gerichteter Bereicherungsanspruch um den Wert des gekauften Fahrzeugs zu mindern wäre und er damit letztlich doch negative Folgen seines Vertragsschlusses zu tragen hätte, wovor ihn §§ 106ff. gerade schützen sollen. Es bleibt daher bei der Zweikondiktionentheorie: Der minderjährige *K* kann den von ihm gezahlten Kaufpreis voll zurückfordern, während er sich gegenüber dem Bereicherungsanspruch des *V* auf Wertersatz für das zerstörte Auto auf § 818 III berufen kann und nichts zu zahlen hat.

Erhebliche Diskussionen haben dagegen folgende Fälle ausgelöst:

Fall 82 (nach BGHZ 53, 144): *V* verkaufte an *K* einen gebrauchten PKW. Der PKW hatte zur Zeit des Verkaufs schon 124 000 km zurückgelegt; *V* hatte den Tachometer auf 74 000 km umstellen lassen, hatte das dem *K* aber verschwiegen und ihm versichert, der Tachometerstand von 74 000 km sei zutreffend. Am Tage nach der Übergabe wurde der PKW bei einem von *K* nicht verschuldeten Unfall stark beschädigt. *K* hat den Kaufvertrag wegen arglistiger Täuschung angefochten und verlangt von *V* Rückzahlung des Kaufpreises.

Fall 83 (nach BGHZ 57, 137): *V* verkaufte an *K* einen gebrauchten PKW. Bei den Verkaufsverhandlungen erklärte *V*, der Wagen sei vollkommen unfallfrei. Tatsächlich hatte er bereits zwei Unfälle gehabt. Kurze Zeit später erlitt der PKW durch einen von *K* verschuldeten Unfall einen Totalschaden, ohne daß dieser Unfall auf die früheren Unfälle zurückzuführen gewesen wäre. *K* hat den Kaufvertrag wegen arglistiger Täuschung angefochten und verlangt von *V* Rückzahlung des Kaufpreises.

Fall 84 (nach BGHZ 72, 252): *V* verkaufte 1972 dem *K* einen gebrauchten PKW, Baujahr 1966. K hatte nach dem Baujahr gefragt und ging aufgrund der Antwort des *V* davon aus, daß es sich um das Baujahr 1970 handelte. Als sich das wahre Alter des Wagens herausstellte, erklärte *K* die Anfechtung wegen arglistiger Täuschung. *V* weigerte sich, den Wagen zurückzunehmen. *K* stellte das Fahrzeug daraufhin im Freien ab und bedeckte es mit einer Plane. Er erhob Klage auf Rückzahlung des Kaufpreises Zug um Zug gegen Herausgabe des Wagens. Im Zeitraum zwischen Klageerhebung und rechtskräftiger Entscheidung des Rechtsstreits erlitt der Wagen einen erheblichen Wertverlust.

Fall 85 (nach BGHZ 78, 216 – Mähdrescherfall): *V* verkaufte dem *K* einen gebrauchten Mähdrescher zum Preis von 9.000 Euro. In dem Kaufvertrag hieß es, die Maschine werde „mit Garantie auf einwandfreien Einsatz frei Hof“ verkauft. *K* setzte den Mähdrescher zur Rapsernte ein; die Maschine fiel jedoch nach kurzem Gebrauch aus. *K* focht den Kaufvertrag an und verlangt 9.000 Euro Zug um Zug gegen Rückgabe des Mähdreschers. Dieser ist durch die bei dem Ausfall eingetretenen Schäden weniger wert als bei der Übergabe an *K*.

In allen vier Fällen hat der *BGH* die Saldotheorie nicht angewendet.[132] Der Käufer *K* konnte also jeweils den Kaufpreis zurückverlangen, ohne sich den Bereicherungsanspruch des Verkäufers *V* darauf anrechnen lassen zu müssen (wobei in *Fall 83* aufgrund des Verschuldens des *K* eine Minderung des zurückzuzahlenden Kaufpreises in Betracht gezogen wurde). *K* konnte sich vielmehr gegenüber *V* nach § 818 III auf den Wegfall der Bereicherung berufen. Dieses Ergebnis hat der *BGH* in

[132] Vgl. zum folgenden auch MünchKomm/*Lieb* § 818 Rn. 119.

Fall 82 mit Billigkeitserwägungen begründet: in einem Fall, in dem der Käufer arglistig getäuscht sei und die Unmöglichkeit der Rückgabe der Kaufsache nicht auf seinem Verschulden beruhe, erscheine es als recht und billig, daß das Risiko des zufälligen Untergangs zu Lasten des Verkäufers gehe.[133] In *Fall 83* knüpfte der *BGH* zwar an die Billigkeitserwägungen in BGHZ 53, 144 (unser *Fall 82*) an, stützte sich aber vor allem auf §§ 819 und 142 II. Die Saldotheorie bedeute, daß auch dem Verkäufer der untergegangenen Sache die Vorteile des § 818 III zukämen. § 818 III werde aber durch § 819 begrenzt: Man könne sich nicht mehr auf den Wegfall der Bereicherung berufen, wenn einem beim Empfang der Leistung der Mangel des rechtlichen Grundes bekannt gewesen sei. Eine solche Kenntnis sei dem Verkäufer aber nach § 142 II zuzurechnen: da er als arglistig Täuschender die Anfechtbarkeit gekannt habe, sei er gemäß dieser Vorschrift so zu behandeln, als wenn er die Nichtigkeit (und damit den Mangel des rechtlichen Grundes) gekannt habe.[134] Das Verschulden des Käufers könne dann im Rahmen einer Abwägung nach § 242 berücksichtigt werden und zu einer Minderung des zurückzufordernden Kaufpreises führen.[135] In *Fall 84* griff der *BGH* auf ähnliche Überlegungen wie in *Fall 83* zurück. So wie sich der Verkäufer dort unter Heranziehung des Rechtsgedankens aus § 819 nicht mehr auf die Saldotheorie berufen könne, scheide hier eine Anwendung der Saldotheorie im Hinblick auf § 818 IV aus (die in § 818 IV vorausgesetzte Rechtshängigkeit war durch die Klageerhebung seitens des V eingetreten, § 261 I ZPO).[136] Im *Mähdrescherfall* schließlich *(Fall 85)* meinte der *BGH,* daß die synallagmatische Verbindung zwischen Leistung und Gegenleistung, auf der die Saldotheorie beruhe, auch insoweit in die bereicherungsrechtliche Rückabwicklung durchschlagen müssen, als die Kaufsache mit einem Sachmangel behaftet gewesen sei.[137]

Wir sehen also, daß die Saldotheorie weitgehende Korrekturen erfahren hat, in denen die Rechtsprechung zur Zweikondiktionentheorie zurückgekehrt ist, ohne dass ein einheitliches Prinzip für diese Ausnahmen erkennbar wäre. Im Schrifttum hat man versucht, diese Korrekturen auf ein einheitliches Fundament zu stellen. Es wird die Frage gestellt, ob der Untergang beziehungsweise die Wertminderung der Sache der Risikosphäre einer der beiden Parteien zuzurechnen oder ob dies nicht der Fall sei. Dabei wird eine Parallele zwischen der bereicherungsrechtlichen Rückabwicklung und der Rückabwicklung von Verträgen nach Rücktrittsrecht gezogen. Beide Rückabwicklungssysteme müssten, so heißt es, harmonisiert werden.[138] Um einen Wertungswiderspruch zwischen

---

133 BGHZ 53, 144/147f.

134 Vgl. im einzelnen BGHZ 57, 137/150f.

135 BGHZ 57, 137/152f.

136 BGHZ 72, 252/254ff.

137 BGHZ 78, 216/222ff.

138 MünchKomm/*Lieb* § 818 Rn. 131.

Bereicherungsrecht und Rücktrittsrecht zu vermeiden, hat man daher vorgeschlagen, die Anwendung der Saldotheorie am Regelungsgehalt der Rücktrittsvorschriften zu orientieren und die Gefahrtragungsverteilung des Rücktrittsrechts in die Rückabwicklung nach Bereicherungsrecht einzubringen.[139] Im einzelnen ist freilich so gut wie alles streitig.[140]

Auch andere Vorschläge stellen – teils in Korrektur, teils unter gänzlicher Aufgabe der Saldotheorie – darauf ab, ob der Untergang bzw. die Verschlechterung der geleisteten Sache ihrem Empfänger zuzurechnen ist oder nicht; wobei allerdings die Risikosphären von Leistendem und Empfänger nach unterschiedlichen Kriterien bestimmt werden. Gemeinsam ist jedoch die Erkenntnis, daß das Bereicherungsrecht selbst Ansatzpunkte für eine gerechte Risikoverteilung zwischen Bereicherungsgläubiger und Bereicherungsschuldner nicht liefert und daß diese außerbereicherungsrechtlichen Normen entnommen werden müssen.[141]

IV. Die verschärfte Bereicherungshaftung

Die Privilegierung des Bereicherungsschuldners durch § 818 III basiert auf dem Vertrauen in die Rechtsbeständigkeit des rechtsgrundlosen Erwerbs. Dementsprechend sind in §§ 818 IV, 819 und 820 die Fälle geregelt, in denen ein solches Vertrauen fehlt und in denen sich der Bereicherungsschuldner nicht auf den Wegfall der Bereicherung berufen kann. Es handelt sich um insgesamt fünf Tatbestände, nämlich Rechtshängigkeit (818 IV), Bösgläubigkeit (§ 819 I), Gesetzes- oder Sittenverstoß (§ 819 II) und zwei Fälle der Leistungskondiktion, in denen die Parteien von vornherein im Ungewissen darüber waren, ob der rechtliche Grund für die Leistung eintreten bzw. wegfallen würde (§ 820). Der praktisch wichtigste Fall ist der des § 819 I.

---

[139] Auch in der Regierungsbegründung zum Schuldrechtsmodernisierungsgesetz heißt es, dass für die Rückabwicklung nach Rücktrittsrecht und Bereicherungsrecht möglichst gleiche Prinzipien gelten sollten (BT-Drucks. 14/6040 S. 194 re. Sp. u.).

[140] Zur Vertiefung lies *Larenz/Canaris,* S. 321–338; MünchKomm/*Lieb* § 818 Rn. 130–133 (jeweils zur Rechtslage vor der Schuldrechtsreform); zum neuen Schuldrecht MünchKomm/*Lieb* § 818 Rn. 134–140; *Wieling,* Bereicherungsrecht, S. 73 ff.

[141] Vgl. zur weiteren Vertiefung MünchKomm/*Lieb,* § 818 Rn. 123 ff.; Staudinger/*Lorenz,* § 818 Rn. 41 ff.; Soergel/*Mühl,* § 818 Rn. 81 ff.; *Esser/Weyers,* S. 113 ff.; *Reuter/Martinek,* S. 595 ff.; *Flume,* AcP 194 (1994), 427 ff.; *Canaris,* in: Festschr. f. Lorenz, 1991, S. 19 ff.; zu BGHZ 72, 252 auch *Berg,* JuS 1981, 179 ff.; zu BGHZ 78, 216 *(Mähdrescherfall) Honsell,* JuS 1982, 810 ff.; umfassend zur Saldotheorie *Kohler,* Die gestörte Rückabwicklung gescheiterter Austauschverträge, 1989, S. 158 ff., 202 ff.

1. Haftungsvoraussetzungen

Hinsichtlich der Haftungsvoraussetzungen wirft *§ 818 IV* keine weiteren Probleme auf. Rechtshängigkeit tritt nach §§ 261 I, 253 I ZPO mit der Zustellung der Klage auf Herausgabe des Erlangten bzw. Wertersatz ein.[142] Von diesem Zeitpunkt ab ist der Bereicherungsschuldner „gewarnt", er kann nicht mehr auf die Rechtsbeständigkeit seines Erwerbs vertrauen.

§ 819 I verlangt (anfängliche oder spätere) Kenntnis des Empfängers von der Rechtsgrundlosigkeit seines Erwerbs.[143] Nach herrschender Meinung reicht dafür die bloße Kenntnis der Tatsachen, aus denen sich die Rechtsgrundlosigkeit ergibt, nicht aus, erforderlich ist vielmehr auch die Kenntnis der Rechtslage selbst.[144] Kenntnis der Rechtslage setzt freilich nicht voraus, daß der Bereicherungsschuldner aus den Tatsachen die korrekten rechtlichen Schlußfolgerungen zieht. Auf eine genaue Rechtskenntnis kann es nicht ankommen, denn sonst würde, wie der *BGH* zu Recht gesagt hat, für den sorgfältigen und juristisch geschulten Bereicherungsschuldner ein strengerer Haftungsmaßstab gelten als für denjenigen, der zu einer rechtlich zutreffenden Beurteilung nicht in der Lage ist oder sich keine Gedanken über die Situation macht.[145] Die Rechtsprechung legt vielmehr die gleichen Maßstäbe wie bei der Haftung eines unrechtmäßigen Besitzers nach § 990 an. Dort hat der *BGH* der positiven Kenntnis vom Fehlen eines Rechts zum Besitz den Fall gleichgestellt, daß ein redlich Denkender, der vom Gedanken an den eigenen Vorteil nicht beeinflußt ist, sich der Überzeugung seiner Nichtberechtigung nicht verschließen würde.[146] Dementsprechend wird auch der Bereicherungsschuldner, der um des eigenen Vorteils willen sich bewußt der Einsicht verschließt, daß das Verpflichtungsgeschäft nichtig ist, ebenso wie derjenige behandelt, der die Rechtsgrundlosigkeit

---

[142] Die verschärfte Haftung knüpft nicht an die Rechtshängigkeit eines beliebigen Prozesses an, in dem über Grund und Höhe der fraglichen Leistung gestritten wird, sondern an die Rechtshängigkeit der Klage auf Herausgabe des Erlangten (§ 812) oder auf Wertersatz (§ 818 II), weil erst die Erhebung dieser Klageerhebung dazu führt, dass der Schuldner mit dem Fehlen des rechtlichen Grundes rechnen muss; vgl. BGHZ 118, 383/390; *OLG Zweibrücken* NJW-RR 1995, 841/842; Palandt/*Sprau,* § 818 Rn. 51.

[143] Kennt der Leistende die Rechtsgrundlosigkeit, so greift § 814 ein.

[144] RGZ 93, 227/230; *BGH* NJW 1987, 185/187; BGHZ 118, 383/362; NJW 1996, 2652/2653; NJW 1998, 2433/2434; *OLG Zweibrücken* NJW-RR 1995, 841/842; MünchKomm/*Lieb,* § 819 Rn. 2; Staudinger/*Lorenz,* § 819 Rn. 6; Soergel/*Mühl,* § 819 Rn. 5; Palandt/*Sprau,* § 819 Rn. 2; Jauernig/*Stadler,* § 819 Rn. 4; *Esser/Weyers,* S. 117f. Zur Notwendigkeit der positiven Kenntnis der Tatsachen vgl. *BGH* NJW 2001, 1127/1130.

[145] *BGH* NJW 1996, 2652/2653 unter Bezugnahme auf *Mayer-Maly,* in: Festschr. f. Lange, 1970, S. 293/301; vgl. zu der Entscheidung auch die Besprechung von *K. Schmidt,* JuS 1997, 80f.

[146] BGHZ 26, 256/260; 32, 76/92; *BGH* NJW-RR 2003, 989/990.

kennt.[147] In vielen Fällen ist es in der Tat so, daß sich die Erkenntnis, daß auf das Erlangte kein Anspruch besteht oder daß etwas nicht in Ordnung ist, geradezu aufdrängt. Der Bereicherungsschuldner kann sich dann nicht auf fehlende Kenntnis der Rechtslage berufen. Für ein Beispiel erinnern wir uns an *Fall 20:*[148] *G* hatte eine Überweisung erhalten, die sich statt auf die von *S* geschuldeten 1.499,60 Euro auf den zehnfachen Betrag, also auf 14.996 Euro belief. Mit Recht ging der *BGH* hier davon aus, daß die Tatsachen so eindeutig waren, daß aus ihnen der Schluß gezogen werden konnte, daß der Bereicherungsschuldner die Rechtslage kannte.[149] In den Fällen sittenwidriger Darlehen (vgl. dazu *Fall 41,* oben S. 68) hatten wir gesehen, daß nach § 817 S. 2 nur die vereinbarten (wucherischen) Zinsen nicht verlangt werden können, daß der Darlehensgeber aber einen Anspruch auf Rückzahlung der Darlehenssumme hat.[150] Kann der Darlehensnehmer sich nun gegenüber diesem Anspruch auf einen Wegfall der Bereicherung (§ 818 III) berufen? Mit Recht verneint das die Rechtsprechung. Der Darlehensnehmer weiß immer, daß er die Darlehenssumme zurückzahlen muß, die Rechtsprechung läßt dies für die Anwendung des § 819 I ausreichen.[151]

Zu beachten ist, daß es in Vertretungsfällen nach § 166 I auf die Kenntnis des Vertreters ankommt;[152] in Anfechtungsfällen steht nach § 142 II die Kenntnis der Anfechtbarkeit der Kenntnis der durch die Anfechtung bewirkten Rechtsgrundlosigkeit gleich.

Schwierigkeiten bereitet die Beteiligung Minderjähriger. Dazu erinnern wir uns an den *Flugreisefall:*[153] Der minderjährige *M* hatte die Beförderung durch die Lufthansa ohne rechtlichen Grund erlangt, war an sich zum Wertersatz (§ 818 II) verpflichtet, kann sich aber, weil es sich um eine „Luxusreise" handelte, nach § 818 III auf den Wegfall der Bereicherung[154] berufen, wenn dem nicht die Regelung der §§ 819 I, 818 IV entgegensteht. Die Kenntnis vom Mangel des rechtlichen Grundes war vorhanden, der fast achtzehnjährige *M* wußte natürlich, daß er ohne

---

[147] *BGH* NJW 1996, 2652/2653; *OLG Köln* ZIP 1996, 1376/1378; s.a. *BGH* NJW-RR 2003, 989/990; im Schrifttum ebenso MünchKomm/*Lieb,* § 819 Rn. 4,5; *Reuter/Martinek,* S. 643; ähnlich *Larenz/Canaris,* S. 309 (der Kenntnis wird der Fall gleichgestellt, daß der Bereicherungsschuldner „vor der wahren Sach- oder Rechtslage geradezu die Augen verschließt"); *Esser/Weyers,* S. 117f. (der Kenntnis wird es gleichgestellt, „wenn der Empfänger in laienhafter Weise die Vorstellung hat, daß an der Geschichte etwas faul ist"). Zur weiteren Vertiefung vgl. *Martinek,* JZ 1996, 1099ff.; *Probst,* AcP 196 (1996), 225ff.; *Otte,* JuS 1998, 305.

[148] Oben S. 38.

[149] *BGH* NJW 1987, 185/187.

[150] Vgl. oben S. 72.

[151] *BGH* NJW 1995, 1152/1156; *OLG Nürnberg* NJW-RR 1989, 1137; NJW 1999, 1636/1637; NJW 2004, 1376/1378.

[152] S. dazu auch *BGH* NJW-RR 2001, 127.

[153] *Fall* 7 (BGHZ 55, 128), oben S. 20.

[154] Dazu oben S. 149.

Flugschein nicht mitfliegen durfte. Eine unbesehene Anwendung der verschärften Bereicherungshaftung würde aber in Konflikt mit dem gesetzlichen Minderjährigenschutz geraten, dem grundsätzlicher Vorrang einzuräumen ist.[155]

Die Lösung ist umstritten. Teilweise wird vorgeschlagen, §§ 106ff. entsprechend anzuwenden und auf die Kenntnis des gesetzlichen Vertreters abzustellen.[156] Danach würde § 819 I der Geltendmachung des Entreicherungseinwands nicht entgegenstehen, da die gesetzlichen Vertreter des *M* von seinen Aktivitäten nichts wußten. Von anderer Seite wird eine entsprechende Anwendung der §§ 827, 828 befürwortet.[157] Danach könnte sich *M* nicht auf § 818 III berufen, da er die nach § 828 III erforderliche Einsicht sicherlich hatte. Differenzierende Lösungen legen bei der Leistungskondiktion die Maßstäbe der §§ 106ff., bei den Nichtleistungskondiktionen die der §§ 827, 828 an.[158] Danach würde es darauf ankommen, ob *M* die Beförderung durch Leistung oder durch Eingriff erlangt hat.[159] Der *BGH* ist im *Flugreisefall* davon ausgegangen, daß bei rechtsgeschäftlichem Handeln die §§ 106ff. zugrundezulegen seien und es deshalb auf die Kenntnis des gesetzlichen Vertreters ankomme.[160] Ob bei der Eingriffskondiktion anders zu entscheiden sei, hat er offengelassen. Wenn jedoch das Verhalten eines Minderjährigen gleichzeitig den Tatbestand einer unerlaubten Handlung erfülle, seien §§ 827, 828 anzuwenden; dann sei nämlich kein einleuchtender Grund zu erkennen, sein Verhalten bereicherungsrechtlich anders zu beurteilen als deliktsrechtlich.[161]

Jedenfalls für den Bereich der Leistungskondiktion verdient die Anwendung der §§ 106ff. den Vorzug. Diese Vorschriften verfolgen gerade den Zweck, den Minderjährigen vor ihm nachteiligen Folgen rechtsgeschäftlichen Handelns zu schützen. Diese Wertung muß auch dann gelten, wenn rechtsgeschäftliches Verhalten bereicherungsrechtlich abgewickelt wird. Aber auch im Bereich der Nichtleistungskondiktionen, namentlich der Eingriffskondiktion, sollte dem Minderjährigenschutz der Vorrang gebühren. Es erscheint bedenklich, schadensrechtliche Wertungen in das

---

[155] Vgl. auch oben S. 156 zur Anwendung der Saldotheorie auf Minderjährige.

[156] Staudinger/*Lorenz,* § 819 Rn. 10; MünchKomm/*Lieb,* § 819 Rn. 7; *Larenz/Canaris,* S. 312; *Esser/Weyers,* S. 118; *Brox/Walker,* S. 498 Rn. 19; Bamberger/Roth/*Wendehorst,* § 819 Rn. 8; *Canaris,* JZ 1971, 560/562f.

[157] *Fikentscher,* Rn. 1180; *Diesselhorst,* Die Natur der Sache als außergesetzliche Rechtsquelle, 1968, S. 193ff.

[158] Soergel/*Mühl,* § 819 Rn. 6; RGRK/*Heimann-Trosien,* § 819 Rn. 7; Palandt/*Sprau,* § 819 Rn. 4; *Medicus,* BürgR, Rn. 176; *Gursky,* NJW 1969, 2183/2184; *Pawlowski,* JuS 1967, 302/305f.; *Müller,* JuS 1995, L 81/83; vgl. auch *KG,* NJW 1998, 2911. *Reuter/Martinek,* S. 654ff. unterscheiden nach Wissens- und Verhaltenszurechnung.

[159] Zu dieser Frage oben S. 24f.

[160] BGHZ 55, 128/136; ebenso *OLG Nürnberg* NJW-RR 1989, 1137; *KG* NJW 1998, 2911.

[161] BGHZ 55, 128/136; zustimmend *Teichmann,* JuS 1972, 247/250.

anders strukturierte Bereicherungsrecht zu übertragen.[162] Eine bereicherungsrechtliche Beurteilung nach §§ 106ff. sollte auch dann erfolgen, wenn das Verhalten des Minderjährigen – wie im *Flugreisefall* – gleichzeitig einen Deliktstatbestand erfüllt.[163] Daß bereicherungsrechtlich keine andere Beurteilung als deliktsrechtlich erfolgen könne, überzeugt nicht. Es ist beim Zusammentreffen mehrerer Anspruchsgrundlagen ein gängiges Phänomen, daß der Anspruch aus der einen Anspruchsgrundlage begründet sein kann, aus der anderen dagegen nicht. Deshalb bereitet es keine Probleme, wenn deliktsrechtlich eine Haftung besteht, bereicherungsrechtlich dagegen nicht.

§ 819 II bezieht sich auf den Bereicherungsanspruch nach § 817 S. 1. Der Empfänger einer Leistung, der durch deren Annahme gegen ein gesetzliches Verbot oder gegen die guten Sitten verstoßen hat und sich dessen auch bewußt war,[164] kann sich also gegenüber dem Kondiktionsanspruch aus § 817 S. 1 nicht auf den Wegfall der Bereicherung berufen. Knüpfen wir an *Fall 40*[165] an, so kann der Amtsarzt nicht geltend machen, er habe den Wein getrunken und dadurch auch nichts erspart.

Die verschärfte Haftung nach § 820 betrifft zwei Fälle der Leistungskondiktion, nämlich in § 820 S. 1 die condictio ob rem (§ 812 I 2, 2. Halbs.) und in § 820 S. 2 die condictio ob causam finitam (§ 812 I 2, 1. Halbs.).[166] Bei der condictio ob rem geht es um Fälle, in denen eine Leistung im Hinblick auf einen (rechtlich nicht erzwingbaren) Erfolg erbracht wurde. Tritt dieser Erfolg nicht ein, so kann nach § 812 I 2, 2. Halbs. die Leistung bzw. deren Wert (§ 818 II) zurückgefordert werden. Als Beispiel kann *Fall 33*[167] dienen: Bauhandwerker *B* hatte aufgrund von Vorbesprechungen, denen zufolge ihm Bauarbeiten auf dem Grundstück des *E* übertragen werden sollten, bereits mit der Ausführung der Arbeiten begonnen; der beabsichtigte Vertrag kam aber nicht zustande. *B* kann im Wege der condictio ob rem i.V. mit § 818 II Wertersatz für seine Arbeiten verlangen.[168] § 820 S. 1 betrifft nun den Fall, daß bei beiden Parteien, also *B* und *E*, Ungewißheit darüber bestand, ob der beabsichtigte Vertrag wirklich zustande kommen würde. In diesem Fall konnte der Leistungsempfänger, also *E*, nicht auf die Rechtsbeständigkeit seines Erwerbs vertrauen und darf daher den Entreicherungseinwand nicht geltend machen.[169]

---

[162] Dazu näher MünchKomm/*Lieb*, § 819 Rn. 7; *Larenz/Canaris*, S. 312f.

[163] Ebenso MünchKomm/*Lieb*, § 819 Rn. 7; *Canaris*, JZ 1971, 560/563.

[164] Die Notwendigkeit einer solchen Kenntnis folgt aus dem systematischen Zusammenhang mit § 819 I, vgl. MünchKomm/*Lieb*, § 819 Rn. 14; Staudinger/*Lorenz*, § 819 Rn. 13.

[165] Oben S. 65.

[166] Vgl. zu diesen Kondiktionen oben S. 59ff.

[167] Oben S. 59.

[168] Vgl. oben S. 60.

[169] Hiervon ist der Fall zu unterscheiden, daß der Eintritt des Erfolges von Anfang an unmöglich war und eine der Vertragsparteien dies wußte. Wußte es der Leistende,

Ebenso verhält es sich bei der condictio ob causam finitam. Haben *A* und *B* einen Vertrag unter einer auflösenden Bedingung geschlossen und tritt diese Bedingung ein, so kann das aufgrund des Vertrages bereits Geleistete nach § 812 I 2, 1. Halbsatz zurückgefordert werden. Sahen die Vertragsparteien den Eintritt der auflösenden Bedingung als möglich an, so fehlt es gleichfalls am Vertrauenstatbestand und die Geltendmachung der Entreicherungseinrede ist nach § 820 I 2 ausgeschlossen. Der Sinn der Regelung liegt darin, daß ein Empfänger, der von vornherein mit seiner Rückgabeverpflichtung rechnet, sich so einrichten muß, als müsse er die empfangene Leistung zurückgeben. Dabei muß sich bereits aus dem Inhalt des Rechtsgeschäfts ergeben, daß beide Parteien sich die Möglichkeit des Wegfalls des Rechtsgrundes nicht nur beiläufig, sondern besonders vergegenwärtigt haben.[170]

2. Haftungsumfang

§ 818 IV, auf den § 819 und § 820 Bezug nehmen, verweist wegen des Haftungsumfangs auf die „allgemeinen Vorschriften". Das bedeutet zunächst, daß ein nach Beginn der verschärften Haftung eintretender Wegfall der Bereicherung nicht mehr geltend gemacht werden kann. Darüber hinaus sind §§ 291, 292 anwendbar. Ist der Bereicherungsschuldner zur Zahlung einer Geldsumme verpflichtet (auch im Falle des § 818 II), so hat er diese nach § 291 zu verzinsen. Hat er eine Sache herauszugeben, so greift § 292 ein, der auf die Vorschriften des Eigentümer-Besitzer-Verhältnisses verweist. Das bedeutet im einzelnen: Wenn die Sache nach Beginn der verschärften Haftung durch Verschulden des Bereicherungsschuldners untergeht, verschlechtert wird oder aus einem sonstigen Grunde nicht mehr herausgegeben werden kann, so haftet der Bereicherungsschuldner nach §§ 818 IV, 292, 989, 990 auf Schadensersatz.[171] Für den zufälligen Sachuntergang bzw. die zufällige Sachverschlechterung haftet der Bereicherungsschuldner dagegen nur, wenn er im Verzug ist (§§ 818 IV, 292, 990 II, 286). Nutzungen hat der Bereicherungsschuldner nach §§ 818 IV, 292, 987 bzw. 988 herauszugeben, § 818 I findet insoweit keine Anwendung mehr. Aufwendungen auf die Sache können nur noch im Rahmen der §§ 818 IV, 292, 994ff. geltend gemacht werden.[172]

---

so greift der Rückforderungsausschluß des § 815 ein (dazu oben S. 69f.), wußte es der Leistungsempfänger, so findet § 819 I Anwendung.

[170] BGHZ 118, 383/393; JZ 1961, 699; NJW 1984, 2095/2096.

[171] Beachte aber, daß dies nur nach Beginn der verschärften Haftung gilt, vorher finden § 818 I (Herausgabe von Surrogaten) und § 818 II Anwendung.

[172] Einzelheiten zu diesen Fragen bei *Medicus,* JuS 1993, 705ff.; MünchKomm/*Lieb,* § 819 Rn. 150ff.; *Larenz/Canaris,* S. 314ff.

V. Die Regelung des § 822

Fall 86: A hat *B* ein Buch verkauft und übereignet. *B* schenkt das Buch dem *C*. *C* schenkt es dem *D*. Nunmehr stellt sich heraus, daß der Kaufvertrag zwischen *A* und *B* nichtig war. *A* möchte wissen, welche Ansprüche er hat.

Fall 87: A hat *B* das Buch vor längerer Zeit geliehen. *B*, der dies vergessen hat und es für sein eigenes hält, schenkt das Buch dem *C*, dieser schenkt es dem *D*.

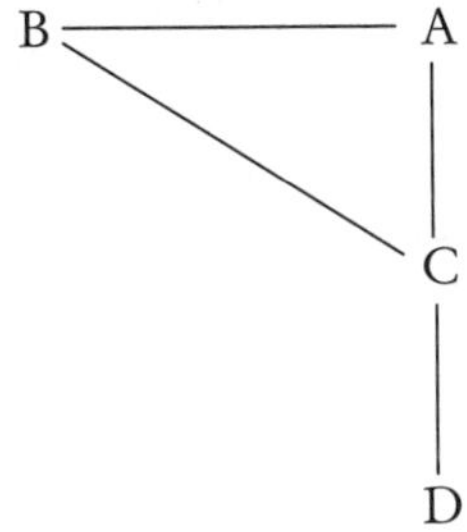

Solange in *Fall 86 B* noch Eigentümer und Besitzer des Buches war, konnte *A* es von ihm im Wege der Leistungskondiktion herausverlangen. Die unentgeltliche Weitergabe des Buches an *C* führt aber dazu, daß *B* nicht mehr bereichert ist und sich nach § 818 III auf den Wegfall der Bereicherung berufen kann.[173] Hätte *B* das Buch nicht verschenkt, sondern entgeltlich an *C* veräußert, so könnte er sich gegenüber dem Wertersatzanspruch des *A*[174] auf einen Wegfall der Bereicherung nur insoweit berufen, als der Wertersatzanspruch den Veräußerungserlös übersteigt; in Höhe des Veräußerungserlöses ist ihm die Geltendmachung des § 818 III versagt und *A* kann seinen Anspruch insoweit durchsetzen.[175] Es ist also gerade die Unentgeltlichkeit der Weitergabe, die zum Ausschluß des Bereicherungsanspruches des *A* führt. Hier setzt die Regelung des § 822 ein. § 822 gibt dem Bereicherungsgläubiger einen Anspruch gegen den Dritten, der die Sache vom Bereicherungsschuldner unentgeltlich erlangt, soweit dieser aufgrund der unentgeltlichen Weitergabe von seiner Leistungsverpflichtung befreit wird. Der Dritte wird zur Herausgabe des Erlangten verpflichtet, wie wenn er selber die Zuwendung von dem Gläubiger ohne rechtlichen Grund erhalten hätte.[176] Die Herausgabepflicht des Dritten umfaßt nicht nur den unentgeltlich weitergegebenen ursprünglichen Bereicherungsgegenstand sowie Surrogate und Nutzungen, sondern auch den Wert im Sinne des § 818 II, den der ursprüngliche Empfänger herauszugeben hatte, aber dem Dritten unentgeltlich weitergegeben hat.[177] Der Gesetzgeber hat

---

173 Es wird davon ausgegangen, daß *B* durch die Schenkung keine Ausgaben erspart hat.

174 Das commodum ex negotiatione kann nicht als Surrogat nach § 818 I herausverlangt werden, es besteht vielmehr ein Wertersatzanspruch nach § 818 II, vgl. oben S. 138.

175 Vgl. oben S. 149.

176 *BGH* NJW-RR 2001, 6/7.

177 *BGH* NJW 1999, 1026/1027.

also das Restitutionsinteresse des Bereicherungsgläubigers höher bewertet als das Behaltensinteresse des unentgeltlich Erwerbenden, ebenso wie auch in anderem Zusammenhang (z.B. § 816 I 2, § 988) der unentgeltliche Erwerb als weniger schutzwürdig angesehen wird als der entgeltliche Erwerb. *A* hatte also in *Fall 86* zunächst einen Anspruch aus § 822 gegen *C*. Da dieser aber die Sache ebenfalls unentgeltlich weitergegeben hat, ist auch er nach § 818 III frei geworden. Damit richtet sich der Anspruch aus § 822 gegen *D*. *A* kann also von *D* Herausgabe des Buches verlangen. § 822 ermöglicht es somit, in einer Kette unentgeltlicher Verfügungen sich an den zu halten, der als Letzter in der Kette den Gegenstand hat (soweit sich dieser nicht gleichfalls auf § 818 III berufen kann). Ist die Kette hingegen durch eine entgeltliche Verfügung unterbrochen, so richtet sich der Bereicherungsanspruch als Wertersatzanspruch gegen den entgeltlich Verfügenden, der, wie wir gesehen hatten, in Höhe des Veräußerungserlöses sich nicht auf § 818 III berufen kann. Soweit danach ein Kondiktionsanspruch gegen den entgeltlich Verfügenden besteht, entfällt ein Anspruch aus § 822 gegen die weiteren Glieder der Kette; nur soweit es eine Differenz zwischen Veräußerungserlös und Wertersatzanspruch gibt, die der entgeltlich Verfügende dem Bereicherungsgläubiger nach § 818 III entgegenhalten kann, bleibt der Anspruch aus § 822 gegen die weiteren Glieder der Kette erhalten.[178] Hat also in *Fall 86* das Buch einen Wert von 30 Euro und hat *C* es für 20 Euro an *D* veräußert, so kann sich *A* in Höhe von 20 Euro an *C* halten (§ 818 II, III) und in Höhe von 10 Euro an *D* (§ 822).

Fall 87 hat eine Eingriffskondiktion zum Gegenstand. *B* hat als Nichtberechtigter über das Buch des *A* verfügt. Diese Verfügung war wirksam, da *C* nach § 932 gutgläubig Eigentum erworben hat (da das Buch dem *A* nicht abhandengekommen war, steht § 935 dem Eigentumserwerb nicht entgegen). Hätte *B* entgeltlich verfügt, so hätte *A* gegen *C* keine Ansprüche (Kondiktionsfestigkeit des entgeltlichen Gutglaubenserwerbs),[179] er könnte lediglich von *B* nach § 816 I 1 die Herausgabe des durch die Verfügung Erlangten verlangen. Bei einer unentgeltlichen Verfügung hat dagegen der Verfügende nichts erlangt, was er nach § 816 I 1 herausgeben könnte. Stattdessen gewährt § 816 I 2 einen Kondiktionsanspruch gegen den unentgeltlich Erwerbenden.[180] Auch hier zeigt sich also wieder die geringere Schutzwürdigkeit des unentgeltlichen Erwerbs, der im Gegensatz zum entgeltlichen nicht kondiktionsfest ist. *A* hätte also nach § 816 I 2 von *C* Herausgabe des Buches verlangen können. Da *C* aber das Buch dem *D* geschenkt hat, ist seine Bereicherung weggefallen und er kann sich gegenüber dem Anspruch des *A* auf § 818 III berufen. Dafür hat nun *A* aber einen Anspruch aus § 822 gegen *D*, kann also von *D* Herausgabe des Buches verlangen (soweit sich dieser

[178] Vgl. den Wortlaut des § 822: Der Anspruch nach § 822 besteht, „soweit" die Verpflichtung zur Herausgabe der Bereicherung ausgeschlossen ist.

[179] Dazu oben S. 100.

[180] Vgl. dazu oben S. 111.

nicht seinerseits auf § 818 III berufen kann). Dieser Fall zeigt zugleich die Unterschiede zwischen § 816 I 2 und 822. Beide Vorschriften setzen zwar einen unentgeltlichen Erwerb des Anspruchsgegners voraus. Bei § 816 I 2 erfolgt aber dieser Erwerb aufgrund der Verfügung eines Nichtberechtigten. (*B* war Besitzer, aber nicht Eigentümer des Buches), bei § 822 erfolgt er aufgrund der Verfügung eines Berechtigten (*C* hatte nach § 932 Eigentum erworben).
Zum Abschluss noch folgender Fall:

Fall 88 (nach *BGH,* NJW 2004, 1314[181]): Die Eheleute *A* schenkten der *B* ein Sparguthaben in Höhe von 30.000 Euro. Die *B* verwendete das Geld dazu, einen Pkw zu kaufen und diesen ihrem Sohn *C* zu schenken. In der Folgezeit gerieten die Eheleute *A* in Not und waren nicht mehr in der Lage, ihren angemessenen Unterhalt zu bestreiten. Sie fordern deshalb von *C* Herausgabe von 30.000 Euro. *C* weigert sich und meint, er sei allenfalls zur Herausgabe des Pkw verpflichtet.

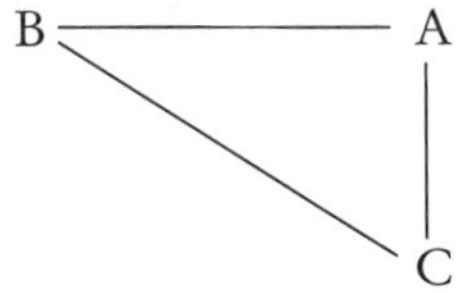

Nach § 528 I 1 kann der Schenker, wenn er nach der Vollziehung der Schenkung außerstande ist, seinen angemessenen Unterhalt zu bestreiten, vom Beschenkten die Herausgabe des Geschenkes nach den Vorschriften über die Herausgabe einer ungerechtfertigten Bereicherung fordern. Es handelt sich bei diesem Anspruch um einen schenkungsrechtlichen Rückforderungsanspruch mit einer Rechtsfolgenverweisung auf die §§ 812ff.; Inhalt und Umfang des Anspruchs bestimmen sich also nach Bereicherungsrecht.[182] Das bedeutet, dass auch die Vorschriften des § 818 auf den Rückforderungsanspruch anwendbar sind. Die *B* hätte also, wenn sie in Anspruch genommen worden wäre, den Eheleuten nach § 818 III entgegenhalten können, dass sie nicht mehr bereichert sei, da sie den von dem Geld gekauften Pkw ihrem Sohn geschenkt habe. Wie wir gesehen haben, greift in derartigen Fällen § 822 ein, der den ursprünglichen Bereicherungsanspruch auf den Beschenkten (*C*) weiterleitet. *C* war also zur Herausgabe verpflichtet, die Frage war nur, was er herauszugeben hatte: 30.000 Euro oder den PKW? Diese Frage ist schon deswegen nicht unerheblich, weil die Eheleute in ihrer Notlage natürlich Geld brauchen und nicht den Pkw.

§ 822 bezieht die Herausgabepflicht des Dritten (*C*) auf das ursprünglich Erlangte („wendet der Empfänger das Erlangte unentgeltlich einem

---

[181] S. zu dieser Entscheidung auch *K. Schmidt,* JuS 2004, 624; *S. Lorenz,* LMK 2004, 98; *Bockholdt* JZ 2004, 796ff.

[182] *BGH* NJW 2001, 1207/1208; MünchKomm/*Kolhosser* § 528 Rn. 7. Das ist aber nicht unbestritten, s. zum Streitstand MünchKomm/*Kolhosser* aaO.; *S. Lorenz,* LMK 2004, 98.

Dritten zu").[183] Das waren die 30.000 Euro. An deren Stelle war nach der Rechtsprechung des BGH nicht der PKW als Surrogat nach § 818 I getreten, weil die Gegenleistung aus einem Austauschgeschäft mit dem Erlangten kein Surrogat sei.[184] Damit stellt sich hier das Problem, daß der ursprüngliche Bereicherungsschuldner (die *B*) nicht das Erlangte, sondern einen anderen Gegenstand an den Dritten gegeben hat. Der BGH überbrückt diese Schwierigkeit damit, daß er die Vorschrift des § 818 II heranzieht und davon ausgeht, die *B* habe, nachdem sie für das Sparguthaben den PKW gekauft habe, Wertersatz für das Sparguthaben geschuldet. Deswegen stehe, so wörtlich der BGH, „soweit die Gegenleistung ... unentgeltlich einem Dritten zugewandt wird, auch diesem gegenüber im Ausgangspunkt ein Wertersatzanspruch". Danach hätte *C* den Eheleuten *A* 30.000 Euro herauszugeben. Dieses Ergebnis wird aber vom BGH sogleich wieder korrigiert. Der Anspruch aus § 822 knüpfe zwar im Ausgangspunkt an das an, was der (ursprüngliche) Empfänger (in unserem Fall die *B*) erlangt habe, aber er bestehe doch nur insoweit, als das Erlangte oder sein Wert an den Dritten (in unserem Fall *C*) weitergegeben worden sei. Es dürfe nicht zu Lasten des Dritten gehen, wenn er zur Leistung des Wertersatzes den ihm zugewendeten Gegenstand verwerten müsse. Ihm sei daher das Recht zuzubilligen, sich durch Herausgabe dieses Gegenstands zu befreien. Das Ergebnis in *Fall 88* lautet damit, dass *C* zwar 30.000 Euro schuldet, sich aber durch Herausgabe des Pkw von dieser Schuld befreien kann.

Wenn dem Ergebnis des BGH auch zuzustimmen ist, so kann die Entscheidung in dogmatisch-konstruktiver Hinsicht nicht befriedigen. Im Schrifttum ist gesagt worden, daß sie gefährliche Umwege geht, indem sie Ersetzungsbefugnis und Entreicherung auf dogmatisch vollkommen inkonsistente Weise vermengt.[185] Merkwürdig ist schon, dass für eine weggegebene Geldsumme „Wertersatz" in Geld geschuldet werden soll; dem Charakter der Geldschuld wird das nicht gerecht. Letztlich liegt das Problem darin, dass der BGH die bei rechtsgeschäftlicher Weggabe des Erlangten erhaltene Gegenleistung im Rahmen des § 818 I – seiner bisherigen Entscheidungspraxis entsprechend – zwar nicht als Surrogat ansieht, dies aber bei der Anwendung des § 822 der Sache nach doch tut. Problemlos löst sich der Fall dagegen, wenn man – entgegen der Rechtsprechung und der herrschenden Meinung im Schrifttum – den von der *B* gekauften Pkw als Surrogat nach § 818 I behandelt. Dann hat *C* von der *B* dieses Surrogat erhalten und muss es nach § 822 an die Eheleute *A* herausgeben.[186]

---

[183] S. a. *BGH* NJW 2004, 1314 f.

[184] *BGH* NJW 2004, 1314; BGHZ 112, 288/294 f.; 75, 203/206; 24, 106/110. S. a. oben S. 138.

[185] *S. Lorenz,* LMK 2004, 98/99.

[186] Dazu *S. Lorenz,* LMK 2004, 98/99.

Sachregister

Die Zahlen beziehen sich auf Seiten
Die Hauptstellen sind in **Fettdruck** angegeben.